整理情緒背包

激發前進的勇氣

Vivian Dittmar
薇薇安・狄特瑪——著
黃淑欣——譯

重要聲明

本書內容不代替專業醫生與心理諮商師之建議。讀者應該具獨立評估能力，並自我判斷，審慎考量接受專業醫療的幫助。本書內容與使用指示僅供參考，本出版社與作者對任何形式損傷概不負連帶賠償責任。讀者請謹慎評估並自我承擔風險。

作者註解：我瞭解時下眾多產業圈裡強調性別平等已成趨勢，許多公眾人物每次談到涉及性別的文句，都會特意將各種性別一一條列出來以示平等。請各位讀者容許我在本書裡下意識地選擇不這麼做。我相信對閱讀而言，流暢舒適的語感比起政治來的重要許多。很可惜的是，若刻意地將各種性別一一條例出來，總會讓閱讀者產生窒息感。請容許我在這裡慎重的説明，本書段落行文若無特別指示，只會涉及單一性別，請將該段內容以無針對特定性別來看待。我將以此方式在本書裡陳述男士、抑或女士的故事，在此請理解我絕對沒有刻意貶低任何一方的意圖。

謹將本書獻給我最愛的母親

目錄｜Contents

前言

收拾情緒背包，成為更好的自己

人生在某些時間點裡，有時連我們都不懂自己到底是怎麼一回事。或許是生活裡某個平凡時刻：情侶間最常發生的小事，擠完牙膏沒蓋回去的牙膏蓋，一條牙膏就可以引爆衝突；或是走在路上突然衝出一個素昧平生的陌生人對著你破口大罵。遇到這些情況，我們受驚嚇的心靈瞬間飛到九霄雲外。這讓我想起幾年前的一次經驗，至今回憶起來還歷歷在目。

那天是一個典型的慕尼黑秋天，我正帶著三歲兒子去游泳。應該是某一個平日的上午，我特別喜歡選泳池人非常少的時候，但是那天好巧不巧有一群老人團，哪裡不去，偏偏要在兒童泳池裡練習他們的水中有氧韻律操。泳池的正前方站著一位活力充沛的年輕女教練，正帶著這群泳帽戴得歪七扭八的老人們帶動唱。

其實那天老人團並沒有占據泳池太多空間，當我和兒子滑進水池裡時，說實話我沒有想太多。儘管當時我兒子只有三歲，可是他已經非常熱愛游泳，太淺的泡腳池他早就沒興趣。大泳池的水溫又太冷，而且裡面通常都是游泳健將，每一個人都板著臉，迅速敏捷的來回刷著泳道。總之，那裡不是一個三歲小孩能去的地方。

我待在水裡還不到三十秒，另一頭，有位年輕女教練就擺著復仇女神般的姿態，遠遠的踏著大步伐朝我們走來。我已經不記得當時她到底說了什麼，因為接下來發生的事完全始料未及。突然間眼前的世界在我面前四分五裂。如果我當時是站在實心地板的話，我發誓當時就像地表從我兩腳中間瞬間分開，崩成兩半，一半的地表拔地而起，然後形成高速漩渦將我吞噬。我當然知道當時的知覺感觀已經扭曲，也知道我整個人的情緒開始失控。我根本說不清那到底是什麼感覺，整個人體內都像被暴風圈半徑橫掃一樣發狂怒吼著。

當下我唯一能做出的反應——結結巴巴的胡亂擠出一句沒人聽得懂的話，然後一把抓起我兒子，拔腿逃進更衣室裡。我坐在更衣室裡不斷發抖，然後抽抽噎噎的開始哭泣。真的，我真的沒辦法停下來，那個感覺就像是把好幾年的委屈全部都發洩出來一樣。

到底發生什麼事？我真的一點也不清楚。如果說我當時罹患了憂鬱症，或是正處於人生低潮，那麼這個行為或許可以理解。但是當時的我既沒有得憂鬱症，也沒有恰逢人生谷底，就算比一般人來的敏感，這種反應還是太過詭異。

我心裡有成千上萬個困惑，這麼大的情緒是哪裡來的？為什麼一個素未謀面的女生、一個從來沒見過、以後也不可能再遇到的人，為何能讓我突然抓狂？是什麼讓她擁有這麼大的魔力？我的自制力跑去哪裡了？為什麼當下我無法正常講話？為什麼我不能在孩子面前泰然自若的為自己辯護？再不然，至少也不要像核電廠大爆炸一樣情緒崩潰，我可以若無其事的轉身離開吧？我真的想不透。

這件事過了十五年。我現在終於明白，當時究竟是怎麼一回事。我的身體在當時的情境裡，自動連結起很久很久以前，曾經發生的某件事，而我從來沒有靜下心面對它帶來的影響。

換句話說，我背負的「情緒背包」裡的某個負載被觸動了。這也不是什麼劃時代的新知，但最重要的是，在理解的過程中，我學會了如何跟我的情緒背包相處。不只如此，這個沉重的包袱現在搖身一變成為生命中非常寶貴的資源。學習新知的旅途非常不易，有時我不停地卡在死胡同裡，試圖去理解一些看似正確的解答，但是經過抽絲剝繭後又發現，這並非是我真正所求。

近幾年進行研究的同時，我開始接受各方演講邀約，有時是個人成長研討會、專題講座或管理階級的領導訓練。演講時，我不時提出我在這方面研究的例子與大家分享。至今我可以很明確地說，不管是看上去很強悍的高階經理人，或是一絲不苟的工程師、孤僻高傲的藝術家或是慈藹溫柔的母親，我們全都背著各自的「情緒背包」，而且我們全都一再重演那些曾讓我們情緒失控的時刻。

有些人比較能掌控自己，不讓別人輕易發現他內在的脫序反應，也許你能戰勝自己，成功的把情緒壓抑下來。當你的情緒背包悄悄被喚醒時，你的徵狀或許會和我完全不同，畢竟並不是每個人失控時都會崩潰大哭。有些人失控時，會突然暴怒，等事情過去之後，他甚至不記得自己剛剛講了什麼；有些人則是突然完全失去現實感，頓時覺得身邊一切白飄飄、茫茫然，就像身處在一團棉絮中；有些人則是像洗三溫暖一樣，腦袋被熱水沖著走，一股腦兒把想說的話傾瀉而出，自己想阻止也阻止不了。

不論你經歷的情緒失控如何奇特，也不論你事後做何他想，我們都有一個共同點，那就是當下的自我掌控力失靈了，我們失去做出適當反應的能力，認不清自己是誰，事後再回想時，多數的人也只能反問自己：剛才我是怎麼一回事？

這還只是你心情好時會這樣想，如果心情不好的時候，很可惜大多數都是這種情況，我們會把過度反應的錯全推給肇事者。例如那位活力充沛的女教練完全就是一隻粗魯的母雞，她才沒有權力把我兒子從兒童池攆出去。即便如此，也改變不了我那天做出完全脫序反常行為的事實。粗魯的女教練可就和這沒關係了，這純粹是我自己情緒的問題。

這不過是發生在我身上的一個例子，一方面它非常極端，另一方面它的結果也沒有對我們造成重大傷害。正因為我從未見過這位女教練，以後也不會有交集，所以後續不會有更多麻煩的事情發生，我損失的不過就是一個在泳池裡的美好早晨。但情緒失控的後果往往沒有這麼輕微，很多時候誘發情緒失控的人，是我們最親近的人——婚姻伴侶、孩子、父母，甚至是同事、主管。在多數情況下，我們的情緒背包遇上理智失控時，會迸發出嚴重的後果，像是把另一半當作發洩垃圾桶，一時衝動說出分手的話，或是冒著被裁員的風險，口無遮攔地頂撞主管。因此，正視並討論我們的情緒背包才會如此重要。如果我們渴望有能力經營一段健康的關係、冷靜做出正確的決定，或是至少不要將我們的情緒負擔轉移給下一代子孫，那麼瞭解自己的情緒背包就是一個非常基本的課題。

情緒背包在我們的生活中發揮巨大的影響力，許多感情與婚姻的離異追本溯源都來自於此。兩人的感情世界會一點一點、漸進式的被它所蠶食，直到某一天，就連只是單純看對方一眼，都令你難以忍受。職場裡，員工與主管在處理情緒背包時的無力感，也足以讓雇主承擔巨額的代價。

它切斷並扭曲主管與員工之間的溝通，在這樣的背景環境之下，想要有任何建設性的合作無異是緣木求魚。多數父母們驚訝的體認到，自己對待小孩與親人的方式正與自己的父母一模一樣，甚至是全盤複製。儘管多數新手爸媽都曾立下誓言，自己絕不會和自己的父母一樣。但是情緒背包的力量，讓所有人原先美好的想像全都付諸流水，讓我們成為自己父母的諷刺翻版。

情緒背包對我們的影響遠不止如此，它能一再地扼殺我們寶貴的時間，就像它扼殺那天我和小兒子在游泳池的美好早晨一樣。但是，停，劇情不一定要如此發展。現在我明白：這些失控場面都是荒唐且不必要的。它的發生確實有一定的邏輯可循，現在我不但明白這些邏輯，還可以利用它們來幫助我獲得更強大的能力。失控場面不單單是情緒不尋常釋放出的干擾因子，它也是能重新整理情緒背包的大好時機，讓我們邁向自我發展的階段。

這段過程並不輕鬆，但絕對值回票價。在此過程中，重要的並不是我們到達了哪裡、或是情緒背包在哪裡被打開，抑或是我們終於能毫無負擔的享受人生。對我而言，沿路的風景才是這趟旅程的目標。一路走來能夠發現這麼多珍貴的體驗，在這旅途的每一小步我都不願意捨棄。現在讓我們向前行，回到最初的狀態，把情緒背包拿到眼前，好好的、仔細地打量檢視一番。

人生的挑戰能讓我們成長，而且有時還必須強迫自己，一直達到不能承受的臨界點為止。或者，偶爾我們得超過那個臨界點。這些經歷基於現實種種的因素，有時我們寧願選擇忘記，但是遺忘並不會幫助我們向前邁進，對於人生往後還會發生什麼事，我們的掌控非常有限。童年的時候如此，長大成人之後更是如此。成人的世界裡充滿了無限挑戰，也充滿不尋常的挑戰。有些讓你感覺像是老天爺送來的禮物，或者要稱呼它們為無情宇宙的造化無常，端看你想怎麼解釋。有些看來是自找的，例如我們一次又一次地做出錯誤的決定，然後讓自己身陷遠遠超出自己承受範圍的泥淖中。

不管這些挑戰是自找的還是看似不請自來，都會讓我們付出不小的代價。我們如何給付這些代價，將決定它會以何種方式影響往後的漫長人生。總結一句話就是我們要在人生中成長，還是要在人生中失敗？換句話說，它讓你一蹶不起，還是讓你變得更堅強？

要回答這個問題比什麼都還難。廣告臺詞中「那些殺不了你的，讓你更堅強。」說來很容易，但這種無實質意義的口號，在現實生活中一點忙也幫不上，企業管理學裡那些威風凜凜的戰術策略，實在派不太上用場。面對每一次新的挑戰，如果我們沒有從中學習成長，每失敗一次，情緒背包就愈加沉重。

本書的第一部，將引導讀者仔細檢視自己的情緒背包，它是怎麼製造出來的？它從哪裡來？如何出現在生活裡？最重要的是，它想要做什麼？如果情緒背包的存在正如我所說，並不是為了讓生活變得更沉重，那麼請問它究竟能帶來什麼好處？第二部將著重在我們如何與情緒背包共處，最後，進入第三部之前，將進一步窺探，健康的處理情緒背包能為日常生活帶來什麼改變。

第一部

情緒背包

它是怎麼製造出來的？如何出現在我們的生活中？
最重要的是：它想要做什麼？

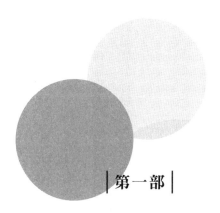

第1章

你肩上的背包

背包是個極實用的發明。不管是在旅途上或是爬山時，背包藏著我們最重要的身家財產，不時再塞進幾個沿途中獨具異鄉風味的紀念品。當然我們在背包裡只會放最重要的東西，因為有旅行經驗的人都知道，儘管你把包包收得再怎麼整齊，多塞一公斤就是多扛一公斤。

背包最美妙的優點莫過於，我們可以一股腦兒把東西塞進去，然後往自己後背一套，立刻眼不見為淨。隨著旅行繼續，一路上背包彷彿成為我們身體的一部分，我們越來越習慣它的重量、習慣扛著這個負擔，習慣於完全忘了它的存在——儘管我們有時還邊走邊抱怨，這趟路途怎麼這麼累人。

我們對待情緒背包的方式就和上面的古怪行為相當類似。每個人都扛著各自獨特的情緒背包到處行走。有些人的背包特別巨大，完全超過一般人應該負荷的程度，款式就跟極地探險家或是野外求生營需要的那種尺寸一樣，好像你打算把整個帳篷、紮營設備，還有好幾天份的行軍口糧全部塞進去的樣子。

有些人的背包明顯輕便許多，可能只是個別緻的手提包，每幾年都會重返時尚潮流的那種；或是像迷你手提束口袋，有著細長肩背帶，優雅別緻的掛在肩上，還可以晃來晃去無謂重量，彷彿根本不存在世上一樣。

這些包包裡或許只有放零錢、再放一支脣膏和一張疊放精緻的手帕吧！

「情緒背包」到底是什麼？從哪裡來、怎麼產生的、它要做什麼？為了釐清這些問題，我們要先分辨「感覺」和「情緒」的差異，這是兩個不一樣、卻時常被混為一談的生理現象。在本書裡，我們將這兩個概念的使用方式界定清楚，它們有各自形成的來源，針對兩者有完全不同的處理方式。

什麼是「感覺」？

讓我們從「感覺」這個概念著手。這個概念不管是在心理治療領域或是科學研究裡都沒有一個統一的定義，也因此在我之前的著作《感覺與情緒使用說明書》中，我給這兩個概念賦予我認為的定義。「感覺」指的是一種訊息接收方式，是你透過針對某一時刻的個人詮釋得來的訊息，這個個人詮釋在特定時刻發揮了一定的效用。舉例來說：我回到家，骯髒的碗盤都還沒有洗，我個人將這個情況詮釋為「錯誤的」，並且依據這個詮釋而感到怒氣沖沖。

這股怒氣提供我滿滿的精力，足夠我做點什麼事情來反抗這種情況，可能我氣呼呼的自己把碗盤洗了，也可能找上室友興師問罪。如果只看「感覺」的部分，先不討論有害的「情緒遺毒」，我們可以說這個事件裡產生的怒氣非常強大，強度力量剛好適合處理這種情況。事件過後，我的身體系統裡沒有任何剩餘感覺留下，因為所有的精力都在隨之產生的解決措施下消耗殆盡了。在我的感覺指南模型裡，我認為人主要有五種基本感覺，這五種感覺在人生的各種突發情況裡，都能依照實際情況共同召喚使用：憤怒、悲傷、恐懼、羞恥、喜悅。至於為什麼是這五種，以及為什麼在我眼裡，它們同樣重要，第三章會再進一步詳細解釋。此章節只想強調「感覺」是個相當實用的東西，它的臭名大多數是因為它很容易被另一個特定的訊息接收方式相互混淆，這個特定的訊息接收方式，我稱為「情緒」。而它，正好和感覺相反，相當不實用。

情緒是個特別的東西

「情緒」這個名詞沒有一個統一的定義，大多數的時候它被當成感覺的同義字使用。在我眼裡這也反映一個事實，那就是在我們的文化裡，針對感覺這方面目前尚未發展出夠多的詞彙。一個情緒健康的文化需要豐富的語言，足以精準描述各種不一樣的感覺現象。在情緒的定義上我認同其他作家，我們使用「情緒」一詞，來描述一個過去沒有被察覺到的感覺，也就是「情緒遺毒」。

對感覺和情緒不能加以細分，這對我們如何處理兩者有深遠的影響。正如上述所說，感覺和情緒兩個概念不僅僅是產生的源頭完全不同，兩者的功用與影響也相差甚遠。就像上面提到的，「感覺」的產生是針對當下特定時刻，我對那個時刻的情況做出個人詮釋，而情緒則是來自於過去的時空。「情緒」的產生是指過去某一個時刻經歷了一個情況，而在當時的那個情況下，我們不願意去感覺，又或者說，我們並不能夠去感覺。

可能是因為當時我們都被沖昏了頭，或是我們所能承受的情感負荷已瀕臨極限，也可能是當時年紀太小，所以無法正確的感知到些什麼，那麼當然沒有能力消化這些訊息。但也可能是在特殊情況下，我們內心喚醒了某些「特殊的個人詮釋」，叫我們停止去感覺——例如：覺得不恰當、或是我們有「更重要的事情」要忙、那跟我們的自我形象不符合，又或者是我們根本沒有花上足夠的時間和自己好好相處，以至於自己也不清楚，自己內心到底在想些什麼。

不論我們是不能感覺或是不願意感覺：那些經歷都會留在那裡懸而未決，然後慢慢地和其他沒有被察覺到的感覺，一同走進我們的情緒背包。在包包的深處裡等待，等著某一天再次被觸動，好讓整個經歷能得到完整的結局。

大小當然有關係

誰的肩上扛著背包，他就得承受背包帶來的重量。就算背起來再怎麼舒服，它的大小和重量依舊壓著我們。它讓生活無疑更加難過，不遺餘力的讓我們明白，我們不能和其他人一樣恣意地享受人生。背包沉甸甸的重量持續將我們往下壓著，但這似乎還不夠，它包裹的負載有著特別讓人不舒服的特徵，它會在最不恰當的時刻從包包裡噴發出來，在最不適當的時機讓情緒控制失能，並且在人際關係中製造災難。

也許和別人相比，你的背包顯得比較小，也可能是因為至今為止，我們對它還一知半解。它永遠都在那裡，只有在非常少的情況下，如果它曾經冒出頭的話，會有一些徵狀，提醒我們它的存在。有時候，當別人粗魯地直接將他們的情緒背包往我們身上擠壓的時候，我們甚至得用力抵抗。不過除了這種特殊的時刻之外，其他人的包袱和我們的生活不會產生更多的糾纏。

我這裡舉的是兩個極端例子：一個超大型的極地探險家背包和一個嬌小可愛的時尚手提包。大多數人的背包尺寸落在兩個極端值中間，大概是日用型背包到登山背包之間的尺寸。但是我們每個人都認識幾個背著極端尺寸情感負載的人。那些難以理解卻身負沉重包袱的人，我們下意識的立刻伸出套上絲絨手套的雙手輕柔地扶住，深怕一不小心忽略了他們背上的巨型包袱，我們臉上就會多被賞兩個耳光。那些對肩上負擔毫無感覺到令人嘖嘖稱奇的人，他們相對漫不經心地信步走過人生，大多時候他們沒能真正理解，身邊的人都上演著哪些八點檔連續劇碼，或是為什麼其他人會感到人生那麼沉重和苦悶。

世界共通的現象？

本書的開頭曾經提過，近年來我有幸在各種機緣下，能和成千上百個聽眾分享這個現象，在座談的過程中我得到不少有趣的啟發。第一個有趣的發現是，很顯然的每個人都背著自己的情緒背包，我還以為這只會發生在少數人的身上。不難聯想，特別是那些大學選修人格發展研討課程，而且主修感覺精神的人，這些人大概就和我一樣：有個非常大的背包讓人生舉步維艱，所以他們天生就想找尋有什麼能幫助他們的方法。

然而，接下來我的演講開始觸及企業訓練的範圍，聽眾包含各行各業的高階經理人，以及普通職員與各個年齡階層的人。但是你猜結果如何？所有的人都背著情緒背包到處閒晃著！而且還遠遠不止如此。接下來是第二個重要的發現——即便是高階經理人心裡也明白，自己背負的壓力以及他的同事們的背包大小。這些人相當清楚，他們必須和誰小心翼翼的周旋，另外，跟誰在一起他們能夠稍微舒坦的放鬆、幽默一下。除此之外，第三個重要發現——高階經理人清楚知道，他的情緒爆發是因為自己的情感負載引信被觸發。很顯然他們似乎擁有這種神奇第六感，能清楚察覺會談中的氣氛是不是很凝重。當他們一腳踏入會議室時，與會者的情緒已經緊繃到極點。

最後這個發現對我來說相當重要，因為來參加研討會的學員們，他們可不是為了鑽研情商能力而來。相反的，多數的學員是被公司的人力資源部門出自完全與學術深造相反的原因，送來參加培訓的。他們的人生中完全沒有接觸過這方面的知識，而且在培訓之後大概也不會再接觸到。這些人來到我的研討會，並非是因為他們對情感領域有著不可遏止的強大求知慾，而是因為某方面文化演進歷程的缺失，而被公司送到我這裡來：如工程師、技術專家、行銷專家、企業家、工班班長、ＩＴ人才、財務會計師等各種階層，不分性別。不論是事業剛起步的年輕人、中年經理，抑或是即將退休的白領皆有。

基於以上的經驗，我大膽預設，你一定也扛著自己的情緒背包到處亂晃著，就在此刻，就是你捧著書閱讀這行字的當下，不論你在潛意識知道它的存在與否。我不知道你的情緒背包究竟有多大，不過我猜想你能估計它的大小重量，你一定有這種直覺，究竟自己平時背負著多少情緒負載，以及你扛在肩上的都是些什麼重擔。

負載尺寸

然而我們的情感負載多寡是取決於什麼呢？若是天生的原因，那會跟我們的童年有關係嗎？還有什麼原因也會產生影響？我曾開玩笑的擬了一個公式來估算情緒背包的大小，後來卻證明這公式相當精確：

$$\text{負載尺寸} = \frac{\text{強度} \times \text{敏感度}}{\text{支持度}}$$

換句話說，我們的情感負載尺寸取決於三個因素。第一個是我們人生經歷的強度。例如：我們是來自於氣氛和樂融洽的正常家庭，抑或是家中父母總是言語肢體衝突不斷？我們至今一路走來是否生活無虞、富有充裕——這裡當然是指每個國家所謂正常的生活，還是說你的成長過程經歷被迫遷移逃難、貧困交迫、三餐不繼無以維生？雖然童年成長過程不可否認的永久影響、形塑我們的人生，但是這裡並非單指你的童年。即便是成年之後才發生的重大事件，也能在你身上留下不可抹滅的痕跡：一場痛苦的婚姻、突然失業、一場重病、失去身邊的至親……。諸如此類的事件總是層出不窮。總結來說，我們的生命中至今經歷過多少艱困挑戰的關卡，也是決定我們情緒背包尺寸的因素之一。

第二個因素我們就用敏感度這個名詞來統稱它。你有多敏感？你經歷的變故有多大？這場變故帶給你的創傷有多深？舉一個對影響至關重要的事件——我青少年時期曾經歷一場變故，當時的男朋友陪著我一路走過來。後來有天他對我說：「妳知道嗎？其實妳一點毛病也沒有。妳就只是非常、非常敏感而已。」他說得對極了！

我不過就是那群雖然小時候受到心靈創傷，但宏觀整個成長過程來說，其實根本就是眾多正常人的其中一個罷了。當然，誰都可以在雞蛋裡挑骨頭，但靜下心來看，其實並沒有那麼糟。我真的不過就是非常、非常敏感而已。也就是說在我的負載尺寸公式裡，我經歷了不過是中等強度的變故，卻和超高倍數的敏感度相乘。

遭遇變故的強度與個人體質的敏感度，這兩個因素互相加乘，瞬間把我們的情緒背包體積吹大膨脹了。但除了上述提及的兩個影響因素，還有第三個影響因素，這個因素的作用是幫我們大幅降低負載尺寸。在公式中，我們稱它為支持度，支持度指的是，一個人能獲得多少的支持來處理他經歷的變故。這點對於那些情緒背包超乎常人尺寸的人尤其重要，因為他們的超大尺寸情感負載，就是來自他們的情緒負荷能力遠遠不足以好好應對遇上的變故。換句話說，當我們遇上要處理的變故時，需要身邊其他人的支持。為什麼我們需要幫助？需要什麼樣的幫助？我會在後續篇章繼續著墨。雖然在人生中遇到些情況，心理醫生或許能幫上許多忙，但是，我並不是要你去求助心理諮商。

對於那些身負巨大情緒負載的人，除了獲得別人的支持之外，這裡所謂的支持度還包含另一個意義：在消化人生重大變故事件時，你有多幫你自己？或許各位乍聽之下有點生氣——我當然永遠是幫自己的。請問你，誰會在危難中還對自己落井下石？仔細的觀察，我們不難認出，許多人確實在遭逢人生變故時仍不願對自己伸出援手，而且時常在消化不悅的、困難的經歷時還時常叛逃，讓自己身陷進退不得的窘境。我們的內心獨白，大多在潛意識裡出現這類的句子：「別再裝模作樣了你！」或是「你還在糾結那件事啊？」還有「拜託你快振作起來！」許多人在小時候不自覺將這些句子內化了。如果你在人生困難點或是當舊傷再度被碰觸時，也是這樣對自己說話，那這真的不算是支持自己。

誰的背包？

我至今仍清楚記得，多年前我和我的好朋友坐在慕尼黑機場的咖啡廳裡，離我們幾公尺不遠的地方，有個無人認領的背包。無主的背包靜靜地靠在地鐵售票機旁，看起來相當無辜。大概是哪個疲憊的旅人忙著買票時，把背包放在地上，然後在完成他的買票大業之後把它忘了吧。

沒多久巡邏航警就注意到這個行李，迫不得已只好打開背包展開調查。這件事發生在距離九一一反恐作戰開始前的好幾年，所以平心而論，當時這個背包顯然不可能跟炸彈客有什麼關係。即便如此，還是引起了不小的騷動。剛開始是航站一連串急促的廣播，催促該背包的主人趕緊出面認領。想當然耳，沒人出現。這人八成早就搭上城市地鐵，廣播的當下搞不好正在前往市區的路上，即使再多的航站廣播他也聽不見。接著來了一群警察，開始將現場周圍用柵欄封鎖，看其架勢自然是相當慎重其事。機場來往的旅客，紛紛被要求遠離案發現場的那臺售票機，所有人等待專業處理小組人員的到來——要嘛是受過特殊訓練的狗，不然就是警方的防爆專家，也可能是狗和人都來了，說實話我記不起來了。

但我能清楚記得的是，我的好友顯得相當樂不可支。她是屬於那種上天眷顧、與生俱來擁有快樂天賦的人，不論是在何種情況下，她都能發現事情有趣的一面。在她的眼裡，眼前發生的這一幕就像是一齣為我們精心策劃的舞臺劇，她覺得這一切可笑至極，只不過是一個完全無心、迷糊的旅客，就能引發這麼大一場騷動。讓她最開心的就是，想像自己在大家煞有其事檢查背包時，走向警察並且假冒自己就是背包的持有人。我的好朋友非常想要扮演這個角色，迫不及待地想要看所有人臉上的反應，我們就這樣坐在警察的封鎖現場前，不停模擬這些人的表情會有多麼戲劇化。

我已經忘記最後是怎麼結束的，大概是因為我得上飛機了。總之這位朋友讓我留下深刻的印象，因為她的反應實在是太特別了。絕大多數的人，包括我，若是引發這種大騷動，大概會羞愧的想找個地洞鑽進去吧！但正是這種羞愧感讓她覺得可笑至極。和我相反的是，她能夠直視自己的短處並且自娛娛人，就像大家都鍾愛自己的脫口秀主持人一樣，因此她自願地舉起手，大聲的說：「嘿！那是我的背包。」這句話可不是所有人都能輕易說出口的，特別是剛好那真的就是我們自己的背包時，更是說不出口。

誰該為你的背包負責？

我那位好朋友差點就挺身而出，去為那個背包負責，雖然那根本就不是她的背包。她挺身而出並不是因為她想把背包占為己有，而是因為這整件事逗得她發笑，因為劇情還缺少了結尾，因為腦海裡那幅危機解除的畫面不停鼓舞著她，所以她想冒充背包的主人。當我們開始為我們的情緒背包負起責任時，類似的危機解除畫面，也會發生在人與人之間。這就是改變情緒負載關鍵的第一步。通常在踏出第一步前，總是用力的抗拒、想盡辦法的推託，這實在是下藥過猛了。

我們總覺得自己是人生悲劇裡不可抗拒的受害者，反而完全忽視自己在事發當下，就有義務好好整理發生的那場混亂。當然，不是每個人都像我一樣幸運，有一個整體看來還說得過去的童年。許多人在表面上看似完美無暇的童年或親密關係裡，痛苦的忍受著巨大的空虛與匱乏——有些人缺乏家庭的關愛、缺少雙親的陪伴、欠缺該對異樣的自己敞開心胸接受的家人，或是缺少不二十四小時被緊迫盯人的自由。與此相反的，有些社會裡，至今仍然有許多小孩被迫在困境中度過慘淡的童年。不管從哪個角度來看，他們的環境都絕不樂觀。我想說的是：我當然知道，而且也完全能夠理解，關於這些從小開始累積長大的情緒包袱，大家都不認為自己該為它負責。要承擔那也是由別人來承擔，我以前就受夠委屈了！

如果你認為上述的反應理所當然，那你一定也能理解：這種想法對你沒有任何幫助。不論是哪一個，你認為應該為你生命中的苦難負責的罪魁禍首，他們大多已經過世了——如果有還沒過世的，相信我，他們不會、也不打算，去理解你到底有什麼毛病。最後，就算他們知道，並且對過去的行為給你造成多大的創傷和負擔，有一點憐憫。但研究結果證實，這些對你不會產生更多的幫助。同一份情緒包袱的重量依舊穩穩掛在你的背上，你還是隨著時間不停地被往下拉扯。

為我們的情緒背包負責，並不代表，你要為過去所發生的一切錯誤扛下罪責。承擔責任和承擔罪過不同。在情緒背包裡收納著一些我們經歷過的創傷，我們在人生道路上參與了它，但至今仍無法消化它。為什麼這些事會發生在我身上？這些創傷都是誰的錯？不可諱言，這一點也不影響我們是不是能負起這個情緒背包的責任。

造成創傷的人，他們有可能心裡本意是為了我們好。例如：我的祖父，他經常打小孩，他打小孩是因為他深信，好的教養是棍子打出來的。有時候，造成創傷的人是心存惡意、圖謀不軌的人，但有時，這些創傷的發生卻是誰都無法避免的。例如：我的一個好閨蜜，她的母親在她八歲的時候因為癌症過世，離開了她。

不論是哪一種原因，或是哪一位始作俑者造成我們的創傷，唯一有能力處理這場夢魘的人，始終只有一個，那就是經歷創傷的你。我們不是去承擔誰造成這場夢魘的罪名，更準確地說，我們承擔的是讓這個夢魘繼續活在自己身體裡的責任，是讓這個創傷在身上留下疤痕的責任。不同的處理方式，會大幅左右它帶來的影響。

這個微乎其微的認定差異，對發展和情緒背包相處的新模式非常重要。在本書接下來的篇章裡，這個新模式會越來越清晰：你的情緒背包不再只是一個有潛在危險的、隨時會被引爆的人生重擔，它其實也是一個珍貴的寶藏，等著你來發掘。值得安慰的是，有權利去挖掘這個寶藏的人，並不是那些你認為應該對你的情感負載負責任的加害者們，而是只有你。要發掘它珍貴無價的一面，我們需要費點力氣，因為這條復原道路的開頭充滿困難。你會隨著書裡的篇幅逐漸發現，踏上這條道路絕對值回票價——事實上，修復情緒包袱比想像中的還要簡單許多。

背包裡面裝了什麼？

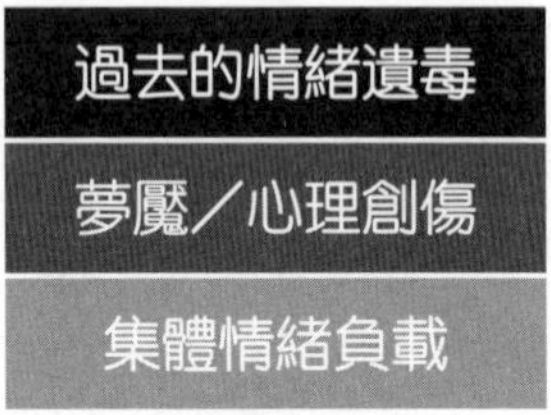

背包的分層

你是在生命中什麼時候察覺到你的背包的？探討這個問題之前，讓我們先來好好觀察一下，背包裡面都裝了些什麼？

在過去的研究裡我逐漸明白，我們的包袱裡裝的負載大致區分成三大類，或者說三大層。在本章節裡我先粗略地說明其劃分，詳細地區分在接下來的篇章裡，我們會更深入地處理背包裡所有的內容物。

第一類，也就是第一層，放的是之前已經提到，並稍加描述過的情緒遺毒。情緒遺毒產生於當我們在某些情況下，情緒高漲到超過自己所能負荷的時候，或是在某些情況下，我們的大腦直覺不願意去面對情緒的時候。前面你已經學到的負載尺寸公式，公式中的三個因素決定終其一生我們的背包會有多大。背包裡的每個層次可能相當的薄，但也可能會厚重到直達背包的最深處。

第二類放的是我們的夢魘，抑或稱為心理創傷。這類的情緒也和第一類一樣，在事件發生時，產生的情緒遠超過我們所能承受。相較於情緒是來自於我們不願意去接受的感覺，創傷則是一種無法擺脫、無法重新設定的生理機制。

所謂的生理機制指的是，你的身體直覺反應下自動啟動的生存機制。舉凡生理學中的戰鬥或逃跑反應、人受驚嚇後瞳孔放大，或者最簡單的飢餓、口渴、噁心，以及性慾望，這些都是生理機制的一種。夢魘的形成就來自於在某一個情況下你的生存機制被啟動，然後就像情緒一樣，沒消化完的機制也被遺留下來，等待以後的時機再繼續被消化。這種經歷在許多重大事故中很容易發現，例如：車禍。或者是在某些經年累月的過程中，長期缺乏家庭關愛的兒童身上也很容易找到。這些兒童由於慢性的痛苦，長期處於生存機制啟動的狀態下。第一種一般稱為創傷症候群，第二種則是發展性創傷症候群。

正因為如此，將情緒遺毒和夢魘做適當區分相當重要。這兩者的形成原因是如此的不同，修復的方式也大相逕庭。修復情緒遺毒時，最重要的就是將當時刻意被忽略的感覺再次從潛意識裡喚回、重新去感覺，並試圖將過去餘留的感情消化處理乾淨，這部分涉及到的是我們的情緒層面。可是夢魘卻不是這樣。由於生理機制儲存於超理性的神經層面中，夢魘的修復必須透過身體行為一起消化處理。兩種修復方式在接下來的章節將一同學習，隨著章節推進，我們將越來越清楚兩者的不同。

值得注意的是，在情緒背包裡，夢魘永遠在情緒遺毒的下一層。生命中擁有夢魘的人，他們的情緒背包會比普通人大上許多。正確來說，大多數的人會在他們的日常生活裡，還有親近的人面前發洩第一層的情緒遺毒。下面是否還埋藏第二層的心理創傷？如果沒有更多的事件，那麼從表面上是看不出來的。本書的主要篇幅會側重在處理第一層的情緒遺毒，對於修復心理創傷型的夢魘著墨較少。不過既然有夢魘創傷的人，就一定擁有第一層的情緒遺毒，接下來的篇幅裡會一起討論這兩者。

背包的第三層，也就是第三個類別，是集體情緒負載。集體情緒負載通常只會發生在那些已經稍微將情緒背包打開的人身上。

集體情緒負載指的是那些尚未被處理完畢、遺留下來的整體社會共同問題。集體負載理論上總是位於情緒遺毒和夢魘的下一層，因為這兩個情緒同時也會在涉及集體情緒負載時爆發出來。舉例來說，在德國集體情緒負載的第一名，就是二十世紀時發生的兩次世界大戰。以女性來說，性侵害問題是女性共同面對的負載，包含未親身經歷過侵害的女生也共同背負著。許多的伴侶關係裡，也藏著集體情緒負載——前段感情尚未痊癒的舊傷。集體情緒負載的篇幅將會在全書的最末章節深入討論。在本書的第一章節，我們先有這層分類的存在認知就已經足夠。

現在將注意力拉回我們一開始說的情緒背包：你都背負著什麼包袱到處亂晃？什麼時候你的情緒包袱會突然爆炸？只有特定時候你才會發作，還是負載已經壓著你，讓你的發作頻率達到每天？在每段感情或每個關係裡，以及各個生活層面時時都被觸怒？情緒背包很多時候都像在慕尼黑機場裡所遇見的那個無主背包一樣。只不過稍不留神，我們的背包就成了危害周遭安全問題的麻煩製造者。除了被視為有安全問題之外，它還可能變得更戲劇化。例如：如果背包裡面真的藏有爆裂物，隨時隨地都可能像在好萊塢動作片裡一樣，把機場炸成平地——至少有連續爆炸聲，四處硝煙瀰漫，整個空間充滿四處奔逃的人群，然後你完全搞不清楚，現場究竟發生什麼事。是人為意外嗎？還是恐怖分子策劃的攻擊？到底哪裡發生了問題，或者其實一切正常運作著，我們只是在自己嚇自己？

下一章節將進入情緒觸動這個主題，瞭解情緒負載觸動能讓我們更明白，情緒背包是怎樣影響生活以及各種人際關係，當然最重要的是，你如何察覺情緒負載被觸動。許多生性敏感的人顯然對於自己情緒背包的存在有一定的知覺，而且能細心察覺它的重量對身心的影響，但是情緒背包被觸發時表現出來的樣貌多樣，不是一眼就能察覺的。

練習 1

背包檢驗第一關

為自己安排一些時間，用這個空檔好好檢視自己的情緒背包，依照下面的檢視清單，仔細地思考並回答。你可以在寫日記的時候回答這些問題，也可以在每日散步的時候好好思索，又或者是找一個你能信任的人，與他／她一起討論下列問題：

1. 我的情緒背包體積有多大？請放鬆一下，憑感覺由一到十，打一個分數。你也可以使用前面所提到的負載尺寸公式來計算，並在估計每個因素的大小時都用一到十來評分。你也可以幫身邊親近的人做檢查，評估他們的情緒背包有多大。
2. 你的情緒包袱在生活中都是怎麼爆發的？你的哪段關係，或是生活的哪個方面，比較容易觸發你的情緒包袱？
3. 挑選一個特定的物件，用它來象徵你情緒背包裡裝的，最沉重的那塊情感負載。

第2章

什麼是情緒負載觸動？

在序言裡，我提到我被一個八竿子打不著的女人大吼，當時我完全不知道該如何解釋那奇怪的反應。如今我終於知道了，那個奇怪的反應就叫做「情緒負載觸動」。

所謂情緒負載觸動指的不只是當下那個被觸發的時刻，同時也是指被觸發時的狀態，就像是背包深處有個東西無辜又毫無防備，突然從深不見底的陰暗處，一下子被強拖出來見人一樣。我們突然置身於史無前例的特殊狀態下。當然，不是每個人的狀態都跟我那時在游泳池一樣那麼戲劇化。在我們的文化裡，常見的被觸動狀態，表面反而看起來根本就不怎麼情緒化。大多數人描述他們的狀態，就像是全身的感覺突然被抽空、整個腦袋發脹又發麻，然後這股黏稠的無知覺真空感環繞於整個現場和所有在裡面的人。

當時乍看之下那些非常激烈的反抗行為，事後仔細回想，不難發現那只是虛張聲勢。因為不管是哪一種情緒負載被觸動之後的表現方式——前者像我一樣八點檔戲劇化的誇張表現，或是後者那個被抽空的感覺。順帶一提，感覺被抽空只是一種身體的策略，好讓你暫時不要去感覺當下應該感受到的感覺。不管是哪一種，不論是我們被情緒凌駕，或者是失去知覺被麻痺了，都只代表一件事：那個被觸動的情緒以及它所屬的重量，完全凌駕於我們之上。差別只是情緒列車往左還是往右失速出軌而已，剎那之間，我們全然無法控制住自己。失控的人會做出平時不會做的事：罵髒話、摔碗盤、與朋友絕交。情緒爆發的事後，我們通常都暗自懊悔不已。不然就是急著合理化自己的行為，就因為我們不願意認清眼前的事實，這樣的舉止反應實在極其不恰當。

開始分析引發情緒負載的一連串生理機制前，需要先探討情緒負載啟動究竟是如何出現的。先從情緒特徵開始著手，接著再來看啟動時的身體、心理徵兆，藉此，大家就能瞭解情緒負載被啟動時，可能會出現的所有表現形式。

情緒特徵

一團混亂中，連自己也還不清楚的當下，就會浮現情緒負載觸動的特徵，就像我的游泳池事件一樣。按照每個人不同的脾氣，以及各種不同的情緒負載被觸動的方式，這團混亂的情緒能變化出不同的特徵。同樣事件下，有的人反應像我一樣，無助的崩潰大哭；有人則是無法克制住自己而暴跳如雷；第三種人反應是驚嚇過度，呈現放空狀態；第四種人可能突然爆發自我厭惡情節；至於第五種人，或許是突然腎上腺激素爆發似的激憤高昂起來。

每個人情緒被觸發的時候，不會永遠都是同一種反應，而是在固定幾種不同的反應模式中游移，混雜著令人難以辨認的過往情緒遺毒。例如：暴怒混合隨之而來的自我責罵、驚恐中穿插著歇斯底里冷笑、哭泣伴隨著自我貶損。

情緒觸動的特徵
1. 高度情緒化或是完全無感
2. 身體徵兆
3. 扭曲的五官知覺
4. 非理性的想法
5. 講話音調改變
6. 幻覺、感覺失真

除此之外，情緒負載啟動表現的方式還有另外一種，這種方式乍看之下相當模糊不清、迂迴又婉轉，因此也相當不明顯。與其用盡全身的情緒能量去反抗世界，另一

種反應方式則是將自己從世界中抽離。這種人的內心世界呈現麻痺狀態，情緒負載被觸碰時，麻痺會吞噬掉感覺，多數人只會感到一陣輕微的不快，或是吞忍下去轉化成內心的壓力，繼續存放起來。這種麻痺感來無影去無蹤，對有些人而言，是突然之間失去知覺，在有些人身上，這種麻痺感越來越常發生、越來越嚴重。這些病徵隨著年紀增長越來越根深蒂固。時間一長，情緒負載被觸動時，同一個人的特徵就慢慢的固定了。

身體徵狀

情緒負載觸動通常會伴隨著身體反應，當觸發的時刻讓人毫無防備，我們的反應就更加劇烈：心跳脈搏加速、手心冒汗、體內溫度逐漸升高。接著，感官知覺被這股力量強制約束，視野範圍開始聚焦、縮小，直到眼裡只看得見一個狹隘的圈圈，或是像當時我在泳池一樣，覺得天要塌下來了。接著，我們對聲音的接收程度也開始改變，有些人突然好像耳朵裡被塞了棉花球一樣，所有聲音都離他好遠。有些人突然覺得整場的聲音都震耳欲聾。不僅如此，就連講話音調都開始變調。

有的人情緒負載觸動時，感覺偏向全身知覺被抽空、身體被拋向一團棉絮中，這種身體徵兆的人，通常難在當下抓住自己，回神到自己的感覺上。因為隨著他們的神經失去情緒知覺功能的同時，連帶身體的知覺也會一併失去。對自己的身軀突然感到無比陌生，彷彿靈魂從它之中脫離出來，隔著一段距離看望身體，就像是一具空殼、一個附屬物體，它不再是個活生生的生物，不像是那個感知世界七情六慾的人體。不管是上述兩者中哪一種模式，都一定會伴隨發生聲音變調：意即自己的聲音突然變成別人的聲音，比平常更沙啞粗獷、更大聲，也可能完全相反，比平常更低聲細語、更高亢激昂、或是更低沉粗重。

心理徵狀

情緒負載被觸動的時候，能在心理層面激起混亂的漣漪。你一定有過這種感覺：思緒不停在腦海裡兜圈狂轉、激動地想揪出一個可能的肇事原因、可能的發洩出口，或是逮住哪個人當出氣筒、沙包——管它是什麼，只要能從這個令人尷尬、緊張不已的情況中解脫就好。狂風旋轉不停的龐大思緒也可能以無止盡的長篇大論、激動的口舌狡辯方式表現出來，這股無止境地想說盡心中各種想法的心理反應，到最後若不是自己煩惱至死，就是虐待身邊所有的人。這種行為背後的動機，其實是渴望透過心理層面，來疏解那些我們在情緒上無法解決的問題。透過在腦海裡製造的這麼多嘰嘰呱呱的噪音，成功轉移情緒問題，好讓我們忘記情緒是自己應該要關心和注意的地方。反之，情緒負載被觸動時，有些人可能出現一陣心理失能，無法集中思考，就好像整個腦子被丟到糖漿裡一樣。

詳列了這麼多反應就是要呈現一個重點：情緒負載觸動有許多不同的表現方式。在前面的描述裡，或許你已經找到幾個似曾相識的例子，其餘的也許從未感受過。有些人會有好幾種不同的被觸動狀態，有些人則永遠都是那一、兩種相同的徵狀重複發生。但是所有的觸動狀態都有一個共同點，那就是在被觸動的時候，有另一個東西占據我們的全身，這個東西讓我們失去行為能力、失去自我控制、失去情緒協調的能力，大大的減低我們理智的應變能力。這個東西就是我們的情緒背包。它就像是夢魘裡的惡魔一樣坐在我們的肩膀上，叫我們停止思考、讓我們行為異常，它還左右我們的感覺、知覺，讓我們聽平常不會聽的、說平常根本不會說的。

若不幸的觸動機制相當強烈，那這項例外的情況可能永遠將我們完全變成另一個模樣。我想每一個曾經歷過痛苦分離或是遭受離婚創傷的人，都清楚我在說什麼：妳的白馬王子一夕之間成了妳的惡夢、你的童話公主一夜之間變成了潑婦。夜深人靜時，你不禁要問，當初你決定交往的那個親切美好、溫柔婉約的人到底怎麼了？

情緒負載被觸動時是以什麼方式表現出來，其實並不是那麼重要。重要的是，我們是不是能成功地事先察覺它。唯有如此，我們才有機會以不同的方式處理它。越早發現情緒負載被觸動的徵兆，我們就越能看清楚，繼續裝作若無其事，什麼也沒發生、更沒有任何益處。因為我們所有的努力都會被扭曲，感官知覺不再可靠、話語充滿了情緒負載，即便是最無害的說詞，我們都能讓它變得尖銳傷人，所有在這種情況下所做的任何決定，都鮮少有正面的結果。下一頁的練習，把至今針對情緒觸動狀態時的相關研究，不管是理智層面或身體行為的研究結合在一起，有效幫助我們對情緒負載被啟動時的狀態有更全面的認識。

練習 2

當你的情緒被觸動時，是什麼模樣？

為了對情緒背包發展出全新的相處模式，我們必須學習和提早察覺情緒負載被觸動時的狀態有什麼特徵。

1. 你上一次情緒負載被觸動是什麼時候？
2. 當時的你有什麼徵狀？
3. 請你挪出一些時間，重演一次，試著回想起在你的記憶中，情緒負載被觸動時，你身體的感覺和狀態。現在你感覺如何？
4. 按照現在內心的狀態，用一個你認為適當的姿勢或手勢表現出來。即便擺出來的姿態與平常沒有什麼太大的不同，或者是相當誇張也無所謂。重要的是，這個姿勢和你的內心情緒成正比。請慢慢練習，找出最符合的表達姿態。
5. 如果你有超過一種的情緒觸動狀態，請將上面的練習套用在其他曾經發生過的不同情緒事件上。重複練習，模擬自己的觸發狀態行為能創造出絕佳的認知學習機會，在下一次發生觸動的時候，你就有可能提前認出徵兆來。

一擊命中還是循序漸進

就像我之前一直強調的：不是每個人的情緒負載觸動反應都跟我那天早晨在泳池發生的一樣。那次的情緒觸動，完全是個應該寫在教科書裡的經典觸動法——一擊命中要害，接著我整個人就驚呆了、變了。心理學家丹尼爾・高曼在他的暢銷著作《ＥＱ》（情緒智商）中，提出「杏仁核劫持」的概念。在這個概念裡，就提到這種觸發方式是一種相當典型的模式。「Amygdala」就是俗稱的杏仁核，在我們的大腦裡是掌管情緒最重要的處理中心，這個概念在稍後的篇幅會有詳細介紹。「Hijack」這個字大家不陌生，就是突然被武力接管了，就像飛機被劫持、電腦被駭。「杏仁核劫持」的狀況，就是我們腦內的杏仁體突然接管我們的腦神經系統。接管過程中，有三階段特徵：暴怒、暫時失去控制、事後後悔。

「杏仁核劫持」的三大特徵
1. 暴怒
2. 暫時失去控制
3. 事後後悔

此類的情緒負載觸動雖然如此棘手、如此具有殺傷力，但對我們學習辨認者來說，

它也具備相當明顯的優點，那就是這類觸動模式相對容易被認出來。相較之下，其他類型的觸動狀況特徵就隱晦不明。

另一類的情緒負載觸動一開始的時候，就像是電影裡的背景音樂。每次要發生壞事前，就會開始插入的固定背景音效，起調無比的緩和、輕柔，卻又讓人不自覺感到不舒服的單音弦樂。這類的情緒負載被觸動之前的差異，就算是刻意地留意也很難察覺出來。但是，藉著這一點點微小的偏差，就足以完全顛覆我們對眼前情況的整體感覺。

許多老夫老妻的日常生活中，最常能看到這種些微偏差的影響。例如：早餐時太太在桌邊輕描淡寫地說：「對了，親愛的，我今晚會晚一點回來。我和卡琳約好了，我們兩個要把明天早上的簡報再順過一遍。」先生回答：「喔，好啊！」想必這時候老公一點也沒發現，電影背景裡的單音弦樂已經悄悄響起。如果此時他多花點心思來仔細琢磨太太的語氣，想必能察覺出一點異樣。除此之外，如果太太也能多花一點心思，仔細聆聽老公回答的弦外之音，太太就會發現老公語調裡的些微差異。接著，太太下意識地將這個不快的感覺記錄在杏仁體裡。要是等一下有什麼不對的事情，老公這個微妙的異樣口氣就足以讓她情緒爆發：現在就連太太的電影背景單音弦樂也悄悄響起。

下意識的，只要還有任何可以裝聾作啞的可能，我們就會選擇忽略這些微弱的訊號，因為我們不知道還能拿這些微小的差異訊號做些什麼。

太太當然還是要和同事卡琳見面，明天早上的重要簡報還是得再準備，對吧？

就跟電影情節一樣，不愉快的小事情一個接著一個，原本緩和輕柔的背景弦樂經過無數個小時、默默地逐漸累積增強，不滿的聲音越來越大，直到有一天男女主角再也沒有辦法假裝沒聽見為止。可惜的是通常為時已晚，因為這時雙方的情緒早就瀕臨爆發極限、無可遏止，不再是輕輕鬆鬆幾句話就能打發彼此了。原本心裡一句簡單的小埋怨：「我本來那麼期待今天晚上能跟你在一起。」在這段時間內已累積轉變成「你從來就沒有時間陪我！」原本可以簡單多加一句的解釋：「我今晚也好想跟你一起在家裡，可是這次的簡報會影響我的升遷，它真的很重要。」經過這麼長的時間也早就變成「你從來就不在乎我的工作！」

誠心而言，一般時候我們知道吵架時這些控訴都不是認真的。不過在情緒負載被觸動的那一刻，那顆誠心早就走丟了。我們的五官扭曲，現實看起來像一幕幕黑白畫面浮現，劇情裡面的人們——那些原本是為我們好、愛我們，也是我們應該珍惜的人，則被強迫臨演那些原非屬意演出的角色。就像這樣，過往累積的情緒遺毒，一步步壓縮在伴侶關係中的呼吸空間，慢慢地毒化它。

更不用說在大多數的親密關係裡，這些埋藏在伴侶心中的指控、這一幕幕的黑白連續劇畫面，根本很少能被說清楚、講明白。雙方日積月累的情緒負載，就像是透明無色的毒氣，在誰也沒有反應過來前，就殺人於無形，讓親密關係在死前都來不及說個明白。有些人走到這一步，也不會戲劇化地情緒大爆炸，更不會在情緒大爆炸的時候歇斯底里地崩潰哭喊。取而代之的，這些人的親密關係會演變成一種麻木無感的雙人平行線，所有曾經的親密互動、過往甜蜜的相處情趣，通通煙消雲散。

這時候，還愛著的人無能為力，眼睜睜看著一切過程發生，卻不知道自己或伴侶究竟為什麼突然變了？為什麼當初兩人之間那樣幸福愉悅的自在氣氛，現在變成了一灘呆滯不動的泥沼？兩人的過去，一聲不響地開始撼動兩個人的現在。那些長久以來累積的過往恩怨情仇，開始和眼前的現實重疊，慢慢模糊真實的一切，直到兩人再也看不清眼前彼此的面孔為止。

舊時的陰影

回過頭來看在泳池發生的那一幕，到底是怎麼一回事？是過往哪個陳年舊傷該出個聲來負責？我當時一點概念也沒有——就像前面篇幅提到的，在被觸動時我們是不自覺的。我們只認得自己身處的那個情緒風暴的異次元空間。如今我知道，這是起因於我兒時經歷的一次不愉快事件。還是孩童的我無憂無慮，天真的為某一件事開心，因為那是一個理所當然我應該得到的物品。但是隨後我卻莫名其妙地被斥責了一頓，而且感到非常羞辱，這個情緒負載在泳池事件的當下被觸動了。

這件兒時經歷我還記得相當清楚：那時在印尼的峇里島，我和另外兩個女孩整個下午都在沙灘上玩鬧著，忙著編排我們自創的舞蹈，打算要在晚上大人們的聚會一起登臺演出。三個小女孩吱吱喳喳的，把想到的雜耍動作和舞步結合在一起，樂此不疲地重複排練，每個跳躍坐下的小動作、小細節都不放過。我們糾正彼此的舞步，互相改進跳不好的地方，就這樣樂不可支地玩了好幾個小時，越跳越歡樂。

黃昏時，我們躲在舞臺布幕的後面，舞臺前是一條筆直光亮的狹長走道，夾道放置著各種我說不出來的樂器，以及充滿東南亞特色的打擊鼓，往後望去是在半昏暗燈光下的觀眾席。我們幾個小女生互相點頭，這是準備好出場的暗號：我們說好同時以側身翻跟斗的方式一起出場，我在中間，另外兩個女孩在我的左右邊。正當我在翻跟斗的途中，頭下腳上兩手撐在地面上時，我發現我們只有兩個人出場。應該在我右邊的那個女孩顯然沒有一起翻出場。當我的腳回到地面上時，我立刻轉頭用眼角餘光尋找她。我瞥見她瑟縮在幕後一角，用手緊緊蓋住自己整張臉、不停哭泣。事後我才明白，她在最後一秒覺得害怕而臨陣脫逃了。那道長不見底的光亮舞臺實在太狹窄，跟我們在開闊的練習場地根本不能比。她擔心她會碰壞兩旁的爪哇鼓樂樂器。

她是這麼激動害怕，以致於我們根本沒辦法安撫她。不論說什麼，最後她都沒有再鼓起勇氣和我們一起把剩下的舞蹈跳完。我和另一個女孩只好即興創作，竭盡所能地不讓觀眾們失望，把整首曲子跳完，至少保住了一半的顏面。但是接下來的情況並沒有因此好轉。我們以為兩個人七拼八湊，撐完三個人應該跳的舞步，這一切已經夠糟了，沒想到還有更糟的。我們一邊輪流安慰著她，另一邊不停地想辦法請求餐廳主人再給我們一次表演的機會。

但這都不是最糟糕的，當我繼母走出來主導整個場面時，最糟糕的才正要開始，我整個心都被撕裂了。她對我們一句好話也沒有，更沒有要安撫我們的意思，她冷冷地批評，看來我們連自己在臺上亂搞些什麼都不知道。她用清晰不過的言語讓我們明白，像我們這種表演完全不適合出現在今天的舞臺上。就像最通俗的電影情節一樣，她立刻抬出我的繼妹來相比，繼妹就絕對不會做出這樣不恰當的行為。儘管我們再三保證，我們對所有的舞步練習了好多次，只是舞臺太狹長讓我們覺得沒有把握而已，可是我的繼母完全沒有興趣聽。在她的眼裡，我們是失敗者，不配再登上舞臺，也沒有權利要求再登上舞臺。一開始要求登上舞臺就是個狂妄自大的想法，膽敢以這種半生不熟的成果去臺上表演。

雖然稍晚經過我們央求，我們再次得到餐廳主人的准許進行表演。不過這一切已經不同，因為我們之前曾經失敗了。

在泳池的那一幕表面上看起來完全與它不相關：畢竟這是泳池不是舞臺，泳池也沒有觀眾席，我沒有前一次的表演失敗。但是在我內心儲存的經驗立刻認出了足夠的相似度，一箭穿心連結我背包裡的情緒負載按鈕。前一刻我正開心享受在泳池裡的美好早晨，下一刻應有的權利卻馬上被剝奪，我是那麼單純地相信，那是我本來應有的權利。感覺上好像我是個狂妄自大的媽媽，居然自以為可以大肆聲稱自己有什麼權力一樣。這種攻擊我根本始料未及，而憑空生出來的指控，居然是來自一個陌生人，一個天曉得為什麼會覺得自己完全可以理直氣壯，直接衝著我來的陌生人。

乍看之下可能會令人瞠目結舌，這兩個完全不同的情況能在潛意識裡令人產生連結。實際上這正是典型的情緒負載和它的觸動模式。表面上看不出來這兩種情況有什麼重疊，以至於強大到能夠喚醒我過往的情感舊傷。但是能達到關鍵性作用的並非是兩種情況，或是說情況們有多麼相似。關鍵是，這些情況裡你被觸動的感覺是否相似。科學上有兩個領域提供合理的解釋，它們分別是神經生物學以及心理學。

大腦裡的兩條路

讓我們先從大腦科學的開始解釋，人的感覺透過大腦內部的兩個管道在腦內散播訊息：一條是間接透過新大腦皮質層，另一條則是直接通過所謂的「杏仁核」，也就是前面一直提到的「Amygdala」。

察覺
詮釋
感覺
影響

大腦裡的第一條路，就是在第一章解釋的概念「感覺」，純粹的感覺指的是一種訊息接收方式，透過某一時刻的個人詮釋得到的訊息。這是個相對來說比較慢的傳遞道路，直到你的感覺逐漸形成，整個接收過程需要花數秒鐘，有時甚至是好幾分鐘。透過新大腦皮質層這條路的好處，就是在感覺形成的道路上，我們的理智還有插嘴的餘地。這個優點在所有親密伴侶關係中相當重要。

察覺
情緒反應
影響
反思

走杏仁體這條直接道路的狀況就和上面大不同。這條通道跳過通往理智的路徑，因此反應起來比第一條道路敏捷許多，能讓我們的神經系統在不到一秒的時間內，對眼前的情況作出反應。這條通路傳遞強烈極端的訊息到大腦裡，而且速度快到在我們自己能形成任何想法之前就已經傳遞完畢，就像是另類的直覺反應一樣。例如眾所周知的「一見鍾情」：媽媽第一次擁抱自己的嬰兒，嬰兒的乳香味立刻傳遞到她的腦神經，並引發一陣心醉神迷的愉快感。還有走在路上突然被一頭大型犬狂吠的時候，身體不由自主地瑟縮起來⋯⋯。舉凡上述例子都是直覺反應的結果，這些反應完全沒有經過任何思考。如果有，那也是反應過後我們才開始思考，而不是思考了之後才反應。

第二條道路本質上是一條較為原始的道路，而且這條傳遞道路在人類演變進化的過程中，無疑地發揮了良好的功效。它的快速直達性讓人類在任何環境下，只要涉及到危害自身生命時，都能分秒不差的立即反應：不論是繁衍後代、採集食物或是抵抗侵略。如同在第一章已經提過的，這類反應被歸類在我所謂的生理機制設定裡，它和感覺或是情緒都沒有關係。這樣一個涉及生存與否的生理機制，它傳遞到大腦的速度之快，完全令人無法想像。正因為如此，其傳遞出來的訊息也相當的粗略及敏感，容易被觸動。換句話說，有時候可能會傳遞出假訊號，不過攸關生死存亡的時刻，一個假訊號引發的麻煩總比忽略危險，或是錯過生機來得好。

舉了這麼多例子，然而大腦是如何處理情緒的呢？情緒會選擇走大腦的哪一條道路？到這裡我們只能稍微揣測了，因為到目前為止的科學研究，尚未把這三個類別以同樣的形式分別來看待。但是經驗顯示，情緒負載被觸動的速度就和生理反應機制傳遞的速度一樣快。這看來也是個很合理的解釋，因為過去發生的每一件事情，只要發生在當下，我們無法控制自己情緒的狀況，情緒記憶就會將這個狀況歸類為危險狀態，並且儲存起來。似乎是可能的，過往的情緒遺毒也擁有通往啟動警報系統的能力。換句話說，它通往的警報系統最終判定的基礎，就如同生理反應機制的判定基礎，一樣的不精準、一樣的容易被觸動。畢竟這種情況下跑得快才是當務之急。傳遞與否的重點就是我們的情緒內容，而非外在的表面現象。至於泳池事件所產生的情緒內容，顯然和我大腦裡因為那次失敗的舞臺表演，儲存下來的情緒記憶密切符合——警報立刻啟動。

除了上述神經生物學的解釋之外，從心理學的角度也能獲得支持，這個觀察角度的解釋，可能對人生經歷而言更有意義。從心理學來看，情緒負載的觸動是來自於身體系統有意識地釋放過往的情緒遺毒，好讓我們有機會再次處理以前沒有處理完的人生經歷。

消化殆盡的願望

若是之前發生的事情，以及當時在心裡產生的情緒沒有被消化殆盡，我們將會馱負著這個過往的情緒遺毒在背包裡，不論走到哪裡都和它綁在一起。這看來是不太差勁的臨時解決方案，但長遠來看卻會惹來無盡的麻煩。這股遺毒會讓接下來的人生走得更加困難，甚至讓我們的身體生病。越來越多的現代文明病將所有的原因歸咎於情緒負載。這也意味著，我們的免疫系統實際上有相當大的動力想要消化這些情緒遺毒，讓身體再度健康起來。

說來容易做起來其實有點難度，因為這些情緒遺毒早就被我們整齊地藏在情緒背包底層，多數時候我們都將其甩在背後眼不見為淨。你一定也遇過這種情況：回想曾經發生過的某個不愉快，你理應要有相當強烈的情緒反應，但是不管怎麼樣，就是沒辦法再擠出同樣的那股感情。為了找出一個補救管道，我們不停地在尋找與回憶中類似的情況，就為了招喚出過往的記憶，好讓我們的感覺能再次與那屬於原先記憶的情感負載重新聯繫。因為尋找這樣一個相似的場景，對身心健康是如此的重要，以至於我們的生理需求自然地將搜索範圍放寬。也就是說，它允許我們隨心所欲地腦補這個場景與過去缺少的相似度。以心理學的術語來說就是「心理投射」。

到這裡理解起來就簡單多了：情緒遺毒會讓我們的心生病，因此身心不停地在找尋任何可能的機會，好讓我們擺脫這個遺毒。要是這個機會沒有主動出現，大腦在下意識裡會開始把身邊隨時發生的機會都抓來改造，自行腦補剩下來的劇情。這麼一來，觸動的契機產生了，我們的情緒負載就會被觸發，再次和舊的情感負載建立聯繫，方便我們再次面對、處理，最後成功甩開它。

理論上聽起來棒透了，可惜實際在多數情境裡簡直是荒腔走板。原因在於，雖然擺脫過往情緒遺毒這個行為對身心健康是正面的，但它對人際關係可就完全不是這麼一回事。我們的情緒背包威力足以鑄下大錯。失控的情緒遺毒釋放以及情緒化的連鎖反應，假若規律地周而復始的發生，能讓我們的人際關係版圖分崩離析。何況並不是所有的情緒負載釋放之後，都會自動達到情緒癒合的效果。最糟的是常常釋放之後，背包反而比原先更重了好幾倍。因為當我們被觸動而開始釋放的那個時刻，就是眾裡尋他千百度的情緒負載觸動時刻，又爆炸成一個無法處理與面對的情況，結果只好被我們再次塞進背包的更深處埋藏，就這樣造就了一層又一層的情緒小包袱。依照這個邏輯來看，就不難理解，我們的心理除了在潛意識裡不停地找尋可以釋放情緒負載的機會，同時也在尋找一個強力有效、有能力阻擋任性的情緒負載釋放機關。這個具有心理行為能力的機關，我稱它為「情緒括約肌」。

第3章 情緒括約肌

小孩們從來就沒有情緒背包的煩惱，這不是因為他們沒經歷過情緒潰堤到不能控制的事情。恰好相反，小孩子在整個成長過程中，一直不斷地面對各種他們無法掌控的事情，這些情況不停挑戰他們的極限，甚至過分苛求，超出他們能承受的範圍。三歲的兒童獨自面對一隻突然對著他狂吠的大型犬；幼稚園裡最好的手帕交，因為新來的小女孩而立刻拋棄和自己的友誼；還懵懵懂懂的，就要面對離婚的父母；或是突然隔天就不再出現的爸爸或媽媽；獨自一人面對學校裡那些為了隱藏自己的不安全感，用取笑、欺凌其他同學的方式來掩藏的惡霸同學：整個童年就是一個挑戰。這些很理所當然，沒有什麼好情緒崩潰的。因為小孩子在發展成人的過程中，這些都是相當自然而且健康的。這就是長大的必經歷程，畢生挑戰各式各樣的狀況，即便有時面對挑戰的我們年紀還太小。教育學裡的體驗教育法提出三區塊模組，對此有非常恰當的解釋，很適合用來理解情緒發展。

舒適圈

舒適圈是一個人所處的環境或是狀態，人會在這個安逸的環境裡因習慣而感到舒適與安全，在不同的發展階段，每個人的舒適圈都不盡相同。舒適圈的塑造不只受到人生經驗影響而有所不同，每個人對自身經驗的消化良好與否也會改變舒適區的範圍大小。這個舒適圈會不停進化與改變，就如同我們持續地改變與成長一樣。

舒適圈這個概念不但可以應用於外在環境，若套用在描述我們內心的經歷也相當準確。劃分你內心舒適圈範圍裡的都是什麼事情？唯有當你放眼世界，感到社會大同且人生圓滿的時候，你才會覺得舒服嗎？或者你的內心能容許自己偶爾激動、生氣、失落以及恐懼？一點點情緒的波動還在圈圈裡，大起大落的情緒也還是在圈圈裡嗎？到底在舒適圈裡翻騰到哪個極限，你的內心才會開始覺得不舒服？

就像描述外在環境的那個舒適圈一樣，終其一生，我們的舒適圈範圍都會不停地變動，也會持續地擴大。內心的舒適圈亦然，它會不停地調整狀態。若是外在環境擁有一個範圍較大的舒適圈，能讓我們游刃有餘去應付各種不同的挑戰，那麼一個範圍較大的內心舒適圈也具有同樣的優點，它能大大的提升我們的自我控制範圍。這裡並非是指人們因此就比較能忍耐，或是比較能吃苦。而是指當內心面對突發狀況時，我們有能力將其調整成自己的內心舒適圈。

伸展圈

伸展圈裡面是我們感到被鍛鍊、挑戰的事情。這些挑戰的情境會將我們帶到整個圓圈的邊際線，並促使我們鼓起勇氣面對它。這個圓圈裡的情境雖然挑戰著我們的極限，但絕不會超出無法負荷的範圍。最常發生的狀況就是在學習新的領域時，例如：工作上剛承接一個新的任務，我們不確定自己是否能勝任；或者照顧身邊生病的親友，一開始總是雞飛狗跳，讓人精疲力盡；又或是和一個老朋友聊天，最後卻起了口角，產生爭執。這些情況都會產生壓力，讓我們不再感到舒適。但是，也正是這些情況讓我們繼續成長。透過準備挑戰，我們按部就班地學到新技能。透過循序漸進的挑戰，我們慢慢拓展自己的舒適圈，準備好迎接新的人生冒險。剛才還是伸展圈的領域，轉眼已變成舒適圈。以前完全是恐慌圈範圍的事情，現在變成伸展圈內的新挑戰。

在伸展圈裡，我們自由選擇是不是讓眼前發生的情緒事件，進到內心大門或是將

之拒於門外。一旦我們決定不去感覺內心正在發酵的情緒，從經驗上來看，當下所產生的情緒就會轉變成為過往情緒遺毒而儲存起來。以下的例子大家一定都遇過：一個平凡美好的早晨，你起床往浴室走去，腳趾頭卻踢到浴缸，此時腳趾腫成了蘿蔔。雖然沒有很嚴重，不過那疼痛足夠讓你滴下眼淚，然後一天就這樣粗暴地展開。

現在，你有兩個選擇。像往常一樣，把這股痛楚，還有內心的激動澎湃壓抑下去，盡可能讓自己在不受任何影響下，繼續展開一天的行程。或者是稍微休息片刻，好好地去感覺，現在心裡爆發出來的情緒究竟是怎麼一回事，並在心裡安撫同情一下自己。選擇第一個方法的人，常可以預估到他接下來的一天，倒楣事會一件接著一件發生——手上的咖啡不明就裡地打翻在早報上；上班要搭的那班公車以一秒之差，在你眼前關門開走了；喜歡的女生和你約完會之後從此不再聯絡……。直到晚上夜深人靜時，這一切從早上那個不大不小、無心的小失誤開始，逐漸累積成一發不可收拾的大包袱。這個包袱可能連同其他的小包袱被我們一起塞回背包的深處，也可能哪天我們會給自己找個機會點燃它，然後把所有累積的怨恨一口氣噴發到周圍的世界：在茶水間和同事喝咖啡時嚼別人的舌根、和辦公室裡長年的宿敵針鋒相對，或者是在腦袋裡喃喃自語地埋怨自己的頂頭上司。

當然，就算我在撞到腳趾頭的當下，選擇休息片刻，給自己喘息的時間，去好好感受情緒，最終那杯咖啡可能還是會被我打翻。就算我已經好好安慰自己一番，那班公車也一樣不會等我。但是晚上夜深人靜時，我內心對這一連串倒楣事的反應，一定和第一種選擇的人全然不同。

恐慌圈

恐慌圈，顧名思義在這個區域會感到被過分苛求，赤裸裸地感受到自己完全還不夠格承接新的任務，而且無法在周遭及時找到幫助。舉例來說，你照顧的那位親戚得了絕症將不久於人世、或是他久病不起需要長年照顧……。諸如此類種種過分苛求超出我們能承擔的任務。又或者是你和你的手帕交，一言不合起了口角，情況越演越烈，兩人多年的情誼即將破裂。總之，不管具體的情況是什麼，只要眼前的困難情況太過激烈，以至無法獨自招架，那麼我們就踏進了自己的恐慌圈。

在前面的伸展圈裡，我們還有選擇，要不要讓內心忽略眼前的突發事件。也就是說，選擇權握在我們手裡，端看你要讓自己深陷尷尬的場景，還是要幫自己一把。但是現在在恐慌圈裡，可就沒有這個選項了。在這個圈圈裡，身體裡的情緒和憂慮，以及內心感覺的聯繫完全中斷，不能再即時同步地感受自己，就好像脫離了軀體一樣。

遇到這種情況，許多人不可置信，原來自己的身體真的會什麼都無法感覺、手腳麻痺沒有反應。多數的恐慌情況大多是這樣，腦袋傳遞訊息告訴你，你必須要察覺的情緒現在多得不得了，快點反應！但同時身體又實實在在的什麼也感覺不到。原因在於，你心裡想要處理的需求量和正在發生的情緒量相差過大。這時自身的情感作業容量完全超載，供給與需求失衡。所有的悲傷、憤怒、恐懼，這些情緒呼喊著、要求著需要更多的處理作業，這些突如其來的大量需求對我們太過殘忍。為了應付這種需求，我們的體內自動設定保險絲，這個保險絲負責讓過多的情緒自動被忽略，要不然至少也會有意識的故意不去接收它。這時發生的事件，就順理成章滑進了我們身後的背包——留待之後有機會再行處理。要是這段情緒事件以後再也沒有被勾起、再也沒有被觸碰到，那麼它就會塵封在我們的情緒背包裡，成為行囊的一部分。有一種描述情緒的說法，比稱呼它為「保險絲」來得更貼切：「情緒括約肌」。

第二種會讓人覺得脫離了軀體的情景，是當我們的情感負載被觸動時，恰好這個被觸動的負載超出當前內心能處理的作業量。表面上看來不是什麼太嚴重的事——端看我的泳池事件。平心而論，這樣的挑戰應該是我的伸展區能承受的範圍，搞不好連伸展區的邊都碰不到。區區一個可能只是當天心情很差的體操女教練，稍微提高音量咆哮，有什麼大不了？但是一發聲納彈直接觸動我情緒背包底層特定的情緒負載，立刻將眼前沒什麼大不了的場景，升級成恐慌圈的特定挑戰關卡。

練習 3

畫出你的三區塊模組圖

準備一張空白紙，還有一些可以寫字或是畫圖的工具。請盡量找出手邊最大開數的空白紙張，要是沒有大開數的白紙，一般A4影印紙也可以。

1. 首先，在空白紙張的中心畫一個圓，這個圓代表你的舒適圈。請依照你的直覺，畫出你認為適合你舒適圈大小的圓圈。
2. 閉上眼睛片刻好好感受內心，詢問自己：什麼樣的挑戰和活動是在我的舒適圈範圍之內？在我生命中，做什麼事情的時候我覺得最舒服、最安全、最有自信？做什麼事情可以讓我重新充滿活力？當下我的感覺如何？
3. 張開眼睛，現在動筆填滿舒適圈。你可以寫下剛剛在腦海裡冒出的句子，或是用色筆還有畫圖來填滿這個圈。放任自己完全的把感覺表達出來。畫出來的東西或是寫出來的字句，不管是你自己或是別人看不看得懂都無所謂。

4. 現在勾勒你的伸展圈。繞著舒適圈的外圍畫一個圈，依照直覺，畫出你認為適合你伸展圈大小的圓圈。

5. 重複上次的動作，閉上你的眼睛片刻好好感受內心。詢問自己：什麼樣的挑戰和事情是在我的伸展圈裡？至今為止在我的生命中，有哪些出現過的任務，是我還不知道能不能夠勝任的？當我面對這些任務時，感覺如何？

6. 按照你剛剛畫滿舒適圈的方式，同樣把紙上的伸展圈也填滿。

7. 現在請在恐慌圈上重複同樣的步驟。你可以在紙上沿著伸展圈的外圍再畫出一個圈——或者乾脆將白紙上剩下的所有空白處都當成恐慌圈。

8. 再來停下所有動作，花一點時間觀察你所完成的圖。你看到了什麼呢？

這三區塊模組圖上的良好呈現，應該是一個舒適圈與伸展圈不停交錯、重疊的圖樣，人的一生都將如此循環發展下去。沒有進入伸展圈，就不會成長。沒有回到舒適圈，舒適圈的範圍就不會持續增長擴大。不過，因為這三個區域本來就會不停地互相轉變，所以人們永遠無法準確猜測或是控制，哪一個人、哪一件事會讓我們嚇得魂飛魄散。

所以不論我們願意與否，突然被丟到恐慌圈裡的情況總會發生。不過有些時候，正是因為這樣突然被拋到恐慌圈的經驗，我們能藉機在人生發展上成功向前躍進。

奢侈的隨機釋放

前面提過，小孩子完全沒有情緒負載的問題，為什麼呢？因為小孩子會在下一個他能遇到的最佳時機，馬上把超載的情緒能量釋放乾淨。舉一個經典的例子：有一個小男孩在公園摔倒了，膝蓋著地非常痛。想都不多想，小男孩起身奔向一旁的媽媽或爸爸，躲到父母的懷裡討安慰，一點也不掩藏自己的感覺。幾分鐘過後，他忘了摔倒的事，轉頭又跑回公園繼續玩。在他的情緒背包裡，沒有一丁點的情緒負載遺留下來。套用前面提過的公式來說：這個小男孩有足夠的支持度來處理這樣強度的經驗。

隨著小男孩長大，他具備的情緒處理容量也越大，不論是在哪方面的突發狀況，他都能自己獨立面對。小男孩最終會學到，假如這個突發情況位在伸展圈的範圍內，那他就有足夠的能力可以安撫自己的情緒。甚至我們還能遇到幾個超齡成熟的小孩，在面對壓力的情況下，能對自己說出一些鼓勵的話，例如：「這也不算太嚴重。」或者是「沒關係的。」這樣的小孩子，他們自身就取代了生命周圍的支持系統，也就是他們父母、長輩的教養功能。

時間很快的過去，摔到膝蓋這種小小的挫折，再也不是什麼情緒負荷不了的情況。可能小男孩還是會流幾滴眼淚，但不久之後他就會自己平復下來。換個說法：小男孩的舒適圈範圍擴大了，他已經學到，摔跤不過就是生活裡的一部分，沒什麼好值得大驚小怪的。

情緒括約肌的發展

小男孩在成長過程中，除了不斷地增強他的情緒作業容量，隨著年齡的成長，另一個心理行為也會開始發展，那就是所謂的情緒括約肌。肌肉組織負責控管什麼時候、以什麼方式來釋放情緒。好比我們身體用來控制排泄的括約肌一樣，情緒括約肌也會隨著長大成人不停地發展壯大，並且擔當起責任，不再像孩童一樣隨意釋放情緒。身體括約肌的發展成熟，讓我們擺脫包尿布的需求。而情緒括約肌的發展，則允許我們在每個發展階段收斂自己，並在不觸及身旁周遭朋友的情緒安全警報線前提下，好好地去觀察世界。在情緒括約肌指導下，我們不再隨時隨地、隨機釋放情緒，直到回到親近信賴的人身旁。如果仍有需求，我們才會傾洩囤積已久的情緒。

日常中的發洩

許多在父母身上得到完善情緒支持的孩子，大多都要歸功於他們成長時特別喜歡在父母身上發洩自己的情緒。的確，日常生活中為人父母們總是說，小孩發展的過程特別麻煩又特別折磨人，這是因為父母還不瞭解小孩這種行為的最根本原理。舉一個典型的例子來解釋：有一天小男孩去外宿幾天，在那裡發生了些狀況，小男孩的反應相當和氣又善解人意，所有人都因為小男孩良好的教養感到非常喜悅。

但才回到家不到片刻，小男孩就再也忍不住，沒來由地不停發牢騷、喃喃抱怨東抱怨西，剛剛在外面的善解人意瞬間消失，沒有人知道他到底怎麼了。小男孩難道是回到家裡不開心嗎？這真的是那個前幾天在外面貼心、合作又有禮貌的小孩嗎？許多父母都經歷過類似的情況，孩子從幼稚園或學校回到家之後突然變了一個人。做父母的常常摸不著頭緒地問自己，到底犯了什麼錯？

這中間落差的原因在於，小男孩在學校或是外公外婆家，曾經經歷過的特殊情況並不是夢魘等級，應該稱之為挑戰，有時可能是一些過度的要求。而小男孩現在長大了，已成熟到足夠能控制自己，不讓自己所有的情緒立刻爆發出來。換句話說，他的情緒括約肌已經成熟到一個階段，以至於小男孩能將他的感覺和情緒控制住，直到小男孩又回到最親密的親人身邊，才能放鬆自我控制。就算外婆再怎麼疼愛我們，或是幼稚園老師再怎麼親切——我們和最親密的親人擁有的特殊情感連結是無法取代的。一旦小男孩回到自己熟悉的安全環境之後，他的情緒括約肌就會鬆開，堆積的情緒能量終於可以慢慢發洩出來。

此種過程雖然非常折磨父母，但這樣的發展程序是健康、正向而且必要的。如果我們能理解背後所隱藏的原因，並且知道這時候小男孩想要從父母身上得到什麼樣的支持，就能省下許多時間和力氣。這時候不妨就在當下持續關懷與保持同理心。一旦得到適當的關懷與愛護，小男孩這種發洩情緒的行為很快就會消耗殆盡，然後自動消停。另一方面小男孩也會慢慢發現，他需要發洩的限度和原因。

如果情緒括約肌不再打開

因此我想應該不用再強調情緒括約肌的發展對我們是極其自然、也是相當重要的成長歷程。它呈現情緒自我控制相當重要的一面，讓我們有能力自主控制，不讓自己的感覺和情緒毫無節制的隨意發洩。除此之外，它的發展成熟度也是一個人相當重要的情商成熟指標，代表我們能穩健處理自己的情緒，讓情感只在特定的範圍內釋放。特別是牽扯到過往情緒遺毒時，情緒括約肌的成熟能力顯得更加重要，因為在無數的生活實例裡都能證明，讓過往情緒遺毒隨心所欲的「真情流露」出來，在多數的情況下不但相當失態，更是對療癒自己的情緒負載一點幫助也沒有。因為情緒的行為邏輯，跟用來維持良好關係所應該有的邏輯，正好是相反的。

用力讚揚完情緒括約肌的好處之後，接著我必須強調，情緒括約肌的發展過程中，同樣也有它不容忽視的潛伏危機。這個潛伏的危險就是：只學會了關閉情緒括約肌，沒有同時學會再次應需求打開括約肌的能力。這樣的危險情況最常發生在缺乏家庭溫暖的小孩身上。在正常的家庭環境裡，孩子學習回到安全環境裡、和家人分享自己的情緒，以及透過被父母愛憐的撫慰，得到適當的發展能力——看來這是個舉世皆然的簡單道理。但對比小孩子如此自然熟練到要去找尋情感支持，或是要求父母安慰，可說是身為成人的我們卻反其道而行。一旦在任何突發狀況中產生強烈的情緒反應，多數人總是不假思索地立刻打包往自己馱著的情緒背包裡塞。理論上來說，打包起來方便以後再掏出來處理，聽起來是個不錯的主意。但是實際上的情況呢？絕大多數是老死不願再相見。

結果就是有些人只會透過外在環境強力的觸動引信下，才會重新與自己的情緒負載通上電。電光火石間整個被觸動的情緒負載就會在背包裡，以一種強勁的力道衝破主管機關的控制，讓情緒括約肌的各種控制通通失靈——這差不多就是我在美好早晨的泳池中所發生的那一回事。

學習控制情緒括約肌

學習和過往情緒遺毒相處，最重要的關鍵技能就是學會如何健康地控制情緒括約肌。透過發展掌控放鬆情緒括約肌的能力，以及學會讓情緒括約肌在可預期的安全環境裡，釋放所累積的情緒負載。透過這樣的方式，就有機會能夠達到情感癒合的最佳效果。反之，若是放任情緒負載隨意傾瀉，不管如何釋放都難以達到癒合的目的。不僅如此，本來應該是重新處理以及釋放過往情緒的大好機會，反而完全變成另一個超出能力處理範圍的情緒挑戰。因為在新的觸發事件中，就如同前一次過往情緒事件時一樣，仍舊缺乏該有的情感支持，依然沒有能力處理這遠遠超出負荷範圍的情緒量。於是再一次，在情緒挑戰面前，我們又覺得自己太過柔弱，不足以應付這樣的場面，最後只不過是再次地證實自己還背著同一個不變的情緒負載而已。

那天早晨在泳池裡的我就經歷了一樣的事。就算我狠狠地釋放過往的情緒遺毒，但那個空曠淒涼的游泳池更衣間顯然不是一個適當的環境，至少這個環境並不能安撫我並且在情感上支持我，讓我重新審視自己這次不快的情緒事件。不僅如此，我的反應就恰如童年時代那次不愉快的經驗，被超載的情緒負荷壓垮，然後又再一次的被事實證明，只要遇到這種場面我就是一個束手無策、無能為力的人。我的情緒背包在這次事件之後當然是不減反增。

過量致死

你的心靈——情緒系統是個相當聰明的系統，遠比你所想像的還要聰明。這個系統日夜守護著你，在你被過度挑戰時保護你，在你受不了的時候立刻喊停不再苛求你。

正因為如此，這個系統藉由情緒括約肌的幫忙，能提供可靠的保護，讓你不會被情緒背包裡過量的各種負載給淹沒。這個系統理解什麼東西目前超出你可以承受的範圍，而且還能阻止這個負載被釋放出來。

多年前我曾經歷的一場車禍事件很適合用來描述這種現象。當時我坐在副駕駛座，車子在行經交叉路口時，突然被一輛從右方疾駛而來的小客車從車頭迎面撞個正著。要是撞擊的地方再往後挪個半尺，我現在就不會在這裡了。幸運的我只是受到些微驚嚇而已。不過保險起見，還是請救護人員抵達現場。當救護人員詢問我身體各種情況時，我如平常一樣鎮靜且清楚地回答他們。那些大家認為的典型創傷症候群在我身上完全看不見。

車禍幾天過後，我去拜訪一位相當要好的女性朋友，然後我們談起了這次發生的車禍。當下我一邊描述車禍的狀況，朋友同時卻以溫暖的語調安撫著我，我開始覺得內心有一塊東西開始軟化了。就在我還來不及反應究竟是怎麼回事前，我的眼淚已經撲簌簌地掉下來，怎麼樣也止不住。我的身體開始發抖，對車禍的恐懼感這時才在心裡席捲開來。我可以感覺到整個驚恐如何從心裡蔓延到四肢末端，車禍當時發生的景象把我眼前的視覺完全吞沒了。

當時我嚇壞了。我不能理解為什麼眼淚說掉就掉？明明幾天前我還是那麼鎮靜，反應還是那麼正常。更何況這也不是車禍發生後第一次告訴別人我被撞了。但現在我已經知道，我在朋友家的反應，和我自身的情緒括約肌機能有著相當大的關聯。情緒括約肌知道幾天前的我根本無力獨自對抗這樣的突發狀況，這些的情緒負荷量對我而言還是太過挑戰。直到我感受到朋友溫言軟語的安撫和同情時，情緒負載處理容量感受到能擴大一點負荷量了，於是情緒括約肌允許我重新呼喚出這場車禍時的情緒，再次感受它、處理它。

很可惜的是，我們不會永遠那麼幸運，總是能在需要的時候立即得到足夠的情感支持——何況許多人就算情緒括約肌允許他們釋放自己的情緒負載，他們也早就澈底刪除了放鬆情緒括約肌的功能。另外，這樣拒人於門外的人，通常會盡力避免去接觸那些能溫柔提供同理心的人，因為只要一接近這樣的環境，他們的情緒就會不由自主地開始升高。

當然，每個人有處理自己情緒背包的自由，只要他認為這是最適合的方法，那又有何不可？但是這個決定的代價，通常是我們的一生都只能任由情緒生存機制來主宰情感生活。雖然本能的生存機制能幫助我們逃離，避免面對這些情緒問題，但是在完全依賴生存機制的同時，同樣也遏止自己邁向健全發展與情緒癒合的可能性。

第4章

情緒處理方式

許多毒犯與其他的偏差行為成癮者，其不良行為都是來自情緒控管的問題，這已經是個公開的理論。至於我們能做些什麼改變，則比較少人提及。在進入這個主題之前，先檢視日常生活中的我們是如何處理過往情緒遺毒，以及這些處理方法的優缺點。在本章會專注在五個生活中最普遍的過往情緒遺毒處理方式：麻痺處理、轉移注意力處理、補償心態處理、宣洩處理，以及分析處理。這五個當然不是全部

普遍的生存策略
1. 麻痺處理
2. 轉移注意力處理
3. 補償心態處理
4. 宣洩處理
5. 分析處理

的處理方式——聰明的人類大腦當然會不停地發明其他方式。不過大多數人的行為反應不會與這張列表相差太遠就是。

1 麻痺處理

處理情緒負載釋放時，最受歡迎的處理方法，毫無疑問就是麻痺處理。煩悶時抽一根菸、下班回來喝一杯啤酒……，這些習慣深受大眾喜愛，以至於這樣的處理方式已經自然而然融入社會的生活情感裡。我們麻痺自己的方法，可不只侷限在尼古丁、酒精以及種種毒品的消費行為上。更廣為流行的麻痺方法、也是更難以理解的沉溺行為，例如：逛街血拼、資訊成癮、八卦聊天、打電動、暴飲暴食、沉溺於工作，以及其他更多類似的強迫行為。

雖然我很想要將全部的麻痺處理方式通通條列出來，然後一個個的加以批評，不過最後只會讓我看起來既守舊又過時，跟個道貌岸然提倡淨身生活的偽君子沒兩樣。而且把所有的成癮行為都戒除了，就沒有其他的麻痺方式嗎？現實沒這麼簡單。我們雖然可以到勒戒所戒除酒精成癮，也感謝現代科技的幫忙，將香菸盒上的廣告宣傳得令人怵目驚心。這些措施都在提醒我們，和所有會麻痺自己的食品、毒品劃清界線。但還沒提那些看不見、摸不到的沉溺行為。況且在現實生活中，並不能強制自己再也不要吃東西，就只是為了讓自己養成健康的飲食習慣一樣。如同飲食習慣這樣令人左右為難、難以劃清界線的還有：資訊焦慮症、網路成癮症、購物成癮症等。這些行為都很難清楚地畫一條線，分出怎麼樣才是正常的消費行為，怎樣又是失控行為。唯有透過適當的練習，加強我們對自己內心感覺的敏感度，讓內心感覺去擁抱自己決定的麻痺處理方法，才能即時的察覺行為是否異常。如此一來，才能開始練習並改變我們的行為——而不是試圖去禁止每個潛在的成癮行為。換句話說，狂熱的欲望並不是真正的問題，它只是嘗試去解決問題。若是我們屏棄了這項解決方案，那就必須想出另一項解決對策。如果只是強勢去遏止、試圖解決問題的欲望，那麼原先你想要遏止的惡習，極可能造成雜草除不盡，春風吹又生。

除此之外，另一個支持我們不需要將所有成癮行為，不論對錯一網打盡的論點：成癮行為其實是內心自動發展出來一種處理情緒負載的方法。在一定的範圍內，我必須承認它有存在的必要。換句話說，我們偶爾可以允許自己利用閱讀通俗小說、看八卦新聞，或者是喝一杯紅酒的方式，暫時按下內心情緒的停止鍵。最重要的是，不要讓這樣的行為方式變成我們依賴的一個解決策略，而是在有意識的情況下，去按下那個停止鍵，這樣我們才不至於忘記還有情緒挑戰的任務等著處理。這種情緒系統想發聲的情況，就像是手機的來電顯示一樣，電話來了，但你剛好不想接它。這時候我們可以直接按掉這通來電——一次、兩次，或許還有第三次。但是總會有一個時刻，是你剛好有空，想接起電話，並且開始和自己的情緒溝通。

2 轉移注意力處理

第二個受到喜愛、也較不會有後遺症的處理方式，就是轉移注意力。轉移注意力和麻痺處理方法一樣，有其優點和缺點。轉移注意力的好處是暫時把思緒轉移到其他事件上，避免我們在情緒的泥沼裡越陷越深。同時也能避免我們無止境的在同一個想法上鑽牛角尖，腦袋不停地圍繞著讓自己情緒爆發的事件，那只會讓引爆點的威力更大而已。舉一個大家都聽過的現代科學研究，這個案例研究的是：當我們非常生氣時要怎麼做？調查結果顯示，暫時轉移注意力在此有顯著的效用，能有效阻止怒氣的擴大與升級。藉由轉移注意力，打斷鑽牛角尖和憤怒這兩種情緒的危險循環。

幼兒教育裡，轉移注意力也是相當受歡迎的方法。在峇里島人的生活中常見此種方法，若有孩子正在哭鬧，他們就給孩子一朵花，看著小花的孩子就轉移了自己的注意力。當然，這方法只會誕生在一個充滿異國風情、鮮豔花朵的地方。美麗花朵、迷戀的感官刺激蔓延在孩子的腦袋裡，於是他自然驚奇地忘了哭泣。就連家長們也常使用這種方法停止小孩子的哭鬧——塞給小孩一個玩具、唱首歌給他聽，或者把自己的智慧型手機直接塞到小孩手裡，這些行為就是為了讓哭鬧不休的小孩轉移注意力。

撇開把智慧型手機塞到一個小嬰兒的手上，大概不會產生什麼作用的這個事實之外——到底轉移注意力的情緒處理方式在什麼情況下是有意義的？畢竟它的缺點就跟麻痺處理的缺點類似，只是一個暫時性的解決方法而已。假如我們只想把這種暫時性的解決方法，盡可能地延長成長遠解決方案，那真正等待解決的問題，只會從一個又一個的成癮行為裡，不斷逃脫到下一個成癮行為裡而已。這樣拖延的代價實在太大，因為這種把戲唯一能成功的情況，只有完全阻斷自己去對所有情緒事件產生感覺，才有可能成功。若是把這種處理方式視為長效性的解決方案，那麼整個人生就像駛進地獄，變成一個沒有感覺的人。長期來看，這樣的處理方式最終會將我們對情緒事件產生的感覺一律屏蔽遮蓋掉——不論是令人愉快或是令人傷心的感覺、有用的感覺或是沒用的感覺。這樣的人生不論長短都索然無味，因為轉移注意力的方法將奪走你在人生的情緒事件裡應該學到的感覺與經驗。前面智慧型手機例子所表達的就是，轉移注意力所產生的第一個後果。

轉移注意力最有意義的情況，就是當我們利用它來打斷鑽牛角尖思考時，我們的心思通常因為越想越氣，讓整個情況變得更誇張。這個方法不論在大人或小孩身上都很管用：不論是一朵鮮花、一通關心的電話，或者任何一個打斷思考的事情，都能幫助我們從深陷的情緒場景中清醒過來。我們的思考轉移到別的話題上，幸運的話，也會同時遺忘剛剛到底是為了什麼事情那麼生氣。如果我們的失控行為，追根究柢真的是源自於過往的情緒遺毒，又或者是其他重要的心理需求，這時候轉移注意力的處理方法，頂多只能幫助我們暫時稍微緩和情緒。就像飢餓難耐的小嬰兒，給他看再漂亮的花朵，也只能暫時擋住他凶狠的哭聲一陣子而已。

3 補償心態處理

第三個處理方法顯然是從前兩種轉變而來的。補償心態處理方式指的是，將不愉快的情緒透過替代行為，以達到兩相抵銷的目的。此代替行為可以是吃一片巧克力，巧克力安撫了被男女朋友拒絕後產生的挫折感；或者是一顆塞進哭鬧小孩嘴裡的小熊軟糖；也可能是和好朋友吵架後，用來洩憤的血拼之旅，雖然透支了信用卡，但至少暫時拋開憤怒的情緒；抑或是允許自己在蛋糕上擠一大坨鮮奶油，因為世界對我們實在是太不友善；此外一臺超級跑車，可用來撫慰因為老婆外遇離開，而千瘡百孔的自尊心；雖然我們覺得對方不怎麼吸引人注意，但仍舊和他發生性關係的男士，只因為自己的老公或男朋友背著我們出軌；在上班時間偷偷玩撲克牌接龍，就因為老闆今天特別惹人厭……。這張我們習以為常的替代行為清單，還可以繼續無止盡地排列到隔天都沒問題。

從原則上來看，使用這個處理方式時，只要做的事情有益於自己，能暫時舒緩情緒，其實也沒有什麼大礙。但是這不能和真正的解決方案混為一談。我們的補償心態行為是否能幫助自己離情緒處理更向前一步，還是只會讓情況越來越糟、越來越複雜，很大的程度取決於當下的內心究竟怎麼想的？意即，這麼做除了補償自己一點好處，另外還能藉由這個替代行為，讓我能好好再次面對不愉快的情緒事件？除了補償好處，剩下的目的就只是期望再次面對同樣的情緒事件時，所有的情緒都會隨著被吃掉的奶油蛋糕、買下的超級跑車自動憑空消失？我的補償行為能同情和安慰自己——比如說，在工作忙碌一整天之後，給自己泡一缸香氛泡泡澡，對自己好一點，還是其實這個補償行為會讓人陷入自我毀滅的泥沼，反而會損害我的正常情緒發展？

4 宣洩處理

一般認為，第四種處理方式比前面三種健康許多。就像字面上的邏輯一樣，當我們選擇宣洩處理情緒負載時，不像前面三種方式，只想簡單的把情緒關掉，而是選擇讓情緒先抒發出來。宣洩處理的方式可以有許多不同的種類：身體上的宣洩、情緒上的宣洩，或者是心靈上的宣洩。

以身體宣洩的鎮靜方式來說，選擇運動或是其他相似的高強度活動，來使自己力氣耗盡，進而精疲力盡。只要不過度沉迷於運動中，這種處理方式和其他同樣試圖緩和情緒的方法比較起來，明顯健康許多。活動筋骨不僅能幫助紓解緊繃的肌肉，又會釋放令人產生愉快感覺的多巴胺。不過因為運動在大腦裡所在的階層，和讓我們感到不舒服的情緒階層不是在同一個層次，因此運動不能長久舒緩情緒。讓大腦快樂的多巴胺嚴格說來比其他的毒品安全，但其實多巴胺的作用和毒品比起來並沒有好到哪裡。如果錯把身體上的宣洩種類當作是唯一處理情緒負載的方式，沒多久還是會上癮，然後變成一個戒不掉的沉迷行為。

換個角度想，如果不透過身體上的宣洩方式讓精力消耗殆盡，而是透過情緒上的宣洩方式，應該怎麼做呢？這樣來處理情緒負載，不是一個非常好的處理方式？對，但是也不對。對的原因是我們最終的目的，都是要達到讓情緒負載完全釋放殆盡；不對的原因則是在實際操作上，最後我們看到很多弊多於利的案例。所有的壞處就是到目前為止不停提到的那些，如果太過頻繁將周遭的親友當作情緒垃圾桶來發洩，我們的人際關係會大幅受到影響。

把其他人當作發洩情緒的垃圾桶，在不久之前的年代都還是個完全合法的行為，這種行為是以一種非成文的方式存在，甚至在有些國家，這種行為是完全合法的行為。例如：父母可以打小孩、先生可以打老婆、老師可以打學生、師傅可以打學徒……。這些列舉出來的暴力行為，不過是整個階級社會中的冰山一角罷了。這種宣洩處理的方式是一種極端的行為表現，就和咆哮咒罵、汙辱詆毀、嘲笑作弄這類的行為沒有差別。但是上述種種表現，在現今的社會裡仍然相當普遍。

不久前我聽到一個故事：某個技術工人終於找來一個想要受訓的學徒。這位技術工人開心地說，從今天起，只要他心情不愉快，就可以打罵學徒，打完一頓包准氣憤全消。許多父母也以習以為常，用打小孩來發洩出氣，有些還會找藉口說他們不是責罵小孩，是在指正錯誤，其實這只是因為他們想不出更好的方式來處理自己的情緒負載罷了。

就算情緒宣洩這類的處理受到大眾廣為使用，但是也已漸漸不受自由社會體制所包容。這種隨意打罵的行為與過去的時空相比，現今看來已不符合上流菁英社會的形象。正因為如此，情緒發洩搖身一變，用另外一種形式持續地流通於人際之間，這就是所謂的「八點檔連續劇情緒事件」。

這種情況發生的兩方，通常是權力地位公平的情侶或夫妻。伴侶自己羅織出一齣八點檔連續劇，讓自己有藉口可以用情緒宣洩的方式來處理情緒負載。現今的伴侶們都是以這種方式相處：每隔一段時間就會無緣由地爆發一次爭吵，好讓彼此藉機把所有忍受已久的怒氣發洩出來。這種大吵大鬧功能，在伴侶關係裡就像活動排氣閥門一樣，能讓彼此的壓力不時地釋放紓解，同時能暫時喚起兩人對輕鬆單身生活的感覺。在大吵與短暫分離之後，夫妻、情侶總是會再度和解，又回到原本的相處模式，直到某一天情緒負載累積足夠，又會再次爆發八點檔連續劇般的情緒宣洩。

由於這種活動頻率相當累人，浪費許多寶貴的人生時間精力，其實它也耗損掉大量的人際關係。這種類型的情緒負載，雖然和我的泳池故事類似，負載被觸動、接著情緒遺毒被釋放，但是這種釋放方式，實際上只能說是百害而無一利。我們的情緒負載沒有被消化、被療癒，只有變得更大一包！

姑且不論這種發洩方式，對人際關係相當不利外，這種處理方式難道是有益的嗎？如果在情緒宣洩之前，察覺到自己可以有其他的處理方法，結果又會如何？例如：自己一個人跑到森林裡冷靜冷靜？或者是拿出練拳擊的沙包，用力地揮拳咒罵直到汗流浹背？還是抱起最喜歡的陪睡玩偶，把自己埋進枕頭堆裡好好大哭一場？如果這麼做，會有什麼不同的影響嗎？

這個主意看起來很不錯，只不過執行起來會馬上遇到三個難以突破的困難點。第一個困難點是將怒氣發洩出來，短時間來看似乎能讓人迅速感覺良好，但長期下來並不會減輕心理上的負擔。這不是我個人的經驗而已，它已在許多研究與實驗中得到證明。單純地發洩怒氣：不論是對著無辜的沙包宣戰，還是那個倒霉觸碰到我們情緒負載的人，又或者是那個走衰運的實習學徒……這些通通只會湧向一個結果，那就是這個憤怒只會在心中更加根深蒂固——就算短時間發完脾氣，會誤認為症狀好像被舒緩。有關憤怒作為情緒的一種，並藉由怒氣能讓我們發揮實力的好處，在後面的篇幅有更深入的著墨。在這裡需要注意的是，我們只是單純的發脾氣，抑或只是試圖透過發洩來達到降低憤怒感，根本都不是在舒緩自己的情緒。

第二個困難點是這種處理方式一樣缺少周遭的情感支持，好幫助我們把情緒負載釋放轉變成一個全新的經驗。原則上來說，如果你只想抱著枕頭山獨自盡情大哭一場，我是沒有什麼理由反對。如果說情緒負載被觸發的情況沒有超出我的挑戰範圍太多，還在我的伸展圈內，我當然可以選擇蓋起棉被，悶頭哭一場，自怨自艾一番；若是被觸動的情況超出我所能承受的範圍太大，這時來自外部的情感支持就不可或缺。假設我們仍舊嘗試安撫自己的情緒，最後不得不承認，我們根本無法獨自再重建憤怒當下的那股感覺，畢竟情緒括約肌正努力又盡責地保護著我們，不受過度刺激的情緒負載所騷擾——就是自己陷入自編自導的八點檔連續劇裡，然後在我們的痛苦中越鑽越深，最終導致原先就已經過度刺激的情緒挑戰，不停在腦海裡重現而已。

練習 4

定時情緒健康檢查

每天分幾次挪出幾分鐘的時間，靜下心來專注在自己的內心感覺上。你現在感覺如何？使用手機APP來管理與紀錄，幫助自己持續的保持這項習慣。這個手機APP可在一天內每隔一段時間就發出一聲鈴聲，只是單純提醒你檢視內心，好好地感受自己。

如果沒有手機APP也沒有關係，你還是可以養成自我提醒的習慣，定時地回顧並記錄自己的內心生活，試著去感受你現在正位於哪個圈子。

把這個反省內心行為的習慣和日常規律活動連結在一起，例如：三餐時間、喝咖啡或喝水之前，如此一來有提醒作用，能減少忘記的機會。

除了身體上的宣洩、情緒上的宣洩，第三種方法是心靈上的宣洩。這裡指的是有些人會在腦海裡想像，引爆我們情緒負載的那個引爆者遭受自己所能想像的最惡毒懲罰，幻想自己咒罵這位令人討厭的罪人。即便這樣做能對當前的情緒產生一定的顛覆快感，但是情緒療癒的過程不是這樣的。這種處理方法無法把我們從情緒泥沼裡拉出來，它只會讓我們沉浸在仇恨的想法裡，並且在泥沼裡越陷越深。

5 分析處理

第五個，也是最後一個生存策略，它是最被廣為使用的處理方式。不同於前面使用感覺來理解內心發生了什麼事，這裡透過分析情況在情緒困境中找出一條路，並且一邊祈禱冀望，透過理解的角度來解除這個困境。

不過，儘管我們盡其所能對自己的童年、親密關係，還有自己的感覺拚命研究分析，到頭來仍舊不會有什麼改變。再回顧一次我的泳池事件：領悟到這個情緒事件是來自於童年的舞蹈表演失敗，對我一點幫助也沒有。這個邏輯剛開始我一點也想不透，憑良心說，這兩件事件畢竟看起來完全不一樣。一直到某次在一個令我感到安全的小房間裡，將情緒完全釋放、消化完這個事件的刺激後，我才理解到兩者的關聯性。要是我當時只是繼續理性分析——我那時真的嘗試過，透過不停地詢問自己一些類似的問題，譬如那天到底是怎麼一回事？至今我都還是瞎子摸象找尋中。

為什麼理智地分析行不通，原因其實很簡單：那段貼著「危險勿進」標記的童年記憶，是儲存在我的情感大腦層裡，而不是理智大腦層。我的理智大腦層老早就把這段童年回憶從硬碟裡刪除了，要是沒有刪除的話，我當時一定也會依據記憶加以分析，然後做出一些自以為聰明的解釋。

不過，看來我的情感大腦層並沒有受到這個刪除鍵的影響，而且它也對我那完美的分析解釋並不領情。對理智大腦層而言，情感大腦層就像是七印書[註1]一樣充滿祕密，而這個大腦層只有透過情感才能解讀它。換句話說，理智大腦層的創意發想力是沒有界限的，它可以構想出無數的解釋模型，這些解釋模型聽起來一個比一個都更有說服力、更令人意想不到、聽起來更慧詰無比。然而不論最後是哪一個解讀出情緒引爆的真正祕密，透過情感，我都能輕而易舉地去解讀出同一個祕密，而且透過情感去解讀

註1　七印書：原文 Das Buch mit sieben Siegeln. 七印書的典故出自於《聖經》約翰福音路的啟示五——第一到第十節：「我看見坐在寶座上的那位，右手拿著書卷；這書卷的兩面都寫滿了字，用七個印封著。」

之後，我們才會發現更令人意想不到的關聯性。

那些已經花了人生中許多時間去分析自己情感，卻不願意面對自己感覺與情緒的人，這樣的人通常在內心深處是最疑惑困頓的。一旦我們花一點時間傾聽內心的感覺，不需要多長的時間，我們就像是置身於萬花筒一樣，鏡中的自己從各個角度和方向射向自己，看起來那麼的迷幻，同時也相當真實。不過由於理性分析的人從來沒有試圖真正透過情感去解讀情感大腦層的祕密，因此理性分析的人終究會停留在萬花筒中的一個小房間裡，從這頭走到那頭，永無止盡地來回踱步考慮著，到底鏡中哪一個投影才是正確的自己。同時理智分析者的自我懷疑還會不斷升高，懷疑自己所做的全部分析，最終對同樣的情緒事件根本不會有任何改變——這個情緒事件真正的全貌仍舊穩穩地藏在萬花筒裡的某一個角落，不露一點痕跡。

練習5

你最喜歡的處理方法是哪一個？

為自己安排一段時間，把你所有的情緒處理方式好好審視一番。你也可以將我在這個章節介紹的五種處理方式列成一張表格，逐項檢視自己在每一種處理方式時的模樣。分析得越仔細越好：什麼時候會使用哪種處理方法？你在使用這種處理方法的時候，看起來是什麼模樣？假設你使用的是麻痺處理法，或是轉移注意力處理法：通常都是透過什麼樣的活動來麻痺自己，或是來轉移自己的注意力？這時候選擇的處理方法對你產生多大的效用？它們個別會有什麼副作用？

請對自己誠實，但也別太苛刻地審判自己，這個練習的意義不是要評判你的行為。所有你喜歡使用的處理方式都在心靈健康扮演很重要的角色，到目前為止它們都表現得相當好，不然你老早就把它們踢出清單了。這個練習的意義也不是要你現在就把這些不好的處理方式都戒除。在這個練習裡，我們唯一要達成的目的，只是要讓你清楚的認識，自己最常使用的處理方法是哪些而已。

以上列出的五種情緒處理方法的共同點，以及這些方法為什麼到最後都會失敗的原因，是因為這些方法都不是去擁抱和感受我們的情緒背包，而只是一味地使勁甩開它們。這種企圖是很自然的，也完全能被理解，畢竟這個小包袱背起來是那麼不舒服，有時發作起來令人痛徹心腑，總之它的存在只是讓人生更加困難而已。很明顯的，我們能越早擺脫它越好。況且這個小小的情緒負載是那麼厚顏無恥，自己從後背包裡溜出來，最好的方式應該是馬上滾回它該待的地方，或者乾脆自動化成灰消失。最重要的是，我們能絲毫不受影響地繼續生活下去。

但是，這個情緒小包袱其實夾帶著人格個性的重要資訊。它屬於生命的一部分，期待我們去釋放它，完整地體驗它。這個小包袱不想被擺脫、不想被忽略，它也不想被理智分析，它最渴望的就是深深地被感覺。唯有如此，這個情緒小包袱才能被療癒。它唯一的意圖就是要我們重新得到體驗，要我們去感覺那件曾經在生命中發生的情緒事件，而非用理智去分析。

如果這裡陳述的情緒處理方法，看起來都好像只是在幫倒忙的話，那要怎樣才能達到情緒療癒？這是在本書第二部將著手處理的主題，我們將會提到如何養成一個習慣的新技巧。不過，在進入這個重要的主題前，我想在這一部分的最後一章，將周遭生活裡的情緒八點檔戲碼再仔細地和大家檢視一遍，不管是吵吵鬧鬧的戲碼，或者是寂靜無聲、慢慢開始冷戰的劇本。它們全都踏著規律的步伐發展，在它們的步伐裡，隱藏著對我們至關重要的人生課題：我們的這些情緒負載是怎麼形成的，以及情緒負載按照什麼結構來運作，這些資訊對接下來的研究提供相當大的幫助。不論你認為自己是比較像誇張戲劇化、高度情緒化的角色，或是你認為自己是比較偏向冷靜、冷酷無感的角色，詳細地分析解剖我們內心戲劇的高潮起伏，將為你提供一個相當珍貴的全新見解。

第5章

騎士、噴火龍、公主

許多經典古老的童話故事都是這樣演的：騎士、噴火龍和公主來一場大亂鬥。就跟現代版的童話故事一樣，好萊塢或寶萊塢不停大量製造愛情喜劇。將我們綁定在舒適無比的電影院沙發上，一次又一次放映令人驚喜連連，但實際上只是千篇一律的愛情劇。驚喜連連是因為實在沒有人能猜透，為什麼電影裡的英雄能違背常理，以極低的機率突破重重難關拯救公主。千篇一律，故事的最後噴火龍一定會死，救援公主的任務一定會成功。這個預測準確度就像在猜教堂裡祈禱的人，最後一定會說阿門一樣百分之百準確。

這些童話故事之所以能根深蒂固地牢牢抓住我們的心，是因為這些劇情如實地投射出內心一直默默在上演的劇情。腦海深處充滿了各種劇情，只是大多數的時候我們沒有察覺而已。這些電影劇情和我們對現實世界的理解是如此緊密地交織在一起，以至於我們時常無法將這兩者清楚地區分。情緒失控就像戲劇一樣上演在真實人生裡，真實人生又常常像是電影劇情一樣失控。

這裡指的都是些什麼劇情？人生裡的愛情劇一定要這麼大搖大擺地示愛，再加上熱情的愛情表白嗎？大家的愛情故事裡都會上演轟轟烈烈地為愛而戰的戰爭，以及沒辦法相愛就為貞潔而犧牲的戲碼嗎？當然沒有！老實說我們普通人的日常劇情和好萊塢電影比起來顯得寒酸多了。雖然如此，大致上的模式卻仍然相同。大多數人的日常生活就跟好萊塢戲劇誇張的腳本發展如出一轍，但我們一點也不自覺。像是生活在德國這樣的國家，德國人不習慣表達出強烈的情緒，因此德國人大多數的緊張劇情，通常就是在無聲無息中慢慢上演。許多德國人的內心都曾有過的小劇場，總認為自己是這個不公平社會之下的犧牲者，把劇情中加害者的角色投射在國家身上，不然就是惡老闆、爛公司或是惡鄰居。當然了，我們的伴侶也常常在劇情中演出加害者的角色。

不過就算是這種無聲無息的內心戲，也不出遵循著好萊塢電影的步調，我們的內心小劇場和夢工廠大量產製肥皂劇，有著一樣的核心主軸和一樣誇張、一樣令人勞神費力的劇中人物。甚至，就算我們的私人小劇場和好萊塢動輒百萬美元的製片預算相比，場面顯得成本低廉又寒酸，但保證其劇情的殺傷力一樣能讓你付出慘痛代價。

劇本是怎麼編出來的

在本章節裡，我們來仔細查看自己的內心小劇場都在演些什麼戲碼，以及瞭解劇情的核心主軸，如此一來你就能開始分辨自己生活中正在上演哪些大大小小的劇情。畢竟我們的內心戲和情緒背包有極大的關聯性。可以說是，哪裡有冒煙，那裡就一定會著火。你看到什麼就會開始演起內心戲，那裡就還有未處理的情緒遺毒。

從角色分配開始。在好萊塢電影裡，不管是大製作或小製片，一定存在三種角色：壞人、英雄和受害者。這三個角色構成了著名的「卡普曼戲劇

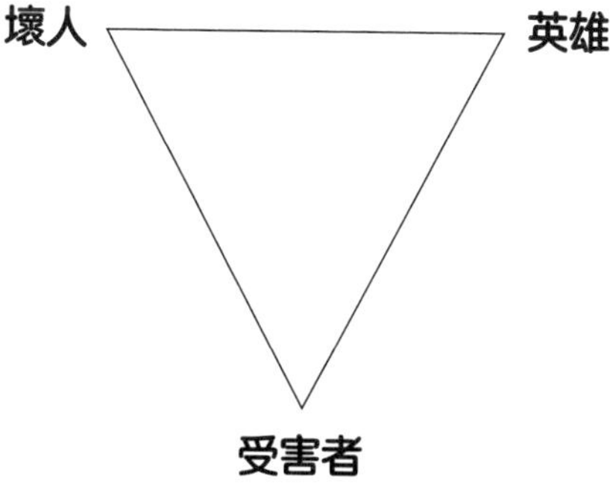

卡普曼戲劇三角

三角」，心理學家卡普曼用這個模型來分析三種角色的互換轉移。我們需要一個壞人，這個迫害者會施暴在無辜的受害者身上；此外還需要一個英雄，他會出手幫助受害者。到目前為止，模型看起來很不錯。在電影裡我們知道，情節都是怎麼發展的。壞人看起來所向無敵，受害者完全束手無策，壞人的詭計即將得逞。但是這時候總會出現一個英雄，按平均統計來看，英雄很少會花超過九十分鐘（一部電影）的時間來拯救全世界，並且順便將壞人繩之以法。

脫稿演出

實際生活中的情節比理論來得複雜許多，從分配角色開始就不是件簡單的差事。在一個普通水平的劇本裡，劇情通常是這樣的：每個人在戲裡全都脫稿演出、即興發揮，角色分配永遠和劇本設定協調不上。我們用前幾章節已經多次提過的泳池事件來解釋脫稿演出。在我的劇本裡寫得很明白，女教練是壞人的角色，她想要把我可憐的兒子（無辜的受害者）趕出兒童游泳池。在我原本的劇本裡，我應該要以英雄的角色登場，拯救我兒子。我應該要以一個處變不驚的姿態站在我兒子身前保護他，然後幫助他回到他所屬的兒童游泳池裡。

不過可惜的是，我的情緒負載觸動橫擋在我登臺的道路上，只好鎩羽而歸。因為我實在還不夠格去單挑爆發的情感負載場景，於是只好從這裡開始，自己編寫新的劇本。現在我變成了受害者的角色，而女教練一樣還是壞人，她用粗魯無禮的方式把我嚇得魂飛魄散，導致我完全喪失正常的應變能力。問題來了，整齣戲的英雄跑去哪裡了？

乍看之下大家幾乎可以斷定——沒有，新的劇本裡沒有英雄。不過當我仔細重讀腳本時，卻發現在當下我已把這個至高無上的尊榮角色拱手讓給別人——泳池裡的老人家們。他們應要立刻跑來聲援，保護我擺脫女教練不公不義的攻擊。難道你不覺得嗎？假設繼續把這個劇本編下去，不難想像接下來這群老人的角色即將轉換。在我的劇本裡，他們接著從無辜的老人家們搖身一變，成為對孩童不友善的社會施暴者，這個對孩童不友善的社會竟然覺得把一個小孩子從兒童游泳池攆出去是正常的！

但是女教練手上的劇本是怎麼樣呢？這裡當然只能大膽地臆測一下。我能猜到，她一定也認為她是整個事件裡的受害者，水中有氧課總是被這些不請自來的人打斷，而且搞不好這些擠進泳池的人剛好都是我們這種母子團，不停地在她的工作地盤製造麻煩。不過，她可能也認為自己其實是擔綱女英雄的角色，而她的任務，就是保護泳池裡的老人家們。不管現在女教練手上拿著哪一個腳本，有一個爭議點一直都很清楚，那就是我們兩個人的劇本從來就不一致。她的劇本角色分配顯然和我的有很大的衝突。

從以上例子來看，大家都能猜到我們兩個的戲劇會怎麼演下去。轉眼之間，大概你眼睛都還沒眨一下，整齣戲的角色就全部被搶走了，而所有的角色劇本都開始按照自身意志，根據每個人對現實情況的不同認知，開始即興改編起來。不過和好萊塢電影不一樣的是，演員手上的劇本都是互相衝突的，每個人都搶著要演受害者的角色，再不然就是搶著扮演英雄，搶戲的同時還各自使出渾身解數，把別人塞進壞人的角色裡。

不只如此，大概是嫌整齣戲還不夠複雜，在搶角色之餘，所有演員還不停地要求更換角色。例如：本來分配好要演英雄的人，突然拒絕演出寫給他的戲份，這時候英雄只需數到三秒，就可以轉身改演壞人——就像我游泳池劇本裡那群沒有站出來的老人家們。而搶著演受害者角色的那一位，你們一定能推測出，他就是最後會被准許領便當的人：他會行為失控、緊張失常，做出失序行為，然後被迫去做一件傷天害理的事，最後被逼去演那個死掉的壞人。

每個角色都可以在這個戲劇三角中游移，一下換到這個角色，一下改成另一個角色，整齣戲不停地重新分配編制，劇本不停地在我們的腦袋裡隨意更改，整齣人生大戲就如此無止盡地發展下去。身旁許多人在自己的私生活裡，努力不懈地在戲劇三角裡尬著戲卻渾然不覺。到底是什麼魔力讓我們不知不覺這麼做？我們又為什麼會配合演出？從戲劇裡我們得到什麼？為什麼我們沒有把寶貴生命花在更有意義的地方，而是浪費在這種無聊的小把戲上呢？

戲劇是作為釋放負載的空間

其中一個原因在上個章節已經提過：誇張的戲劇表演裡，我們找到了釋放情緒能量的完美時機。戲劇的張力，這種因應角色任務而誕生的特定要求，合理化我們與正常人大相徑庭的行為方式，要不是角色任務要求，我們也不會允許自己做出那樣乖僻的行為。關於這點，用伴侶關係之間的經典互動來解釋，應該是最合適不過了：老婆每天晚上總是早早就上床睡覺，她期待老公也這麼做，這樣一來才能在結束忙碌的一天後與對方聊天——兩人共有的獨處時間、親密互動的時間、分享重要事件的時間，或是稱它為性愛時間也行。但老公上床睡覺的時間一天比一天晚，他常對著手機傻笑，而臉書的最新發文也引人遐想，就連在廁所隨處亂放的雜誌都越來越有嫌疑。

老婆的心裡開始演起了連續劇。就像之前說的，這種戲劇的開場鋪陳可以無聲無息，一聲不響的前戲讓她有足夠的潛伏時間來隱藏自己的懷疑；或者劇情也可以如火山爆發般，一發不可收拾立刻浮上檯面。不論是哪一種劇情，最基本的劇本大綱都是一樣的。夫妻的就寢步調持續了一陣子，直到某一天晚上老婆再也嚥不下這口氣，開始聲色俱厲地指責老公。在老婆的劇本裡，老公是壞人，他完全漠視自己的老婆，還有多年的婚姻關係，老公認為自己所做的事情，都顯得比和自己的老婆親密相偎來得有趣；相對之下，老婆是可憐的受害者，那個失去丈夫寵愛的女人，每晚抱著期待早早上床，希望能得到老公的關注，卻每晚都失望入眠。

如果這位老婆是火山爆發型，那她的指責就會像火山威力一樣，毫不留情、單刀直入：他從不會顧慮別人的感受、自私自利到根本有親密關係障礙，她到底招誰惹誰了？老公會越來越冷落老婆，對她再也提不起興趣；老婆想著：他根本就是在外頭有了另一個女人，如果短時間沒有太大改變的話，想必他會很快就搬進另一個女人的家裡。這整套的劇情當然還要用誇張的語調，再加上高漲的情緒配合來演出。手上分配到的劇本唆使她一定要用這種特定方式演出，這種她平常不會做的誇張行為和語氣，卻在整個劇本的上下文裡顯得合情合理。或許她已經和她的哪個好姐妹事先討論過，好姐妹跟她敲定了劇情一定會這樣發展下去，這讓她更堅定了她想演的劇本，這角色非她莫屬。

相反地，老公卻覺得平白無故遭受指責。晚上就寢之前的短暫時間，是他一整天唯一可喘息的空閒時間，他要用來做自己想做的事情，不用一直聽老闆指令、處理同事要求，或是陪小孩玩。但是現在，他不但得不到老婆對他每天辛勤付出的感激與讚賞：不論是工作上的付出、對小孩的付出或是對家事的參與……反而是在他忙碌一整天之後，想要留給自己一點獨處的自由時間，都被老婆指責得體無完膚。他到底是招誰惹誰？到目前為止，各位相當清楚：在他的劇本裡，他也是個受害者，而且老婆絕對是壞人。這對夫妻倆試圖將彼此推向英雄的角色裡，以期待得到自己心裡渴望的伴侶行為——她想要親密的陪伴，他想要自由的空間。

夫妻在這種戲劇形式裡，雙方都握有許多能釋放情緒負載的大好機會，這正是兩人把日常生活裡，所有忍耐的瑣碎小事都拿出來大肆抨擊的絕佳時刻，因為兩人內心都清楚自己沒有受到公平的對待。在你我的人生戲劇裡，適用與平常不同的情緒釋放規則，這個規則允許我們藉此將自己的壓力好好抒發出來，但是這樣按照潛意識爆發，又不受控制地情緒釋放，並非是處理情緒背包的長久之計。相反地，這種方法仍舊欠缺我們一直提及的情感支持，透過它我們才能重新面對過往的情緒遺毒。如果伴侶間一直容許這類型的情緒釋放冒出來，那引起的情緒連鎖結果只會讓情緒包袱不斷長大，到最後兩人的情緒背包只會裝滿難堪不已的爭吵場面，至於原先的負載則一丁點也沒有少，反而還因此另外增加新的情緒負載。

通常結局是這樣的，兩人最終對這樣的互動開始習以為常。這種不健康的情緒釋放方式會讓人產生一種依賴性，許多夫妻不斷讓自己的相處模式來回在這種劇情圈套裡，多年下來規律地演出同一部戲碼。有些夫妻將力氣耗費在互相挖掘對方的陳年舊疤上，最後只會讓彼此對自己死了心，到這個階段，許多相伴多年的夫妻開始分道揚鑣，或是對彼此沉默不語，讓戲碼繼續在內心上演，成了一齣齣的無聲默劇。

無聲默劇

人生的情緒戲劇是清楚表現出來，還是安靜發生，取決於許多不同的因素。其中一個重要因素是文化背景對人的形塑：一個德國人或日本人的情緒表現，一定和墨西哥人或義大利人的方式不一樣。不過這個概念時常會讓大家誤以為情緒不外顯的人就比較不情緒化，這種誤解在文化圈裡，相對於男性而言，大家比較默許女性表達出自身的情緒，但這遠遠不等同於女性在文化圈裡就比較感情豐富，或者是背負比較大的情緒背包。在相關領域的研究中，已有學者透過實驗證實，情緒表現的關鍵形塑過程，早在我們還是小孩的時候就已經開始。相對於小男生，小女孩在成長時獲得較多的鼓勵，允許她們更明顯地表達自己的情緒——當你詢問父母親的時候，通常雙方都會堅定地跟你再三保證，在這一方面的養成教育上，他們絕對沒有任何的差別待遇。

家庭背景也對情緒表達的形塑過程有無比重要的影響力。在家庭裡大家都是如何處理情緒的？大家都是如何從情緒反應裡學習的？那些童年時期經歷過父母爭吵的孩子們，通常長大之後，會拒絕踏上父母的步伐。同樣的，童年時期家裡有總是表面和諧，卻從不說出真正感受的父母，孩子們長大之後也會基於這個原因，堅持讓自己的情緒透明、自由地表達出來。另外，那些經歷過過度戲劇化、太過刺激緊張的關係，並且在這段關係中受到傷害的人，會選擇將這段關係隱藏起來，試圖藉由遺忘或躲藏來療傷。

不論什麼樣的原因，人們選擇讓戲劇安靜地在內心上演，這樣的處理方式不會讓情緒背包變得更輕鬆，這些還未爆發的情緒能量，足以釋放出你我內心所有大大小小戲碼的能力。雖然沒有被觸發，卻會以一種有害的方式繼續停滯在心中，然後開始堵塞我們與親人之間原本暢通的互動氣氛。但這些都不是要我們四處宣揚，讓自己內心所有的戲劇，在大庭廣眾之下毫無遮掩地播放出來，上面的說明，是為了讓大家更清楚瞭解，兩種情緒戲劇的表達方式都會產生負面結果。更重要的是，不論使用哪一種方式來呈現內心情緒的戲劇，這個戲劇的核心問題不會因此而改變。

戲劇的核心

除了能藉由戲劇釋放情緒負載之外，戲劇的核心還藏著第二個更為深層的訴求，這第二個原因將引領我們直達情緒背包的問題核心。核心所在，正是現在要討論的主題——絕對權力。絕對權力不只塑造了情緒戲劇的核心，也一起塑造了我們的情緒包袱，因此瞭解絕對權力，一步步慢慢地鬆手放開它，就是情緒癒合的重點。

所謂的絕對權力，指的是一股相信的力量，這個相信的力量可以套用在一種特定的願望或是請求，有時也可以套用在某些宣言上。絕對權力說明這些請求不僅涉及個人的訴求，這些要求就像與生俱來一樣的絕對合理。回到前面所舉的「晚上就寢時間

戲劇的功用

1. 提供我們不自覺的情緒釋放空間
2. 絕對權力的反抗

情感大戲」的例子：在這個案例裡面，老婆對老公提出權力要求，老公應該多花一點時間精神在經營感情上。這並不是一個私人的訴求，只是針對老公的訴求，或是身為老婆可以有這個訴求而已。老婆將這個訴求視之為絕對權力，這個權力應當得到正義的伸張，甚至可以說，老公必須要臣服於這個權力之下，因為從老婆的觀點來看，這個權力有著放之四海而皆準的合理性。

就是這個放諸四海皆合理的權力訴求，決定了每齣戲劇裡受害者與壞人的角色：任何破壞這份權力訴求的人就是壞人，而任何因不得伸張權力而受苦的人就是受害者。這個事實觀點賦予受害者一個全新型態的力量，因為在這個故事腳本裡，是由受害者來決定，根據什麼樣的遊戲規則來訂定戲劇裡的每一幕，都有著什麼樣子的絕對權力——當然，受害者能在每齣戲裡決定的也只限於手上的那個版本。也就是說，老婆能決定自己版本的絕對權力，而老公也可以決定他自己的絕對權力。然而就是因為這個絕對權力的訴求，讓受害者自以為可以有權力，且合情合理地對其他人粗魯無禮。

要是老公也參演了老婆的這齣戲，那老公就會夾帶著自己的絕對權力與老婆正面交鋒，這個絕對權力的訴求差不多是這樣子：老婆不應無緣無故指責老公，或是老公完全有權利自由決定自己什麼時候上床睡覺。老公心中所擁有的絕對權力，允許他在自己的腳本裡自由分配角色——當然，都是以對他有利的方式來分派。他的老婆是如此有過度控制欲，又不知感恩，根本不值得擁有這麼好的老公，更不值得他細心呵護。

每一齣戲劇裡都存在著絕對權力。在我的泳池案例中，我的絕對權力就是任何人都不應該粗魯剝奪已經給我的東西，更別說那是看來完全合理屬於我的東西。那麼在游泳池案例裡，飾演對手戲的女教練大概也有她的絕對權力，在她的工作時刻不應該有任何小孩在一旁玩水打擾上課。若將這個絕對權力放大到更大的舞臺上，當然就有更大的絕對權力產生出來。例如：小孩子不應該死於癌症、男人不應該背叛女人、政客不應該侵吞公有財產、漂亮的女生不應該出賣自己的身體……諸如此類。當然，我們能無止盡地繼續想出更多例子。

絕對權力並不能改變什麼

到目前為止我們已經解釋清楚何謂絕對權力，而且大家能理解其形成的原因。或許讀到這裡你已經聯想到好幾個你最喜歡的絕對權力，並且正打算提出訴求，你不需要為此發動戰爭，不需要動用核武，更不需要武裝的像打長期攻防戰一樣來提出訴求，因為你並不孤單。所有人的心裡都秉持著特定的絕對權力訴求，不僅如此，我們根本沒有意思要提出訴求，因為我們本身就是絕對權力的化身。

但這並不是指那些戰爭、環境破壞還有虐待兒童的違法事件就通通不管了，正好相反，對我而言，為地球找出另一種和平相處的模式，是我生命中崇高的畢生志願。在我尚未準備好將這項絕對權力的訴求，從內心深處解放出來之前，我是無法去體會這項價值觀，或是表現這項訴求。價值觀是非常寶貴的東西，價值觀如此的重要，是因為它提供我們目標，在困難的時候支撐我們，並且在艱困時指引我們方向。認清自己人生價值觀的人，能看清楚什麼是生命裡最重要的東西，更能清楚追尋人生目標。

絕對權力和價值觀的不同點就在於，絕對權力的觀念更強烈、更加狹隘、頑固又不容改變。這種絕對權力的觀念，不論是自身或其他人的，都能輕而易舉地察覺出來。不過絕對權力的展現時常和過往情緒遺毒放在一起，所以你感受到絕對權力的概念時通常都相當直接而強烈，不只如此，你會發現人們在它的影響之下，打著許多冠冕堂皇的口號，做出許多恐怖駭人的事情。

絕對權力誘惑人心的力量之強猶如暴力，它的力量就來自於讓我們產生一種權力的錯覺，誤以為我們應該擁有什麼權力。越多的人誤信自己有這樣的權力，全世界就有更多的神聖不可侵犯的傳說和條文鞏固它的合理性，也因此我們就更容易被模糊雙眼，信誓旦旦地相信這個權力是放諸四海都適用的。

但是，不管對絕對權力訴求有哪些說法，它都無法改變一項事實，那就是現實和我的訴求並不一致。這世界每天都有小孩死於癌症、每天都有男人劈腿、每天都有政客收受賄絡、每天都有美麗的女孩出賣身體……。當然也有可能是我誤會了，就像我也可能誤會為什麼我老公每天都這麼晚上床睡覺，等到他上床睡覺時我早就已經閉眼打呼了。不過就算是我誤會了，也無法改變些什麼，唯一能做出的改變，就是我必須準備好踏進我們的伴侶關係，並且做出一點貢獻，好讓我們的關係有所改變。

也許有那麼一天，這個世界不會再有戰爭、不會再有核子武器。不過只透過絕對權力的訴求這些是不會發生的，達到這些目的需要透過成熟、可靠的價值觀來貫徹。而這些價值觀通常就藏身在絕對權力訴求的背後，等待我們去發掘。只要我們仍執著於利用絕對權力訴求的每一秒，它就多一秒拖延我們去認知現實。再回頭來看我們的小夫妻範例：雙方的絕對權力阻止了兩人敞開心胸的談話，開誠布公的溝通卻是對兩人找出如何解決「上床去」這件麻煩事的關鍵。換句話說，絕對權力製造出一個虛幻的假象，讓我們誤以為麻煩解決了，但實際上它卻在現實世界裡引來另一個新的麻煩。

頑固的絕對權力

想要擺脫絕對權力，老實說聽起來很簡單，做起來卻相當困難，而且在剛開始練習的時候也並非是一件很吸引人的差事。好在我們先瞭解自己的絕對權力影響範圍之後，就能慢慢地擺脫它。不過要是你以為練習擺脫，只不過是把自我為中心的訴求，用比較沒有傷害力的方式來表達，而自己的態度卻完全沒有改變，這樣的努力是遠遠不夠的。

絕大多數的絕對權力都根深蒂固的盤踞在深處，我喜歡將它們比喻為自尊心的基石。我們和它是相互認同的，這種身分認同是如此的強烈，以至於我們寧願犧牲伴侶關係、家庭或工作，也不願意轉身查看絕對權力，畢竟它讓我們在這個特定的生活範圍裡感受到無比的難受，但這涉及的並不只是單純的頑固而已。

練習 6

你的戲劇都演些什麼？

每個人都有他專屬的情緒戲劇，有些人可能比較吵鬧，看起來明顯比其他人誇張許多，不過就算你的戲劇是屬於寂靜無聲的默劇類型，它的影響力也不容小覷。

1. 先捫心自問：我的戲劇都演些什麼？可能這問題的答案再明顯不過，簡單的連你自己都想笑。拿出一張紙來，立刻寫下五個你最喜愛演的戲劇——我可不是指電視或電影裡的連續劇，而是指你人生裡的戲劇。如果你一時之間無法明顯地看出人生中最常上演的戲劇是什麼，請想想看，生命中什麼時候或情況，總是讓你痛苦難受，覺得自己像個受害者一樣。

2. 請從記憶中回想任何一個你清單上列出的特別戲劇，或是生命中覺得難受的情況。依據當時的戲劇或是情況，畫出卡普曼戲劇三角，並且依照內心的劇本，找出誰應該飾演這齣戲劇裡的哪一個角色。誰是受害者、誰是壞人，誰又是可能的拯救者？也許要從各個不同的片段來觀察這齣戲劇，因為角色分派在戲劇裡總是不斷更換。當然，就算是超自然的個體，也可以在你的戲劇分得一個角色，例如：人生、疾病，還是親愛的上帝。

3. 請在卡普曼戲劇三角的中心點，寫下你認為主導整齣戲劇的絕對權力。有可能只有一個絕對權力，也可能有很多個。

4. 也可以為戲劇角色裡的人重複步驟2和步驟3，製作出他們的戲劇三角，或者從這個步驟發現，這是你一個人的獨角戲。

絕對權力往往充滿著高度情緒負載的訴求，它會在相互配合的戲劇裡讓人明顯地表示出來。這也意味著，假如我們沒有找到一個處理情緒負載的好方法，即便我們想要擺脫絕對權力，實際上也無法辦到。如果不先處理情緒負載，那麼再多擺脫絕對權力的練習，也只不過是紙上的智力練習罷了，不會帶來任何的幫助。

同時，我們也能看出絕對權力在情緒癒合過程中扮演相當重要的角色，這將是第二部要著手處理的主題。在下一章的篇幅裡，我們將深入核心問題，也就是如何使用其他方式來處理過往的情緒遺毒，好讓情緒遺毒能透過被觸動、被釋放，達到紓解的效果。

|第二部|

有意識的處理

情緒背包提供了緩衝的空間，好讓我們在遇到超出能力範圍的挑戰時，不會立刻被壓力摧毀。

儘管表面上看來，情緒背包怎麼看都像是生來故意要為難我們的生活一樣，但事實上正好相反：情緒背包是人類心靈最偉大的發明，讓我們在關鍵時刻繼續保持正常的大腦運作，直到獲得足夠的內在能量和外在情感支持，之後再從經驗裡成長學習。情緒背包提供了緩衝的空間，好讓我們在遇到超出能力範圍的挑戰時，不會立刻被壓力摧毀，賦予我們獨特的能力，將這些壓力暫時從視線範圍內打包移走，然後再給我們充足的機會，把壓力切成一小塊一小塊，放置在可消化的保存容器裡，讓我們能分批消化處理。

情緒背包的作用就好像信用卡，一張可以借貸情感的信用卡，允許我們偶爾能透支一下，暫時提高情感的借貸額度。若不是有情緒背包的幫助，在情緒超出負荷範圍的時候，我們就無法達到那麼高的瞬間情感處理量。然而就像刷卡一樣，持卡人都不願意承認，預支消費只是臨時的解決方法，信用卡帳單遲早都要繳清，要是拖得越久不還款，情況就會越來越不樂觀、代價就越來越高。那麼該如何繳清情感帳單呢？這就是問題的癥結點。從我的經驗來看，許多人的情緒癒合都是敗在這一步，包括我自己也在這一步掙扎許久。我想還清情感債啊！但是該怎麼還？

第一部所描述的情緒處理方法，就像是借貸重組的再融資行為一樣，雖然能在情緒負載上暫時換得片刻的喘息時間，但終究不是長久的解藥。接下來在第二部的篇章裡要介紹另一個與過往情緒遺毒相處的方式。這個篇幅裡最重要的部分，就是實地練習「有意識的情緒釋放」，這是我長年研究情緒療癒的結晶。這個實務練習簡單易懂，但同時也精巧嚴謹。

不過依照經驗來看，「釋放」這個名詞通常會帶來錯誤的遐想，因此在這裡對這個概念解釋一下，這裡的釋放並不是讓情緒大爆發。任何試圖透過隨意發洩來擺脫情緒遺毒，或是直接粗暴的將情緒負載甩出身體的行為，在過往的實驗與研究中已經被證實對情緒處理並無任何幫助。如同在第一部已經提到，所謂的情緒癒合是指更廣義的處理方式，這個處理方式能讓我們避免情緒累積。要避免情緒累積，就是要有意識的情緒釋放。在空間允許之下專心處理當下情緒遺毒，情緒的釋放就會自然而然發生。很可惜我們無法強迫情緒釋放發生，要使情緒自然地釋放，充其量我們只能盡力創造足夠的外在環境條件，這將會是一個溫柔又有感情的過程。

另外，我也會特別著墨於我們的內心狀態，畢竟唯有在內心狀態健全，以及有負荷能力的前提之下，才能達到情緒癒合。除此之外，篇章末節也會指出一些小岔路，這些小岔路是一般人在練習情緒癒合時容易走錯及迷失的地方。至於在平常生活當中，該如何練習與使用有意識的情緒釋放和其相關認知，則留待第三部做探討。

第6章

將情緒負載觸動視為轉機

曾經有段時間，我對情緒負載爆發的態度是避之唯恐而不及，就像是惡魔怕聖水一樣，能逃則逃。回顧每段感情經歷，我能清楚看見每段關係都活在緊張和恐慌裡，幾乎每個際遇都籠罩在害怕會觸發情緒負載，或是可能會觸發情緒負載的陰影下。這種危機感就像是隨時隨地潛伏在一旁，等著看我美好的一天如何瞬間幻化成另一場情緒夢魘一樣，而我卻怎樣也找不到逃出這場危機的逃生門。

當然我的人生並沒有因此成了一灘死水停滯不前，我後來還是活得好好的，畢竟我還是有一般的情緒處理方法，時而有效時而更糟，有一搭沒一搭地運作著。不過就算這樣，我也在情緒負載的情況裡存活下來。在那些情緒包袱沒有觸動的時候，我還是能好好地生活著、好好地為一件事感到快樂、興奮——一直到背上哪個情緒小包袱突然不請自來，並且剝奪我內心所有的情緒能量。

如今情況已經截然不同。我還是一如既往地會被情緒負載觸動，還是一如往昔肩上背著情緒背包，這一切都沒有任何改變。即便如此，和過去比起來，我的情緒背包如今輕盈許多。當然其中一個原因，是我很少會再被情緒負載觸動，另外一個原因則是即便我的情緒負載被觸動了，它們所表現出來的情緒波動，也不像以前那麼強烈，它們不能再讓我如以往一樣失控。這所有轉變裡最重要的意義，就是現今的我比以往更能圓融地處理情緒負載觸動——不只有自己的情緒負載觸動，也包含別人的情緒負載觸動。透過完善的規律習慣，我成功的讓情緒負載觸動轉變成一個大好良機，它不再是美好生活裡唯一惹人厭的插曲。你問這是什麼樣的良機？

別拋棄你的背包！

當我第一次發現我的情緒背包存在時，就像先前我已經承認過的，對於我倆攜手共創的未來只有一個相當簡單的想像。長話短說就是：我根本一點也不想和它有什麼未來，我想甩掉它，越快越好！怎麼甩掉這個麻煩的東西？隨便，我不在乎。重點是這個煩人的束縛得立刻從我身邊消失，馬上停止在生活裡如影隨形的威脅我、馬上停止將我往下拉扯、馬上停止為難我的人生……。我的分手方法簡單又明瞭，是個很容易讓人買單的解決方式，不是嗎？

大概過了一段時間我才體會到，人生不是這樣運作的，我肩上背的情緒背包也不是專門為了讓我甩開它而生的。這個包袱經年累月掛在我背上隨著我到處溜達，不是為了讓我有一天能將它隨便拋棄。我甘願不辭辛勞背著這個背包那麼久，是因為這個背包裡裝載的東西有著無可比擬的價值和重要性，而且它只為我個人量身打造，我之所以一直扛著這個背包，就是因為有一天要打開來使用它。

當然不是一次打開整個情緒背包，這挑戰太超出普通人所能承受的範圍。我們的情緒負載之所以不斷在生活裡蹦出來，就是因為它們自己也明白，太大分量的情緒負荷會超過一般人所能承受的極限。畢竟誰會有心理準備，一次處理一輩子的情緒？一步登天是不可能的，我們可以將整個情緒背包切割成一小塊，一步一步慢慢來解開。

你的情緒背包最終目的只有一個，那就是將所有超載的、困難的，或者說是寶貴的、但是你卻沒有能力處理的情緒事件暫時保存下來，等待日後再消化處理。換句話說，你的情緒背包不是垃圾桶，比較恰當的比喻是花園堆肥箱，在擁有適當的環境條件之下，有機的堆肥就會轉化成富有養分的腐植土，也就是肥料，然而要讓這一切作用發生，需要充足的陽光和空氣。以這個比喻來看，隔絕情緒背包裡的物品受到外在環境干擾，就像是以真空包裝隔絕，這個轉化就不會發生。

多年前我和一群有著相同嗜好的朋友參加一個農莊課程，這座美麗的獨棟農莊就座落在寂靜的巴伐利亞森林裡。入宿後沒幾天，每天早上自助餐剩下的廚餘就成堆的倒在農莊後面，上頭飛舞著一群令人生厭的蒼蠅，廚餘越積越多，卻不見它們自動化成肥料。

接下來沒幾天，輪到我們要上農莊安排的永續農業文化課程，為什麼農莊要故意堆放廚餘的原因終於解開了：我們對待這堆廚餘的方式，就如同大多數人對待他們的情緒背包一樣。我們只會把做菜剩下的瓜果皮，以及整理花園時割除的枯葉樹枝往屋後丟，卻沒有人想過，那些廚餘和園藝廢料之後會發生什麼事情？我們直覺地相信，大自然神奇的力量就像變魔術一樣，會讓廚餘自己發生作用，接下來就留下了腐植土肥料。在那一刻，我知道我們想錯了。

當大家聽從導覽員的指示，開始動手整理那一堆廚餘時，廚餘底層流出一股難以忍受的臭水和無法直視的顏色，以及難以說明的物質，還有……我想我就不試圖去美化它了，難以遮掩的撲鼻臭氣，這樣的場面到現在都還栩栩如生。簡單來說，發生在這堆廚餘上的變化，並不是正常有機的轉化作用，而是腐敗、腐爛的過程，裡面產生的是任何你能想像得到的噁心東西，就是沒有產生任何一點腐植土肥料。除了發現成堆的蒼蠅幼蛹之外，我兒子還驚喜地發現一小窩蛇媽媽產的小蛇寶寶！

後來我們花了大半天的時間，把整堆廚餘分批攤開、疊上足夠的小樹枝、製造每一層之間的通風、再堆上充分的綠葉蔬菜——這就是轉化程序發生的重要因素，重新把整堆廚餘整理堆疊。你看，不只成群的蒼蠅立刻感到窮途末路，廚餘堆也停止散發惡臭，只要幾天的時間，整堆廚餘很快地就發酵成花園裡不可或缺的昂貴腐植土肥料。

每當我在研究過往情緒遺毒及情緒創傷的時候，這段畫面就不斷出現在腦海裡。「時間會撫平一切傷痛」說起來真好聽，但依我的經驗來看，傷痛只有在正確的處理條件下才會被時間撫平。如果我們只是把情緒遺毒打包拋棄，它就會像那堆廚餘一樣，產生噁心的臭水與滋生蚊蟲，如同堆肥也需要新鮮空氣一樣，情緒背包也需要氧氣，才能在時間的催化作用下，變成成長所需的珍貴養分。

意識的功用

能對心理提供氧氣的，就是意識，我不是特別指埋藏在情緒背包裡的情緒負載包袱。我認為的意識是指內心的知覺，會隨著注意力轉移而改變。當你聚精會神地讀著本書時，全部注意力都在文章的每個字上，這很容易理解。但你的意識裡還有些什麼呢？是大腦裡的思考，將所讀到的文字歸納到原本就已經相當熟悉的認知裡，或是你所經歷過的事件將這些讀過的文字串聯在一起，好讓你能理解？抑或者是你身體內在感覺空間在閱讀這篇文章時，同時讓意識充滿身體，你才瞭解內文？還是上面三種可能性同時發生？

當過往的情緒遺毒被觸動時，意味著這份情緒想要被察覺、想要被處理，從我們感受到它的那個地方，自意識裡浮出表面，就像是那些被重新疊好的堆肥一樣，發酵改變。如果我們能透過這個過程，將過往發生的情緒事件完整消化完畢，也就能讓人格發展向前邁進一步。這個過程所帶來的成長，就是痛苦的情緒事件帶來的美好果實，並從中體悟人生智慧。隨著每次克服不斷而來的困境，建立自我的信任感，相信我們有能力繼續克服往後的所有難關——有關這個主題將留待第三部再來詳細討論。

聽起來是不是相當美好？不過我們要做的不只是瞭解過程。在這個部分，光靠想像就要完成所有歷程是不可能的。當然你可以說服自己，告訴自己這讀起來一切都很有道理，不過如果不試著去練習、經歷整個消化過程，這些理論對你而言終究只是一場空想罷了。畢竟情緒觸動是儲存在大腦皮層裡，只靠理解是行不通的。不過在你迫不及待想要縱身投入最大情緒包袱裡，開始動手實際練習，並有意識的釋放之前，還有幾個觀點想要跟大家好好說明。

將情緒負載觸動視為轉機

簡單來說，當有人誤觸了我們的警報按鈕，也就是我們和情緒負載重新連結的時候，這時我們會跟潛能裡的某部分產生連結。這種情況如果時常發生，就像是廚餘上的那群蒼蠅，雖然拍著翅膀不停地妨礙田園早晨的明媚風光，可是也成功地讓我們注意到農莊後院的大麻煩。

其實我們該好好感謝那些不停誤觸我們警報器的人：要是沒有他們，我們還真的沒有機會和自己的情緒負載重新聯絡。繼續仔細回想，那些惹毛我們的人，甚至就是我們自找的！就像前面說的，潛意識裡我們一直在試鏡別人，尋尋覓覓就為了找出相似的人、相似的情景，好重新喚起當初激動的情緒。我們的情緒括約肌閉得越緊，所需要的觸動力就越強大。或許這個想法一時看來很怪異，但其實這也是為什麼我們會猛烈地攻擊別人，並且批評別人的原因。有時甚至達到憎恨別人的程度，就只為了激怒他，讓他不顧一切引爆我們的情緒警報按鈕。

練習 7

認出你的情緒引爆者

操作練習之前，先準備一張白紙和一枝筆。將白紙橫放，摺成均等的四個直欄。請從左到右分別在每個欄位寫下：人、引爆點、反應和小包袱。

1. **人：**從第一欄開始。在生命中你試鏡過哪些人，是會激怒你，以至於達到連結上情緒負載？請先寫一個名字在最左邊的欄位。
2. **引爆點：**接著在第二個欄位裡寫下這些人是怎麼觸動你的情緒負載。哪些東西是你的引爆點？什麼樣的行為、哪些特定話語，或是哪些特徵會引爆你的情緒？簡短描述，並盡可能寫出它們特別的地方。如果有許多不同的引爆點，就以重點的方式一個一個條列出來。

3. **反應：**請在第三個欄位寫下你的反應。如果別人對你做出這種激怒的行為，你會有什麼反應？你的情緒負載觸動是如何表現出來的？盡可能寫出明顯的特徵，不要冗長的描述。

4. **小包袱：**如果你已經大概知道，是背包裡的哪一個小包袱對這個引爆點做出反應的話，將它重點式的寫在這一欄。放輕鬆，跟隨自己的直覺不要做太多思考。你覺得過去是哪一個只消化一半，或者是根本沒有消化的情緒事件，和這個被觸動引爆的事件很相似、想吸引你的注意力？如果感覺不到也沒有關係，先將這個欄位空下來，之後隨時再回來填寫。這絕對比現在胡亂臆測，或是編造一個故事來塘塞自己有意義。舉出兩～三個在生命中會激怒你的人來作練習，並重複步驟1到步驟4。

如今我在每次情緒負載被觸動的時候，總是心存感激——好吧，或許不是每次都能立刻感謝對方，也不是要等到有適當時機來執行有意識的情緒負載釋放，不過我可以驕傲地說，從心裡感謝對方的頻率越來越高了。這麼說並不是要故作有什麼深遠的人生哲理，而是基於處理情緒事件時，透過有意識的情緒負載釋放，每次都能從這些令我恐懼難堪的時刻裡，得到珍貴的禮物。即便至今仍會發生一些極端又激烈的情緒負載觸動，要消化這樣的小包袱時，我已經清楚需要多少不同的環境和人為因素一起作用，才能和過去的小包袱重新建立連結。熟能生巧之後，我幾乎能自詡為情緒環境重建工程師——就好像有一部分的我變成了分身，它不停致力於學習如何搭建舞臺場景，好讓我能和過往的情緒遺毒重新搭上線。

生命的關鍵舞臺，是一個相當容易觀察到大家如何試鏡選秀的地方，也就是伴侶選擇舞臺。我想這不難理解，不然你覺得我們是去哪裡找到這麼一個擅長激怒我們的人？但並不要緊，這只是因為我們的內心想要替問題找到解決方法而已。找到的解決方法是否能成功，端看這段關係的雙方參與者心態是否正確，以及行為舉止成不成熟。因為不論找到的是誰，我們將開始在這段關係內學習如何和自己的情緒觸動，以及過往情緒遺毒相處。

接著分別以三組不同的情侶相處方式當作例子。這三組裡，每一組情侶關係處理情緒遺毒的心態和方法都不一樣。我們可以把這三個例子當作是伴侶關係發展的三階段來看待，當然，一個人在情侶關係裡處理情緒的方法和心態，經常能對應到其他的人際關係。這裡特別使用伴侶關係來當作例子，只是因為在伴侶關係的情況下，這種行為模式的表現最容易辨認。至於目前不在伴侶關係中，或是沒有經歷過伴侶關係的讀者們，接下來描述的互動模式也一定能在朋友關係、同事關係、父母或是親子關係中觀察到，只要你願意敞開內心並仔細感受它。

情侶關係第一代：我命中註定的白馬王子？

伴侶堪稱榮登最常觸動情緒負載的冠軍寶座，實際也是如此，在選擇伴侶時，情緒背包經常代勞幫我們做出選擇。背包架好舞臺，然後讓大家來試鏡，等到出現一個帶有最佳觸動情緒負載能力的候選人出現時，背包就會發出一個響亮的「賓果！」訊號。許多人便將這個訊號理解為他就是我命定的白馬王子，或她就是我命定的夢中情人。不過經驗顯示，這個訊號並不是永遠正確的，這個訊號選出來的可能會是你的白馬王子，但也有極大可能就是一個恰好符合所有條件，能極盡各種可能引爆你情緒負載的那一個人——或者他可能兩者都是。

很可惜的，許多伴侶因為這個篩選系統模稜兩可的相容性，而不自覺地選出一個將人生推向地獄裡的伴侶。這類型的伴侶就困在特定的情侶關係模式裡，我們暫且稱呼這個模式為「情侶關係第一代」。情侶關係第一代裡的情侶相信，千錯萬錯都是別人的錯，這種想法也不是完全沒有道理。若太太不覺得別的男人比較厲害的話，那先生就不會那麼難過了；或者說要是老公不是工作狂的話，老婆就不會對他常常不在身邊有這麼大的情緒反應。身處在情侶關係第一代裡的我們相信，如果要讓日子好過一點，就必須徹底改造自己的另一半，不然就只能去找另一個新的伴侶，這個新的伴侶絕對不能跟前任有相同的行為特徵。

對於任何因為在情侶關係不快樂，而執意要換伴侶的人，我完全不反對。勇敢的認知並承認自己與伴侶的需求從根本上歧異不小，這是非常健康的現象，畢竟當我們決定要放開彼此的時候，就是為自己的人生挪出了一個足夠的空間，好讓別人可以走入我們的人生。反過來說，這個挪出空間的觀點，也打開另一條解決問題的通路，即便是和現在的伴侶有許多的歧異，還是能留在彼此身邊。同樣的觀點，我們也可以選擇大方接受彼此的不同，將自己在伴侶關係中感到缺少的部分，透過其他的朋友關係來補足。

讀到這裡，要是你正想著透過離開另一半，來達到擺脫自己剛才被觸發的情緒包袱，請不要套用上面的觀點。為了清楚表示，我還是再舉個例子：要是妳對其他男人有興趣，而老公堅持只能接受一夫一妻制，或許你們兩人真的不太合適。畢竟對於一段長期的婚姻關係來說，要一直在這個分歧點上爭論，也是一件很累人的事情。最後，這個對其他男人比較有興趣的事件，將會成為被引爆的情緒負載，而且是他的情緒負載，不是妳的。他將會帶著這個情緒負載繼續向前。但是依過往的經驗來看，有這種經驗的男女後來都證實，在下一段情侶關係裡，還是找了一個有強烈親密接觸慾望的另一半——就算他們的初衷絕對都是希望自己不要再遇到這種人。

等愛情的旋轉木馬繞了一圈或好幾圈之後，許多人也終於準備好邁向下一個階段，這個階段我們稱之為「情侶關係第二代」。情侶關係第二代裡的伴侶們，會開始為自己的情緒背包負起責任，隨此而來的，他們不再將處理自己情緒負載的責任推給另一半。如果情侶們有幸能走到這一步，那這段關係的品質將會大躍進，因為我們的情緒包袱會從這段關係裡獲得一個活動空間，持續不停地被新的情境觸動，這麼一來這個空間就成了情緒療癒和發展的空間——至少對於內心已經準備好發展到這一步的人可以這麼說。

情侶關係第二代：另一半總是讓我暴怒

在許多情侶關係裡面，通常是其中一個伴侶先醒悟：兩人的關係究竟是在演哪一齣戲？那些無止盡的情緒漩渦背後藏著的原因究竟是吵鬧的好萊塢劇本、寂靜冗長的默劇，還是兩人失去了對彼此的親密性趣？不管如何，這個覺醒過來的伴侶，他就有機會開始為自己的情緒背包負起責任，而不再將這個責任推卸給另一半。他正邁向一個新的情侶關係模式，這個模式稱為情侶關係第二代。在這個模式裡，他會拋棄別人必須改變的想法，轉而將目光集中在自己身上。我心裡究竟在想什麼？才會給自己製造這一堆麻煩？我到底心裡有什麼問題，不過是我的另一半沒有仔細聽我說話，就能讓我如此怒氣沖天？

這時候如果這個覺醒的伴侶尋求第三方來幫助自己釐清，該怎麼好好處理這個被引爆的情緒包袱，他就能將這個令彼此都感到難受的伴侶關係，轉變成一個自我發展的催化器。每一次的情緒觸動都是一個大好機會，讓自己回頭處理更多的情緒小包袱，如此持續下去，總有一天能將自己的情緒背包清除乾淨。按照這個過程來看，也就不難理解為什麼我們換男女朋友的時候，總是又給自己找了同一種個性模樣的伴侶，接著又讓自己陷入同一種情侶關係模式裡。因此我們應該對那些總是能將我們和過去情感傷口重新建立連結的人們，獻上至高無上的謝意。要承擔自己情緒包袱的重責大任，一開始有多困難，過程中就有多感到如釋重負，因為在過程裡，我們重新找回掌控情緒平衡的能力。

不過若你閱讀至此，正打算一頭栽進任何一段問題叢生的情侶關係，或者正準備把前男友找回來之前，我必須提醒一下：這種學習方法也是有界限的。只有引起的情緒負載觸動是在一定的規模內，你才能藉由消化處理，獲得良好的成果。要是你每天都會被伴侶強力引爆情緒負載好幾回，那你很快就會耗盡所有能提供情緒支持的諮詢，最後就沒有辦法把被引爆的情緒負載好好地消化處理。所以我們最好先誠實地自我評估，究竟能夠承受到哪一個程度，然後到了哪個極限之後，就算是對方於你有再多的愛意與吸引力，你也實在無福消受。

還有另一個要澄清的重點：雖然藉著外在第三方的適當支持，我們通常能順利地從八點檔情緒劇中成功脫身，但很可惜的是，情侶關係的癒合不是一個人埋頭苦幹就能達成。因為不管你有多麼為自己的情緒背包負責，關係中的另外一位還是會在大多數的時候進行心理投射，並且把處理他的背包責任指向你——只要他還繼續活在情侶關係第一代裡的話。至於他或是她會不會有一天突然頓悟，自己才是應該為自己的情緒背包負責的人，則是個未知數。況且在一段相處起來問題重重的感情裡，通常我們最聽不進去的提議就是：從另一半口中提出的任何建議。不管你把它包裝得多好聽、或是這個提議的本意有多好。

新背包、新伴侶？

我們的情緒背包不只在選擇伴侶時扮演了關鍵角色，除此之外，它也對維持人際關係有重大的影響力。如何建構自己的人際關係，取決於我們在處理情緒時，最喜歡使用的是哪一種情緒處理方式。

換句話說，如果我們很愛大肆彩排八點檔連續劇，三不五時就讓碗盤和刀叉在空中四處飛散，我們也會被對情緒負載採用相同處理方式的異性所吸引。雖然我用「愛」

這個字來形容，不代表我們就不受自己的八點檔連續劇所苦——「愛」這個字彙，請不要單就字面意思來理解。許多擁有這種相處模式的情侶們，一開始都是想把自己的時間拿來做別的消遣活動，但是無奈他們就是需要演這齣戲，好讓他們能應付自己的情緒包袱。更多的是另外一種人，這些人已經習慣經常性地演出連續劇，他們需要這齣劇來讓自己覺得是活著的，長久下去這個習慣就會發展成嚴重的情緒毒癮症狀。

假如雙方中只有一個人先開始用新的方式來處理情緒背包，剛開始將會是一個相當嚴厲的挑戰。因為就像已經進行到一半的遊戲突然更改規則，實在是令人難以理解。某種程度上來說，這個嘗試者等於讓自己的另一半陷入兩難的局面。畢竟另外一位長期以來能靠著同樣的方式，處理自己的情緒遺毒，而伴侶也樂意奉陪演出。一時的變動，很可能會讓原本的反應更加猛烈、讓兩人關係變得雪上加霜。

同樣的情況也適用於其他的情緒處理方法，不管你是習慣使用麻痺處理法、轉移注意力處理法、補償心態處理法還是分析處理法。假設你的另一半突然不願意每天晚上癱坐在沙發上，看著電視機打發時間；或者喝了幾杯美酒之後，你的另一半突然放棄錙銖必較，分析你們每次爭吵的原因；或是再也不願意用血拼、美食、旅遊來補償早已超額透支的感情關係……。種種的突然改變，都可能讓原本的情侶關係面臨更嚴峻的挑戰。

這不只在情侶關係間如此發展。在我的一堂講課中，有個女同學當時決定再也不要給自己人生中的某一齣鬧劇更多的注意力，一年過後她告訴我，她改變的那段珍貴友誼，後來是如何讓她吃足了苦頭。當時她注意到，她的這段友誼絕大多數是建立在兩人不斷激起的情緒八點檔，互相藉此來釋放情緒負載。當這位女同學退出這個已經習慣的相處模式時，這段友誼幾乎瀕臨破碎，因為架構起這段友誼的基礎突然不見了。兩人花了好長一段時間，才在彼此之間漸漸找到新的共同著力點。這中間兩人關係的不確定性就像是乾枯的旱地一樣，誰也不知道這段友誼還能不能找到新的共同點。

希望這個例子不會讓大家找到藉口將這本書丟到一邊，然後寧願一切還是保持一如既往。對情緒背包採取不健康的處理方式，不只會對人際關係造成負荷，同樣的也會對人生產生巨大的負擔。它耗費我們人生無法計算的大量時間、精力、情緒以及金錢。不當的情緒處理方式還容易讓人患上慢性疾病。

至此我想提兩篇相當富有啟發性的對話，這兩篇對話是我的兩對伴侶學生一起來修情緒背包課程之後告訴我的。這兩對伴侶都在修完課程之後，同時開始試著練習有意識的釋放情緒負載，並且著手開始清理自己的情緒背包。第一對伴侶的先生是這麼形容過程的：「我們的婚姻關係在上完這堂課之後，幾近瓦解。」太太接著補充說：「我不知道。如果沒有來上這堂課，我們的婚姻關係究竟還會不會持續到今天。」第二對伴侶的老公敘述他的經驗：「來上課以前，我們的婚姻關係真的很好。如今我們擁有的婚姻關係，是一種我從來不敢想像的關係。在這段感情關係裡，我們兩個都能達到自我的成長與發展。」我喜歡將這樣的兩人相處模式稱作情侶關係第三代。這種相處模式對我而言，是我至今看過最美好、最有深度，也是最豐富的伴侶關係模式。

情侶關係第三代：一個共同發展的空間

我們擁有的親密關係都是天然的發展成長空間。這不只是因為通常至親的家人才是最頻繁引爆情緒遺毒的人，最重要的是當我們在進行情感癒合的過程時，需要旁人給予大量溫柔慈愛的同情心與情感支持。如此一來，還有誰比這些時時在我們身邊、關係親密的人來得更合適呢？

整個邏輯只有一個癥結點：只要不斷傾向對激怒我們的親人做所謂的心理投射，接著又把情緒負載的過錯不停地咎責於親人，只要觀念仍然保持不變，那就無法從身邊的親人得到溫柔慈愛與關懷的空間。在實際練習中，要擁有隨時讓自己在情緒按鈕引爆者，和溫柔情感支持者的雙重身分間自由切換的技能，只有在進階者身上比較可能實現。現階段的我們，在準備進入情侶關係第三代之前，必須先著重在清楚劃分情侶關係第一代的界線，以及讓自己全神貫注進入情侶關係第二代的情境中。當我們和伴侶一致認同，沒有其他第三者對我們的過往情緒遺毒有任何責任的前提下，一段建築在情侶關係第三代的感情才有可能形成。

這個建構新的感情關係模式一般來說不能一蹴而就。我們體認到情緒背包的觀念，以及理論上來說，我對於情緒背包是責無旁貸理應負起責任，和從頭到尾執行的觀念中間，還有一條充滿小石子的顛簸道路。畢竟可以直接把我們情緒反應過度的過錯嫁禍給別人，這樣的想法是簡單多了。更令人難以抗拒的一點是，畢竟人在氣頭上時，把過錯怪到對方頭上是那麼的天經地義！舉例來說，我們在和另一半發生衝突的時候，會認為在當下有必要和對方把事情講清楚弄明白。只有透過一段長期、且一貫有意識的情緒釋放實作練習之後，才能認清事實並非如此。追根究柢，我們和對方沒有什麼需要講清楚的，在情緒被觸動的當下，唯一一個需要面對和關心的，只有自己的情緒背包，以及裡面那個被觸動的情緒小包袱而已，那裡才是需要被弄明白的地方。

直到把自己的情緒部分處理完畢後，才有資格去衡量究竟我們和另一半有沒有什麼衝突？

衝突並不是負載

因衝突而產生的情緒負載在生活中很常見，導致於這兩個概念幾乎被畫上等號。當人們說：「我們這裡有個衝突」的時候，實際上的意思是對話中的其中一方，或者是雙方的情緒負載已經被觸動了。但是衝突和情緒負載完全是兩碼子事，這兩個概念會如此混淆不清的原因，是因為在我們的文化環境裡，多數的人就是在一個令人不愉快的衝突環境裡長大，基於這個原因，我們大多會將衝突和不愉快的情緒負載自動聯想在一起。相反地，我們處理衝突的拙劣能力，也因此和背負著的過往情緒遺毒有關係。情緒遺毒造成的影響也是如此，不是我們沒有能力去處理衝突的場面，而是衝突一開始的瞬間就立刻掉入了情緒的泥沼裡，讓自己迷失其中認不清方向。

為了區分衝突和情緒兩者的差異，除了需要介紹過往的情緒遺毒定義之外，也同樣需要對衝突做出一個合適的定義。就最簡單形式的衝突來看，我們簡單賦予它如下的解釋：你想要的和我想要的不一樣。這是我們兩個都清楚的事實，而且這一點也不是什麼很嚴重的事。客觀來說，這是一個相當正常的情況，正常到沒有道理要為此感到憤怒或劍拔弩張。

這件事本身沒什麼大問題，只有和過往情緒遺毒搭上線，才會變得棘手無比。因為按照我們童年的經驗：「你想要的和我想要的不一樣。」這種下場都不會有什麼好結果。權力遊戲、絕對權力訴求、大人的、父母的、甚至祖父母的情緒遺毒，混合著古怪的教養觀念，以及其他更多的奇怪素材，全部調成了一杯強而有力的雞尾酒，毫不客氣地在我們的情緒背包裡頑強的定居下來，或許直到我們青春期結束了都還不願意搬出去。

清楚區分何者是情緒負載，何者為引爆者，對剛開始練習有意識的處理情緒負載時特別重要。用簡單的範例來說明：如果今天另一半是那個按下我們情緒負載引爆按鈕的人，那麼就需要另一個人來給予情感上的支持，好讓我們能消化並處理這段情緒。但假設今天是我們的小孩、父母或是老闆把我們送入地獄的話，那另一半就能對我們展開雙臂，敞開他的心房來任由我們撒野了。

究竟該如何區分兩者的差異，便是下一章節的主題：同情心的力量。

第7章

同情心的力量

情緒癒合的過程需要同情心支持。或許有些人覺得這是沒什麼創新的舊聞——但在我眼裡，堪稱是生命中最重要的認知。不只是因為多年來情緒癒合一直是我研究的重心，在我還是個懵懂無知的小孩時，我曾用盡一切努力，嘗試著擠出一點點同情心給自己。

我曾經為此諮詢過醫生。但是在醫生那裡感受到的，僅僅是讓我表面的情緒痛楚稍微平復。在某些治療中，我能感受些許的放鬆，但更多的療程我幾乎感覺不到什麼，至少在情緒層面的治療是如此微小，而這個就是問題所在。

體認到情緒癒合需要同情心支持，對當時的我是如此重要，是因為一方面這個概念清楚顯示，我還有其他方式可以和自己的情緒重新聯繫上。另一方面，這個概念又鮮明地指出，我這種凡事都想自己解決的策略有時仍有它辦不到的界線。這個認知也告訴我們，情緒癒合是人類共通的特性，它是生命的一部分，而不是高級的特殊領域，只有專家學者才能碰觸。我必須澄清一個觀點，我不會拒絕任何的醫生治療，同時我也不認為專業醫師治療是多餘的。事實正好相反，生命裡有許多情況，專業的醫療系統比自我療癒來得更有效，也更有意義。

自我關懷的力量

在第三章「情緒括約肌」裡，已經介紹過三個區塊模組：舒適圈、伸展圈與恐慌圈。裡面提到在情感伸展圈的環境下，有一個相當有趣的選擇權：我們可以看看自己內在的感覺，或者選擇不管它。也就是說，當我今天一大早起床去浴室，結果撞傷了腳指頭，這時我可以選擇去感覺內心現在的狀態，也可以選擇任何一個大家常用的情緒處理方式來轉移注意力。若是選擇第二項，那我就讓自己陷入了困境，搞不好還會送自己一句：「你這笨蛋，走路難道不能更小心一點嗎？」諸如此類給情緒幫倒忙的評語。

但假設我選擇停下來一會兒，好好注意我的不愉快，然後讓情緒完整地流露出來，並在當下就消化自己的壓力，隨後將這段情緒經驗處理結束。那我不就取代了媽媽的安慰功用嗎？上述的行為就如同一位媽媽，在公園安撫摔倒的小孩，她將小孩抱進懷裡好好撫慰一番，然後溫柔地說：「等一下就不痛了。」要注意自我關懷的行為只有在兩個前提條件下，才能發揮良好的作用：第一，這個情緒挑戰的確是處在伸展圈，而不是在恐慌圈裡；第二，我們是真的在關懷自己，而不是在自怨自艾。

自我關懷和自怨自艾

一位知名的作家，同時也是討論寬恕精神的專家克莉絲塔·施邦包爾（Christa Spannbauer）在訪問中送我一句話，我認為是目前為止，形容自我關懷與自怨自艾之間細微差異最適切、最美的解釋。她說，自我關懷能將傷心的我和其他人，以及外面的世界連接起來，而自怨自艾只會與外界隔絕。這段解釋不僅讓我心領神會，我也立刻發現，這和我自身的人生經驗相當吻合。

當我還是小女孩時，的確有個壞習慣，一旦心情不好就會長時間沉溺在自怨自艾裡。當然不需要多長的時間，我察覺這樣只會讓自己在痛苦裡越陷越深，總是想著我是那麼的可憐、現在過得很糟糕、這世界是多麼不公平……，這些只會將我繼續推入悲傷痛苦的深淵，對緩和難過的情緒一點幫助也沒有。

不過很可惜的是，當認知這個不良習慣帶來的效果後，我並沒有在情緒不佳時開始去傾聽自己的內心。之後我雖然不再沉溺於自怨自艾，每當我的情緒小包袱又從情緒背包裡，試圖發出引起注意的咕噥聲響時，我變得冷漠、淡然，成了一個拘謹又有距離的人。內心的試鏡小工廠不停開始尋找一個能讓我被引爆的場景。

這一切直到我發現自我關懷的概念之後才有了改變。自我關懷是個親切和藹、如母親呵護般的一個功用，這個功用不需假借別人的幫忙就能獲得。當我陷入自怨自艾時，全身的警報器都發出尖銳刺耳的叫喊，不斷提醒我情況有多麼淒慘，更慘的是這永遠都不會停止。自我關懷則不同，它就像是低沉渾厚的鑼響，用深沉緩和的回音，寬容地包圍著我。這低沉的聲音彷彿在說：「沒事的，就算情況艱困，但一切都會沒事的。」、「疼痛也是生命的一部分，所有人都是這樣熬過來的。」相比之下，自怨自艾只會不斷尖聲嘶吼，增加內心的不安全感，而自我關懷卻能減輕我的焦慮。

自我關懷的極限

現代人最大的共同點就是不斷追求獨立自主。那麼想要靠自己的力量來克服情緒問題，看來並非是我一個人的生命魔咒，而是整個人類社會設定好的咒語。獨立自主通常和成熟畫上等號，確保我們擁有一定程度的行動自由，並且意味著能掌控自己的人生。基於這個原因，許多人積極追求物質生活的舒適，周遭的人際關係也越來越被這個條件所掌控。

我並不是要反對大家追求獨立自主，自主生活的確有很多好處：充足富裕的存款，顯然比寒傖的帳戶讓我們感到衣食無虞。期待能與人群接觸，有時也會衍生出不少的問題，特別是當其他人對我們不一定是善意相待時。但很多人一定沒有想過，這條一味地追求自主的單行道，也會有到達極限的一天，畢竟這條界線不容易被發現。

獨立自主的背後

想追求獨立自主就不能想要依靠別人。獨立自主的人被強迫將生活及周遭的關係特地維持在某種型態上，好讓自己完全不需要任何人。如今高度工業化及數位化的時代中，想達到這種生活型態的可能性高得令人恐慌：只要想要，我們可以將生活無人化到極盡完美。古時候在家庭、整體社會中無法避免遇到各種人際關係，但是在如今的現代化社會裡卻顯得可有可無。過去我們對人群的那種面對面的依賴關係，早已被另一群人所取代，只是我們永遠不會看到這一群人，即便與其見面，你與他之間的連結也不過是一層相當表面化的關係罷了。

練習 | 8 |

請給自己一點同情心

挪出一點時間獨處，練習時為自己找一個不受干擾的空間。

1. 閉上眼睛，回想一件你在生活中覺得很難受的事情。它可以是一件很嚴重的事件，或許是一件無傷大雅的小事，只是這件事已對你造成一定程度的困擾，不管是基於什麼原因。
2. 花一點時間去回想當時的感覺和情緒。當你想這些困難事情的時候，感覺怎麼樣？請不要對此感覺做出任何好壞的評價。
3. 想像現在從身體抽離出來，站在幾步遠的地方觀察自己，看著正坐在那裡、或是躺在那裡的你，想像從距離幾公尺遠的地方來觀察。不管你是從上面漂浮往下看、從左右兩邊看，還是從前面或後面看都沒有關係。
4. 想像現在你看著幾公尺遠的自己，坐在那裡或躺在那裡，正試著去理解現在遇到的困難。感覺如何呢？
5. 如果抽離幾公尺的你，和坐在或躺在那裡的你感覺一致，請靜心評價你的情況。例如：可以對你自己說：「遇到這種情況真的很難受。」如果你的例子是一件過去發生的事件，那麼可以這麼說：「當時那個情況真的很難受。」同時試著將自己的手臂在胸前交叉、雙手擺放在自己的肩膀上，以這個姿勢溫柔地環抱住自己。重複剛剛的評語，或試著用其他句子來表達現在的感受，試著接受自己是如何看待當下所處的情況。小心，不要變成自怨自艾。

6. 練習時，如果有任何感覺和情緒湧上心頭，讓它們自然地流露出來，不要壓抑自己的感覺和情緒，但也不需要故意誇張表現。

7. 按照你的意願，盡量重複這項練習。或許要立刻想出困難的事件不是件容易的事情，那麼也可以使用一些日常壓力來做這個練習。在足夠的練習之後，你將能快速和自己的內在情感建立起連結。

網路商店取代了實體商店，第三世界血汗工廠裡的機器手臂取代了老裁縫師傅，保姆替代了親戚，在家工作將與同事接觸的機率降低到最小。

這一切改變並不是壞事。畢竟與日俱增的獨立自主性，也為人類之間的相處模式打開了前所未有的空間。與前幾個世代的人們相比，我們能更自由地選擇想要與人群建立何種關係。就像在我的著作《就這關係來說——其實人際關係可以學習》（beziehungsweise：Beziehung kann man lernen）詳細介紹過：這種正面的見解只講對了一半，另一半的情況是這種獨立的生活方式，會不停地擴大生活中的真空狀態。舉凡任何不再需要與他人互動的生活範圍，該範圍裡的互助機能就開始減少，原本能幫助你度過難關的人開始撤退，原本能與你建立關係的人開始消失無蹤。研究調查指出，在富裕的工業化國家裡，每人擁有的親近關係數量，在近幾年內不斷持續的大幅滑落，同時面臨社交孤立的人數卻持續上升，而逐漸增加的社交孤立對我們並無益處。研究報告還顯示，社交孤立對於人類的威脅影響力，甚至遠遠高過於長期抽菸、肥胖和缺乏運動。

我們需要彼此

即便如今的生活讓我們越來越不需要與人接觸，但有些生活領域仍舊比過去的任何時候都迫切需要其他人，其中一個就是過往情緒遺毒的消化處理。我知道，這大概不是你想聽的，我猜你八成很期待是不是有其他方法能解決這個需求，隨便什麼小技巧，只要能讓你彈彈手指把這需求變不見，或至少變得不需要其他人的支持就能處理。很抱歉必須要讓你失望了，你並不會從我這裡得到這種變魔術的技巧。

長時間以來，我已嘗試過所有可能的方法。當然，也有些大家熟知的活動，能幫助自己達到消化情緒負載，例如：運動、彈奏樂器、冥想或是到大自然走一走，這類的例子多得不勝枚舉。更好的方法是，你能利用在練習八裡面學會的自我關懷方法，讓自己舒緩一些，這個自我關懷的練習就是邁向如何成熟消化情緒負載的第一步。除此之外，處理情況較為複雜的情緒包袱時，我們仍然需要其他人的關懷與支持，透過其他人的幫助，我們才能更順利地達到情感癒合，也才能藉此發掘自我發展的潛能。

如果回想起過去那些發生情緒遺毒的狀況，那是遠遠超出情緒處理作業容量所能承受的範圍。我們需要外界的力量來擴大作業容量，以期最終能處理消化過往的情緒遺毒。透過連接外界更大的空間來擴大作業容量，這個外接的空間能支持我們，共同承受這股情緒。而最自然以及最貼近人類情感的外接空間，就是他人的同情心。如果這個情緒遺毒處於恐慌圈裡的挑戰等級，那麼自我關懷產生的效能，差不多只夠把自己安撫下來而已。要真正去感受已經爆發的情緒包袱，並且還有能力去消化包袱想傳達的訊息，需要其他人的同情心來幫忙。

我並非是唯一提出這個觀點的人。在情緒研究領域的許多不同報告裡都一再證實，要處理更為緊繃惡劣的情緒經驗，需要藉助他人的幫忙。一份來自瑞典的研究資料讓我印象特別深刻，這是一份專門研究死亡率與情感壓迫相關性的報告，受測樣本為七百五十二名相同年次出生的男性。樣本調查結果清楚顯示，受測樣本在受測時間點往回推三年的情緒壓迫經驗，和他們的死亡率有高度的正相關性——受測試時已排除其他不良習慣影響健康的可能性，例如：抽菸、酗酒。

這份研究結果最令我感興趣的地方，是受到情緒壓力影響而提高死亡率的受測男性，他們所擁有的情感支持社會網絡一致偏弱，同時也經歷了相當重大的情緒壓力事件。但擁有完善的情感支持社會網絡的受測男性，在觀察裡顯示，他們很明顯地將這個情感支持社會網絡當作保護網來使用。不要任意切斷其他人，隨時在情感上成為互助扶持功能的機會，他們不是生活中微不足道的人，而是能在情況越來越險峻的時候，拯救我們的生命。

外接更大的處理空間

第三人對我們發生的事件，以及相連而產生的情緒表達同情心，這時第三人就是以限制時間的方式，提供一個額外增加的情緒處理作業容量。這位第三人捨棄自身的雜事，有意識地選擇專心在我們身上。假設我們感受到他的同情與關懷，選擇接受它、允許他的同情直達內心，瞬間我們就立刻外接一個暫時擴增的處理空間，可以好好面對情緒舊傷。

這整個過程不需要理性的理解，而是需要情感上的理解，有時過程相當耗神費力。聽起來很神祕，但其實整個過程的成功與否，甚至能以儀器來偵測確定。美國加州心腦數字化研究所（Heart-Math-Institutes California）致力將心腦耗費的能量以科學方式呈現，他們的研究報告顯示，一個人內心的詳和感、親密結合感，以及同情心能不透過觸摸、不透過隻字片語，就能直接傳達到另一個人的內心，或是其他動物的內心。多數的研究認為，這部分的訊息同步作用是透過兩方的心電磁場感應完成的。

現今的醫療行為中有相當多的療程都是以這個原則為基礎演變而來。有趣的是，多數的療程研發者原先並不知道心電磁場感應的理論。當然，宣稱人類終於研發出一種治療方法，可以用來治癒所謂的情緒負荷症狀，說起來當然是比承認我們不是透過治療，而是兩方釋放出的同情心治療情感創傷來得偉大好聽許多。透過各式各樣耗費身體和精力的呼氣、吸氣練習，以及回答許多人生哲學的課題，當然有助於找到通往過去情緒遺毒的連接路徑，然而若談到真正的情緒療癒還差得很遠。

根據我的經驗，同情心的效用遠超出想像之外，它不僅是滿足我們想要自己的難過能被看見、被理解的需求而已。能滿足這兩個需求當然很好，但比起這個功用更重要的是，同情心在其非語言層面所產生的效用。

同情心在非語言層面上的效用，我稱它為「同情心魔法」。也就是說情緒作業處理容量能透過第三人的同情心，產生出一個外接的擴增容量。在潛意識的直覺下，能感受到第三人提供的外接空間，並且當下決定，是不是要相信自己，跨入這個空間？當決定並準備好要接受這個外接埠的時候，情緒括約肌開始放鬆，同時讓這個共同空間充滿全部的情緒——而所能承受的容量，就是兩個空間所加起來的總量。突然之間，我們能感覺到獨自處理時不能感受到的全部情緒。喉嚨就像被上了魔法束帶一樣，原本要說出口的話，一開口都變成了嗚咽、雙眼無聲地滑出一串串的淚水。最後，終於能如釋重負的恢復成原來的自己。

一次又一次的，透過同情心額外提供的情緒處理空間，我們不斷讓這個情緒癒合的過程自動產生。我必須更加堅定地承認，許多情緒包袱就算窮一己之力也沒辦法獨自打開，不論花多少時間，給自己多少自我關懷，或是坐在那裡使勁搬弄情緒背包的死結，它都緊緊地糾結在那裡，就像一扇沒有鑰匙的門一樣緊密。

同情心還是同理心？

有些人對於別人在自己面前流露出難過的感覺或情緒時，會感到相當彆扭與不舒服。如果在你面前流露出來的是憤怒或攻擊行為，這當然能夠理解——畢竟這一頭的怒氣和攻擊行為也可能波及身為路人甲的我們。不過大多數的時候，這些令人感到彆扭的強烈情緒表現卻是悲傷、恐懼、羞恥以及失望。近年來另一個新穎的情緒研究學派裡，對這部分現象貢獻出相當有趣的研究，在一份名為《憐憫之心研究》中整理出針對同情，或稱為憐憫之心的科學研究成果。目前為止的認知中，人類對其他人所遭遇的痛苦有兩種基本反應：第一種我們稱它為同情心，抑或稱為憐憫之心；第二種則是共情作用或同理心反應。其產生的原因都是因為人體內的鏡像神經元，鏡像神經元會使我們對其他動物的痛苦產生情感上的反應，我們會感同身受，不然就是覺得很有壓力。如果當下受到鏡像神經元指引做出偏向感同身受的反應，那麼我們就會在其他人危急時，不顧自己的安危出手相救，偏向於無私的捨己為人反應。反之，假設鏡像神經元傳導出偏向感受到壓力的反應，那麼就會做出自私自利的反應行為。

同情心是一種「心的能力」。這個能力代表著我們有能力，同時也有足夠的準備，與他人面對面，因此打從心裡同情他的痛苦、他的困難，以及他所經歷的事件。和同理心的差異是，同情心不會讓我們和他人一起感同身受此痛楚，相反地，我們感受到的是愉悅、親情團結以及愛。就連神經元都能明白地證實，同情心所啟動的荷爾蒙作用就如同愛情、親情以及和諧一樣，讓對方的心產生溫暖，絕不會比給自己的溫暖還少。同情心的產生甚至能產生幸福感，當同理心讓我們產生與他人一同受苦受難的感覺，並不斷加強他在自己的痛苦裡越陷越深時，同情心卻給彼此帶來安撫的作用。

如同自怨自艾一樣，同理心會加重將自己與現實社會隔絕，而非建立起團結親密。那句你我最常聽到的安慰話：「喔，天哪，你真是可憐！」雖然是好意，但在我聽來卻隱含著將他自己與可憐的我隔絕開來的口氣。同情心就不一樣，假設傾聽者只是說一句：「這真的不是很容易。」或是將手溫柔地放在我的手臂上安撫我，這遠遠比同理心表現出更多親密感。這個行為背後所隱含的訊息是：「我懂這個情況，我能感受你現在正感受的痛苦。」

只要簡單的陪伴就好

每當我們遇到親人難過、痛苦的時候，通常直接反應就是要試著去幫助他們，想要讓他們好起來。許多人在這個時候會有相當大的無力感，因為他們不知道自己還能為對方做些什麼。最後可能會造成被安慰和想安慰的雙方都覺得這個狀態令人不舒服，暗暗希望對方難過的情緒能盡快恢復，哪裡跑出來就滾回哪裡去，如果有必要，再塞回情緒背包的深處也無所謂。我們會開始想要息事寧人、轉移話題或注意力，一方不想要再說出自己發生的故事原委，另一方則不想再去安慰。

很可惜的，就是這種普遍的反應讓我們違背本意，刻意不提供給對方當下需要的東西：一個願意陪伴在一旁的人。這個人願意和對方一同分擔感覺和情緒，單純地在原地陪伴對方。情緒正難受的人最不需要、也最常收到的安慰就是此類：告訴他事情沒那麼嚴重、告訴他要堅強等。有些人會開始拿出自己的慘痛經驗來說嘴，還有些人會好心的給一些建議。上面這些例子都是典型的錯誤示範。

真正的安慰其實不會讓人一掃悲傷，真正的安慰反而能讓我們擁有力量。透過第三人溫柔真切的同情心，能完整釋放出悲傷的情緒，而不是將情緒拋開。因此我們可以說，所有試著將他人難過的情緒壓抑並緩和下來的方法都是在幫倒忙。對方並不需要你來告訴他事情沒那麼糟，他需要的是支持和陪伴。

我知道這話聽起來有點刺耳，而且對大多數的人來說，可能需要花一點時間來習慣。畢竟截至目前為止，有誰曾經這麼無私單純的全心全意、全神貫注在別人的問題上？特別是當你看到他正在難過，卻能忍住不試著去幫忙？如果你在這個階段覺得很困惑，明明自己能感受到內心強烈的衝動，想要立刻安慰對方，為什麼我卻告訴你不要這麼做？如果我們能抵擋住自己，想按照以往習慣處理的衝動，馬上就能經歷到一個奇妙的體驗。悲傷的對方，不管這是不是他第一次歷經這種安慰方式，慢慢的他能有條有理、開始帶著一種好奇的新鮮感，處理自己的情緒背包。而且是在沒有人強迫的前提下，認為這對自己是值得的，自動自發開始著手處理自己的情緒。

剛開始或許會有些不確定，但過沒多久他就會漸漸習慣這個良好的釋放過程，以及習慣自己有能力處理情緒的信心。我相信在他經歷過這樣的單純陪伴之後，會深刻的感受到當自己悲傷時，有一個人在一旁陪伴，並且和他共同分享這股情緒，會比其他的安慰方式有益。看到這裡，你是不是突然理解了？這個情感癒合的過程比想像中來得簡單。我的學生曾這麼描述這個學習過程：「以前有好長一段時間都不知道，當身邊的人難過悲傷時，該如何幫助這些我深愛的人。現在終於知道，原來只要單純的陪伴他們就好，能理解這點實在太好了！」

保留空間的藝術

簡單的陪伴意味著，我們將自己聚精會神的一段完整時間贈送給對方，並不加以任何批判。透過這個方式，我們等同提供對方一個空間，讓他能盡情放鬆自己。維持這樣的一個空間，我稱它為「保留空間的藝術」。因為這代表我們不只是給予對方關愛的眼神，同時提供了一個充滿能量的空間，讓對方能在裡面好好感受自己的情緒。

這就和許多父母照顧小孩的時候，出於直覺的照顧方式是一樣的。直覺之下，父母會用環抱小孩的方式，讓孩子感受到自己是被支持、被安慰的。缺乏這種關愛的小孩，會頻繁表現出焦慮和驚恐的情緒。

保留空間的藝術是一種將有意識的情緒釋放方法傳遞給別人的方式，我們不只是將這個方法傳遞給一個人或是一小群人，畢竟這項藝術最終就是提供一個空間，讓人們能夠好好的面對自己，而我們只是在一旁見證這個過程罷了。見證人的存在就像是個空的培養皿或空的蠶繭，讓對方在這個空間裡蛻變。這個過程和現象的理論不管談得再多，都不如實際練習容易理解。現在請您參照下面的練習九實際操作看看。

就像小嬰兒在安穩的搖籃裡就能安靜下來，成人的好處是我們有能力自己找到一個適合的空間。一邊按照自己的情緒導火線摸索，一步步進入內心世界，直達背包內堆積已久的情緒小包袱。解開它，並將它再次融入生命裡，成為我們的一部分。

練習 9

保留空間

這個練習需要一位同伴一起參與。

1. 兩個人平行、面對面坐著。
2. 決定好誰要先當提供空間的人，另一位則當那個被提供空間的人。
3. 閉上眼睛，或是將目光注視地板。給自己一點時間，全神貫注進入練習的情境裡。仔細專注在身體以及呼吸的狀態。
4. 現在睜開雙眼。如果兩人覺得都沒問題，注視對方的眼睛，或是將目光注視在地板。
5. 如果你這次是扮演提供空間的人，試著為同伴建立起一個空間。這個動作和你的意念相連結，所以必須在內心提供這樣的氛圍。如果不知道自己是不是做對了，先試著假裝你做得很正確。
6. 如果你這次是扮演接受空間的人，試著有意識地去感受這個空間。這個空間感覺起來如何？你想要，或是你能放心地踏入這個空間嗎？在這個空間裡你感覺如何？如果你覺得和對方的意志是一致的，試著在這個空間放輕鬆。

7. 過一段時間之後，小心翼翼鬆手放開空間提供者，兩人各自回到自己的空間。
8. 接下來互換角色，重複步驟三到步驟七。
9. 練習結束之後，請互相交流彼此對練習的感想。

第8章

內心的導火線

按照標記好的地圖來趟散步，或是自在的森林漫遊，這種悠閒景致，大概是走在處理情緒的這條路上，最不可能看到的風景——就算你不是那個得處理情緒的可憐人，而是提供溫暖空間的好人，你都不可能這麼輕鬆悠閒。到目前為止我們談的，都只是這趟旅程的開端而已。這趟旅程比較像是桌上遊戲「磁石魔法迷宮」，所有角色剛開始都置身於迷宮花園裡，花園的植物牆不停變換移動，身為參賽者的我們必須不停重新規劃闖關的路線。

不過幸運的是，在這座迷宮花園裡我們並非孤獨一人，而且我們手上還握著指南。這個指南叫做「內心導火線」。沿著手中的導火線，匍匐前進內心之前，我們得先認識它。這個導火線，我們的五官察覺不到，聰明的大腦也看不到。只有不幸在演化過程中已經退化的「感覺能力」能發現。為了能沿著繩子摸索前進，我們必須重新找回這項遺失的能力。

什麼是感覺？

這個問題聽起來很奇怪。感覺是人類最基礎的認知能力之一，我這麼問就好像在問什麼是視覺一樣。不過很可惜的是重新提出這個問題有其必要性。因為感覺這項能力在當今的社會裡，已經成為一項逐漸荒廢的功能。我們的社會不注重這項能力的程度，以至於許多人的感覺功能幾乎退化成原始人。

如同視障者開始學習使用聽力來代替視力、聽障者開始學習使用眼睛來代替聽覺一樣，要重新拾回這項技能，就要從最先囤積灰塵的地方，也就是大腦開始著手。必須一直練習到，一旦我們的大腦以為自己感覺到了什麼，但其實它只是聯想到了什麼，那就算成功了。或是一個人能在他感覺到什麼的同時，同步在大腦裡想到，他覺得應該要有的感覺。不過實際上，即便達到這個地步，也還稱不上感覺。就像能讀脣語和有聽覺能力，基本上是兩碼子事。

那到底什麼是感覺？確切的意思是一個人能立刻在情感的層面上感受剛剛接收到的訊息，不需要通過理智這一關。感覺的真諦就是捨棄所有介於接收與感知之間的過濾器，允許我們直接去接觸自己的情感。還記得前面的堆肥故事，還有蛇媽媽產的那堆蛇寶寶嗎？當下我立刻理解，廚餘需要氧氣才能轉變成腐植層，而且氧氣必須能穿透堆肥的小山丘，好讓堆肥的每個部分都有微生物和菌種能生存，這些微生物顯然是氧化作用不可或缺的。

同樣的道理也適用於情緒背包，只是氧氣在這裡換成我們的意識而已。意識會隨著知覺被左右，就像堆肥的狀況一樣，如果氧氣只是徘徊在整堆廚餘的周圍，那絕對不夠。氧氣必須接觸到堆肥，並且貫穿其中，這就是感覺。在我們的身體裡，不會有任何組織器官能造成感知和被感知中間的距離。

這聽起來似乎有點令人害怕，對許多人而言，或許是一個嚴苛的要求，因為我們已經習慣與接收到的感知訊息保持距離。能擁有這項能力是很有益處的——這點在稍後的章節將會談到。但是擁有暫時將這段距離取消並且放鬆自己的能力，也相當重要。如此一來，我們的內心才能清楚接收到感覺與情緒。

為了不在感覺與情緒中迷失，不讓它們淹沒理智，我們需要一個安全、被支持的空間。這個空間提供一個良好的情境，讓意識和情緒能互相連結。在練習有意識的釋放時，這個空間由練習同伴提供。接下來更多的練習當中，我們會越來越熟練精進，最後將為自己提供一個空間，讓自己的意識進入情緒裡面。

如果上述一切聽起來都相當抽象難以理解，請不要太過擔心。這個感覺，如前面章節所提到的，不是存在於我們的理智大腦層，而是存在於情感的大腦層裡。書裡提供足夠的練習，能在你體驗時一步步的指引你。請各位停在現在的位置就好，就是當下。

歡迎進入當下

專注於當下，這件事說比做容易。所有人都習慣在理智的小船上搖擺，瞻前顧後望著過去，一下又看著未來。所幸在人生中，存在一個不變的定錨，不論思考和感覺的大浪把人拋得多高，我們總是能回歸到當下這個時刻。定錨，也就是我們的身體。這就是回歸到感覺模式的第一步練習，我們必須對自己的身體有意識。因為身體可說是一塊久被遺忘，卻能讓我們回歸當下的入門磚。

當我們開始重新去感覺身體的時候，最初只能接收到一整團的訊息，所有的感覺全都混在一起。一開始是身體接收到訊息，坐姿如何？是站著還是躺著？衣服的質料如何？皮膚摸起來感覺如何？以及手上書本的觸感如何等，接下來才會接收到其他訊息。或許一開始很難區分兩者的不同。如果你現在心情尚且愉快，那麼應該能感受到一股愉悅，剛好就和身體舒適度的感覺相吻合，搞不好這時候真的難以分辨兩者的差異。說說我現在的狀態，現在這裡是個舒適的冬日早晨，我坐在陶瓷砌成的壁爐旁，家人正在廚房裡準備早餐。我的內心感覺溫馨舒適，就如同外在環境一樣愜意。如果你現在正處於情緒被激怒的狀態，你可能正接收著和我完全不同的訊息——可能很有壓力，也可能很緊繃、很生氣，或是悲傷、痛苦、羞恥和害怕，或許很單純的就是接收到一絲絲擾人的不悅感而已。

「我什麼也感覺不到」

許多剛開始進入有意識感覺模式的人會發現，他們什麼也感覺不到。接下來的問題就是不知道自己是不是做對了，還有不知道自己到底該做何感想？我感覺不到任何東西，這是件好事對吧？我應該要感覺到什麼？這些都是典型的新手問題，身為「感覺專家」的我，時常面對學生的這些提問。回答問題之前，我們需要一個可以靈活上手的辨別方法。有時候什麼也感覺不到，是因為正好沒有發生可以讓我們感覺的事。但有時候卻是因為我們習慣性地過濾掉某些訊息。前者當然不是問題，後者問題就大了。

其實你真的要問的是：你現在感覺不到什麼，是因為正好沒發生事情，還是因為你過濾掉特定的訊息？你該如何分辨兩者的差異？針對這個問題，我將以圖像的方式回答。現在請閉上眼睛，想像你是一架飛機。

如果現在沒發生能讓你感覺到的事情，那麼你的內在感覺空間應該像是飛機四周晴空萬里的藍天一樣。這種空曠感不會讓人感到不適，它就是一個自由無礙的空間。如果情況允許，隨著你的思考，隨時可以製造一點感覺出來，這一點感覺也可以立即散去。這個自由空間漂浮著、舞動著，它是個活生生的空間，即便這個空間看起來寧靜到幾乎是靜止的狀態。

相反地，假設你現在什麼也感覺不到，是因為你刻意過濾掉訊息，這股無感完全呈現出另一種質感。請閉上眼睛，回到剛剛的畫面裡：現在飛過的不再是晴空萬里的藍天，機身下方是厚實沉重的烏雲。只要保持目光向前看，一切都很正常，上方天空晴朗、陽光普照。但是機身下方卻是深不見底的另一個領域，很快你就能摸到烏雲裡藏著什麼，恭喜你找到了通往內心情緒的導火線。

遇見老虎

整件事乍聽之下有點矛盾，雖說我們在情緒負載被觸動的時候，大多數會被自己龐大的情緒接收量給淹沒，但同時又有很多人說，當下他們什麼也無法感覺，大腦一片空白。這不只發生在怒氣狀態時，呈現麻痺反應的人們身上，就連許多情緒相當激動的人，也有同樣經驗。深入剖析這個現象之後就會發現，這種矛盾的經驗其實是一種粗略判斷的結果，就是因為我的接收訊息太過強烈，因此試著去隔絕過濾掉這龐大的壓力訊息。接收到的這堆訊息不只強度過高，同時也令人不愉快。情緒括約肌雖然在此刻暫時失去作用，又不停被龐大的情感負載觸動力道所衝擊——不過我們的身體系統並不認為這是能讓它棄械投降的藉口。潛意識，也可能完全是下意識，故意認為會嘗試所有的可能性，全力把這股波濤洶湧的爛攤子盡快塞回情緒背包裡，然後情感括約肌就可以再度冷靜下來，掌控全局。

有意識地做出決定，讓自己在情緒狀態下接收全部的感覺，這種行為基本上完全違背人類幾百年來在文明進程中所受到的訓練。我的同事這樣描述她的經驗：就好像長期以來，身後一直有一隻老虎發狂地追趕你，所以你已經習慣頭也不回地向前奔跑，這時卻叫你回頭去攔截那隻老虎。當然我同事想到的畫面實在是太誇張了，不過用來描述我個人某次的經驗卻非常貼切。這的確是一個轉折相當戲劇化的情節，如果我們的全身都在吶喊著：「這不行，瘋了才會這麼做，這樣不會有好的結果，拜託你千萬不要這麼做！」這是可以理解的。感覺這件事就是指當我們在情緒被觸動的狀態下，還繼續勇敢走進情感裡，走進那個讓你最不舒適的區域，那個原先一點也不想要碰觸的地方。換句話說，就是要待在那個長久以來被你過濾掉、故意視而不見的地方，並且專心面對它。不要覺得有壓力，但請帶著一點堅定的信心和果敢的決心。

沿著內心導火線能夠……

1. 找到入口
2. 連結
3. 讓道
4. 讓情緒說話
5. 允許情緒釋放

1 找到入口

為了透過感覺去執行有意識的情緒釋放，我們需要找到一個通往儲存情感的大腦層入口。聽起來很簡單，實際操作卻困難重重。過去實務治療中，許多通往情感大腦層的方式被證明能成功達到一定的效果，這裡舉幾個主要的方式提供參考。這份清單的目的不是讓你完全釋放情緒負載，而是列出輔助方法，讓大家能藉此更輕鬆地摸索如何有意識地釋放情緒。

最明顯的入口，當然就是情緒爆發當下引爆點的**精確位置**（a）。在那一瞬間，即使在身體外圍，卻能準確觸動體內情緒包袱的地方，那個讓我們做出反常行為的東西。

假設事件過後，我們給自己一點時間，在同伴全心全意地支持下做了有意識情緒釋放的練習，要重新和自己的情緒連接起來就容易許多。使用這種方式的時候，我們只要專心待在同伴提供的空間裡，面對自己的感覺就好。

不過因為我們不會永遠被激怒，也不是隨時隨地都有一個願意聚精會神的同伴可以使用，所以這裡還有第二種方法（b）能幫自己重新回想起**情緒被觸動的時刻**。藉由這個方法，我能重新回想起當時在泳池被觸動的時刻，並且呼喚出當下被觸動的記憶，從中得到直達情緒小包袱的入口。這時候閉上眼睛，盡可能仔細去重建記憶中情緒被觸動的那一刻，環境裡的每一個細節。當時的氣氛如何？現場聞起來有什麼味道、有什麼背景聲音，四周的建築物是什麼顏色？最重要的是，誰是那個情緒負載引爆者，還有當時的感覺如何？

除了透過和情緒觸動直接面對面的方法之外，我們也能回想自己所擁有的**某個困難情況**（c），嘗試找到情緒包袱的位置。需要注意的是，在勾起自己困難情況的回憶時，請務必小心謹慎，特別是你挑選的是人生少見的重大經驗。

畢竟有意識地釋放情緒，不是要比賽看誰最厲害，逼迫自己用最快的速度搶先釋放出最大量的情緒，因此你不可在這時候使勁往人生最深的夢魘裡挖。這種嘗試只會導致情緒負荷過量，不然就是讓情緒括約肌關閉得更緊密，以抵擋我們的入侵。只有小心翼翼並溫柔的一步步靠近情緒包袱時，才可能處理與消化它。

這裡有個實用的小技巧，那就是先站在外圍來觀察它。例如：我猶如旁觀者站在一旁，看著在舞臺邊緣的我、好朋友，以及我的繼母在對談，繼母正在訓斥我們是如何搞砸了整個表演。每當這幅畫面在我腦海裡重現，一陣悲傷就逐漸占據我的內心。此時的我就獲得了通往大腦情緒層面的入口，並且成功地不被情緒淹沒。一旦入口浮現了，就隨即放開這幕回憶，從這個地方開始只專注在接收到的訊息上。

另外，還可以透過現在內心即時的感覺來找入口。這裡指的是現在**當下所感受到**

的，或者是當下的情緒（d）。假若我開始去分析現在心裡的感覺，並提供一個能釋放的空間，這個情緒也會開始跟著轉變，同時它會指引出現在有什麼感覺是想要被處理的。

最後，我想提一下這個透過身體來找到入口的方法。許多人都不是直接去感受自身的情緒，而是**透過身體接收訊息**（e）來感受。例如，大家都經歷過如鯁在喉、突如其來的一時胸悶，以及莫名其妙的雙肩僵硬。透過讓身體接收訊息，提供給它們一個空間好好的去感受，如同讓情緒以另一種方式來呈現。這種方式可以說是身體接收訊息的投射影像。

2 連結

抵達情感大腦層的入口之後，也就到達了這條情緒引爆線的末端，下一步要做的就是和大腦層連結。因為我們千方百計讓自己不舒服的感覺拒絕於身體之外，一旦抵達情緒大腦層入口，我們會反射性地做出相同反應。雖然我們承認那裡的確「有個什麼疙瘩」存在，不過這不代表我們准許自己真的踏入這個入口開始感受。所謂連結不只是腦袋裡想著或者說出來：我的喉嚨緊張得說不出話來，或是我現在真的很生氣，必須透過內在有意識地去觸摸我們接收的情緒訊息，並允許接收的情緒訊息進入意識裡。內心那個主宰知覺的器官以及接收的資訊，兩者之間再也沒有隔閡，在連結的請求被允許，而我們也能感到放鬆時，開始將自己和情緒的大腦層連結起來。這麼一來，我們不但找到了情緒的引爆線，更是將這條線緊緊握在手中。

3 讓道

當今社會是一個行動主義的社會。遇到問題，我們找出解答；出現困難，我們擊敗它。至少這是當今社會崇尚的理想狀態。可惜的是這種主動攻擊的策略對情緒大腦層不管用，情緒大腦層的運作完全是另一套規則。它既不願意當一個想要被解決的問題，也不想當橫躺在路上，等著被移開的絆腳石。它比較像是一股隨時在流通的運動力，自行決定何時想要出現，又基於各種不同的原因可以突然擋在路上移不走。它有時像個上緊發條的時鐘，想要走卻發現內部齒輪被鎖死了不能動彈，指針只好停擺不動。有時它又像個鐘擺，你將它晃出去，它卻突然停留在半空中不動了。這股動力有可能再繼續運動下去，即便它現在看起來是停滯在半空中。

眼前的這幅畫面清楚顯示，不論是重新將時鐘上緊發條，或是拉起鐘擺重新甩動，都不是解決的方法。要解決這股突然停止的動力，比較可行的解答是去找出並且移開擋住內部齒輪的障礙，或是找出擋住鐘擺的東西，如此一來這股動力才能繼續遵從它原本的軌跡。也就是說，解決的方法是重新建構出能讓這股動力繼續下去的條件，而不是將精力花在加強這股動力上。

有意識地將感覺傳動下去，好讓情緒可以釋放的真正意思是：這個步驟我們該做的就是讓到一邊，別擋路。我們居然要刻意要求自己不要擋著情感的路，聽起來很違背常理。在這裡必須仔細尋找究竟是在哪一個點上面，感覺的自然運動無法順利流通，也就是說我們必須找到是哪個點被擋住了。除此之外，也必須想出如何讓自己在這個點上好好放鬆自己，或者如何將障礙物移開。至於感覺這股動力想要走什麼樣的軌道來流通，以及它想要如何傳動好讓情緒能夠釋放，我們必須信賴感覺，它會自己決定適合的軌道，它不但有足夠的智慧去決定，也能遵守自己訂立的規則來運行。與其想要去控制或是壓迫它，不如放手信賴它。換句話說，我們應該放手，勇敢地接收情緒訊息。

因此找到上面所描述的入口、建立連結之後，下一步該做的就是訓練自己站到一旁，讓內心的動力能自由流動。我們唯一的工作就是不時檢查自己是不是還和情緒大腦層連結，這個入口是不是還存在著，最後就是讓我們在這個狀態裡好好放鬆。

當然這裡的意思不是指我們允許自己完全的失控，或是做出失序行為。只因為現在的內心是狂風暴雨，就允許自己把周圍的物品亂砸一通，或是去傷害別人，人類有自制能力，這代表著我們有能力選擇一個適合的時間點、一段適當的時間長度，以及相互配合的妥善條件。在這個條件下，將身體的主導權交給這股內心澎湃的力量。身為一個成人，我們可以隨時按照任何原因，請求內心讓這股力量停止運行。

4 讓情緒說話

最自然的處理方法，就是和別人訴說自己所經歷的困難。小孩子會很自然而然的做出這樣的行為，在親密的朋友之間也很常見。這樣的行為不僅對身體有益，從理性的角度來看也具有相當程度的意義。研究指出，當我們在談論不愉快的感覺時，這股不快感的緊繃度就會下降。下一次當你感到生氣、悲傷或是恐懼的時候，不妨試試給自己一段時間，靜下心好好地去體會自己的感覺，並開始敘述它。你可以說：「我現在很生氣。」或者是：「我現在覺得害怕。」相信情緒上的緊繃程度會明顯減輕許多。

依照這個邏輯，你可以知道說出口的描述，在有意識的情緒釋放裡也占了相當重要的地位。在情緒釋放的時候，我們也需要讓情緒開口說話，這個動作比起簡單的去描述情緒有些微不同。在描述情緒時，我的角色比較像是一個第三人稱觀察者，我盡可能闡釋我的情緒。不論如何，我和它中間存在著某種程度的距離，這麼一來我和情緒之間突然又被隔開。站在這麼遠的瞭望臺上，不管再說個幾年，情緒如何又如何，都很難產生實質上的改變。

相反地，如果我試著讓情緒自己說話，以這個方式我就達到讓道的目的，並且讓情緒直接表達出所有儲存在它那裡的事情。或許可以這麼說，我等於是將我的聲音出借給我的情緒。這麼一來就意味著在這種狀態下的我，可能會說出一些完全不成句子、也毫無意義的話。畢竟出借聲音給情緒使用的我，其狀態大概就像在時間裡凝結了一樣，那部分的我搞不好有幾百年都沒有參與人類演化的過程。這樣一想，它的表現如此青澀也就不令人驚訝。如果你在練習時也是如此，那就是個相當成功的現象。如果剛開始你的表現相當蹩腳，這完全是正常的過程。畢竟我們在演化的過程中，已經將這項能力束之高閣許久。

在觀察自己練習的過程中，我注意到在某些情況下，會出現一些慣性使用的句子：「我覺得發生的那一切都很惡劣、很過分，寧願現在丟一顆炸彈去炸那間店。」當然這股想要丟炸彈的衝動，和看起來已經是個成人，行為也相當成熟的我身分不符。以現實的我來說，要說出：「最好可以讓那間店夷為平地。」非常有違我的信念。畢竟我也不會真的去實現這個衝動，而且我內心的聲音也會不停地反對我做出這種行為。不過，如果能透過這種方式，傾聽內心世界的一小部分，我就能和衝動的我建立起更深的連結。在這個基礎上，我才有辦法去接近躲在這句衝動話語背後受傷的那個我。是什麼弄痛了它？這是什麼時候發生的？

諸如此類的狀態和句子，就是我說的步驟，可能我講出來的話語毫無意義，或者語法紊亂、毫無文法正確性可言。有時候甚至要不斷重複述說同一個句子，重複好幾遍之後才能擠出整段話。我們在這個步驟所參與的，不是什麼條理分明的會談，單純就是一個內心清理淨化的過程而已。我們處在另一個驅動模式下，知道自己正投入全部的自己，並為這個模式設定一個固定的時限。這種狀態就好像在夢境裡，其發展總有自己的一套邏輯，在夢境裡的對話也和現實生活中的對話完全不同。這個模式進行的越順利，情緒面也就越能盡情地表達自己。接下來的練習十，就是針對上面所提到的理論練習，在這個練習裡能讓大家好好鑽研剛剛提過的理論。

5 允許情緒釋放

跟隨自己內心的導火線意思是：讓情緒逐步地釋放。上面提到的這些步驟，在我的描述之下像是有一定的先後順序——找到入口、產生連結、讓道、讓情緒說話。實際上演練時，這些步驟不見得會一一出現。實際練習時比較可能的狀態通常是，新手不停嘗試，找回通往情緒大腦層的入口。特別是在一開始練習的時候，這個入口大概會從手上溜掉好幾次，一步一步沿著感覺的繩索，雙手交替，向前移動好一陣子。即便這麼多的描述讓整個理論看起來似乎很清晰，但是再好的比喻還是會存在著誤解。現在，就讓我們著手練習。

練習 |10|

讓情緒說話

試試看獨自做這個練習。如果允許，也可以搭配一位能全神貫注在你身上，提供支持與同情的同伴，以及一個適當空間，有助於完全發揮練習的效果。如果兩人一組做練習，請配合操作練習九。

1. 首先，我們做一個聲音確認。在你和自己的情緒連接起來的時候（也就是你想要將聲音出借的對象），這時候試著透過嘴巴吐氣，同時試著放鬆且不要使用聲帶。聽起來會有點像是在喘息或是嘆氣的樣子，也可能兩者都不是。不要勉強自己，保持聲帶柔軟與張開。重複這個步驟幾次，直到能感覺到聲音已經完全變成情緒大腦層的發聲筒為止。

2. 接下來，放心讓語句自己成形。注意，就像剛剛練習出借聲音一樣，讓句子自己冒出聲音來。不要給現在的聲音和語句下任何評論，也不要試著去理解它們，先讓它們說完。

假設導火線習慣我們碰觸並且沿著它匍匐前進，最後的目的是要在它的尾端綁上一顆炸彈，然後點燃爆破。不過事實並不是如此，當然如果我們沿著導火線抵達情緒包袱的地方，然後允許自己的內在感覺釋放，就會得到一個情緒釋放的效果。這和第一種情況最後的爆破畫面不同，在導火線的尾端並沒有發生大爆炸。真的要描述，反而比較像是在攀爬的路上，火藥在過程中一小段一小段被釋放。也就是說，這個火藥釋放並非是最終結果，反而只是在尋找過程中伴隨發生的同步現象而已。

依照不同情緒背包的種類，就會有不同品質的情緒釋放。譬如，長年來主要累積在身體的緊繃情緒，在釋放時也會透過身體來釋放。最典型的就是此時身體會開始顫抖、不自主抽動。如同在第一部介紹過的，這是屬於夢魘和心理創傷的背包層。現今可以看到有越來越多的心理治療方式，以及研究人員致力於這塊領域。其中一位相當有名的學者就是彼得·雷文尼（Peter Levine）。彼得的研究著重在瞭解為何野外動物能在大自然殘酷的環境裡，面對赤裸裸的生命威脅卻還能存活下來，沒有任何夢魘與心理創傷。彼得將動物的這種能力歸功於因為牠們無時無刻都不受到任何阻礙的在使用情緒釋放系統。另一位享譽全球的學者大衛·波伽利（David Berceli），也以他著名的「TRE釋放壓力創傷運動療法」，努力在世界各個戰爭頻繁地區幫助創傷症候群的患者。如同波伽利所觀察的，人類處在潛伏著高度生命危險的大自然環境下會不由自主地顫抖，和孩童、動物不同的是，成人會刻意將它壓抑下來。

當我們沿著導火線向前進，並且讓情緒負載開始釋放的時候，同樣也會發生相似的生理現象：身體感受到輕微震動、不由自主地顫抖、身體肌肉無法停止抽搐等，諸如此類的情況。這些現象產生的原因就在於神經系統的慣性行為裡，人類無法透過壓抑或是刻意加強來控制這個慣性行為，我們能做的只有順其自然讓它發生。

除了身體層面的情緒負載釋放有許多不同的特徵之外，情感層面的情緒負載釋放也有很多不同的型態，這方面大家最熟悉的伴隨現象就是「眼淚」了。我刻意地稱呼眼淚為一個伴隨的現象。在這裡需要強調，情緒負載釋放時重要的不是你流了多少的眼淚，也不是你能不能強迫自己擠出淚水來。有些人的伴隨現象甚至不是眼淚，而是狂笑、嘆息或是呻吟，這些都可能是情緒負載釋放的現象。有些人情緒負載釋放的時候甚至讓人看不出來，從外表來看和平常沒有兩樣。因此我們唯一應該信賴的情緒負載釋放指標，應該是在釋放過程結束之後，是否感到如釋重負，看世界的目光是否變得不同了？

如果沒有，那八成是我們在走內心花園迷宮的時候，被哪條死路糊弄過去而走入岔路了。這就是為什麼我們會在自己的情緒叢林裡迷路，有時就算手上握著最好的情感支持系統，最後還是沒有達到情感癒合的原因。由於這些岔路和死胡同在整座情緒叢林裡的數量多到數也數不清，如果一開始就遇到岔路，這並非是例外，反而是常態。

在進入岔路和死胡同的章節之前，接下來的這一章，請容我先隆重介紹有意識的情緒釋放。

第9章

實際操作有意識的情緒負載釋放

處理情緒背包時會遇到的主要衝突，到目前為止我都提過：一方面為了心理健康著想，情緒負載釋放看起來是件很值得投資的學習。另一方面，在大多數的案例裡，這個學習過程會一再挑戰人際關係的極限。挑戰的過程中，許多人撐不完全程，不是某天兩人突然再也不相往來，不然就是從此伴侶關係停滯在一片祥和的假象裡不再前進。雖然這麼一來，不會再有情緒負載被引爆，不過兩人之間也沒剩下多少感情了。

實際操作有意識的情緒負載釋放，就是為瞭解決情緒負載釋放帶來的矛盾與衝突。在這個實際操作中，我們將學會如何創造一個適當的空間，讓過往情緒遺毒能在空間裡被理解、被消化處理，最後被釋放與療癒。這個練習也適合伴侶關係中的兩人一起參與，藉此共築一個相互扶持成長的空間。在這個空間裡，雙方的過往情緒遺毒不再成為彼此的壓力，而是成為豐富彼此的養分。沒有伴侶的練習者，也可以找一個學習情緒釋放的同伴練習。兩種選擇都各有其好處和壞處，這點稍後就會提到。在極特殊的情況下，假設你真的找不到志同道合的夥伴，那也可以獨自操作情緒負載釋放的練習，不過要將這個練習的效用發揮到最完整，還是兩人一組練習最好。

前幾章節已經詳細解釋，情緒負載釋放需要兩個基本條件才能產生：同情心以及準備好去感覺。這兩項條件就如同情緒負載釋放在我們內心的x、y座標軸。在這個章節裡要深入討論的，就像是能套用在座標軸上的次元方程式，可以有各式各樣不管幾次元的方程式。當感受到身邊親近的朋友需要幫助，當下立即決定要拋開手上的事情去關心他時，這個時候就是最簡單也最自然的模式。當一方準備好要感受另一方的痛苦時，這個心靈上的創傷就能好好的被處理。這種模式可以簡單地描述：兩人一組，一位準備好提供同情心，好讓另一位可以完全感受自己的感覺。這時候就會產生一個消化處理作用，這是自己獨自一人無法產生的。

不過很可惜，如今在社會裡已經很少會自然發生互相提供情感支持空間的機會。距離上一次你的過往情緒遺毒

有意識的情緒負載釋放產生的必要條件
1. 同情心
2. 準備好去感覺

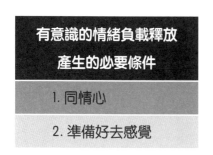

又冒出來搗亂，因此和別人出現親密的情感交流的時刻，是多久以前呢？在現今社會中，人與人之間的同情心嚴重欠缺，因此情緒負載釋放絕對不該只是你我作為興趣偶一為之的練習，應該要持之以恆，想辦法讓這個練習的效用真正實現。

本章節將探討情緒負載釋放的實際練習，如何帶給社會相當大的助益。這裡需要兩人一組，或是多人一組，互相給予對方能練習去完全感覺自己的時間。透過事先規劃好的時間長度、分配好的角色，和幾個簡單規則，參與練習的各位能建構一個完善安全的空間，讓彼此在這個空間裡鬆開情緒括約肌。接下來將仔細介紹這個空間建構的幾項基本規定。

現在有為數不少的心靈座談會，多多少少有意無意的藉由情緒負載釋放來運作。這裡所介紹的基本規定和架構，是參考美國共同諮商組織（Co-Counseling）以及我本身的心理治療研究著作《因為存在而療癒》（暫譯）統整而來。一般人在日常生活中也能輕易練習，這套架構符合我們需求的簡易操作性，規模也可以因應環境，並且隨時停止後再從原地繼續下去。從這個練習所得到的能力，都會再回來影響這個空間架構的原本設定。多次練習且熟悉之後，就能發現它的效用逐漸發揮，並且開始改變我們日常生活中的對話方式，以及和其他人的關係。

1 確定角色

練習有意識的情緒負載釋放時，通常需要兩人一組進行，其中一個人的任務是提供同情心，另一個人的任務是藉由這個機會好好感受自己的感覺。透過事先分配好角色，讓彼此更快、更完全融入自己該扮演的功能角色中。如果參與練習的是兩人以上的團體，那麼一個人扮演接受同情心和安慰的角色，團體裡的其他人扮演給予同情心和關懷的角色。參與者在這個實際操作的階段所投入的情緒越多，最後所產生的情緒癒合經驗也就越完整。在這裡先以兩人為一組的練習當作範例。

扮演傾聽者的同伴請將自己目前煩惱的問題放到一邊，專心提供一個具有同情心的空間，讓另一方能在這個空間裡放鬆地去感覺自己。參與練習的另一方，試著在自己的空間裡專心嘗試釋

練習有意識的情緒負載釋放的基本原則
1. 確定角色
2. 時間範圍確定
3. 特別的祕密
4. 一個不受打擾的空間

放情緒負載。

這個時候不要想太多，不用擔心另一方是否想說些什麼，也不用揣測他正在釋放自己的哪一段情感負載，這就是練習有意識的情緒負載釋放的首要條件。我們要十分專注，找到通往情緒包袱的確切道路。清楚的角色分配將有助於加快過程。

情緒負載釋放的練習，和其他常見的心理治療不一樣的地方在於，這個練習裡的角色會不停互換。在約定好的練習時間結束之後，剛剛處理完情緒小包袱的那位參與者，便可以結束自己的部分，轉為剩下的參與者提供充滿同情心的空間。這個練習讓大家最驚訝的地方，也是這個練習最有價值的地方，就是我們會發現彼此都具備這種快速轉換角色的能力。人類就是能在這一秒鐘單純提供他人一個支持與關愛的空間，下一秒鐘又立刻回頭整理自己雜亂無章的情緒。

2 時間範圍確定

為了將練習情緒負載釋放的模式與一般的日常對話區隔開來，我們需要給這個練習設定一個時間範圍。時間範圍的長短，端看自己需要的情況，以及想要達到的目的而定，例如：大家都同意這次的練習每個人五分鐘或十分鐘，時間到就換角色。這個規則的好處在於負責提供同情心，並建造空間的練習者，能全神貫注在建構同情心的空間上。許多參與練習的學生都表示，這條規定可以有效提升專注在當下的能力。

對於輪到釋放情緒負載的練習者，這條規則也能幫助他專心使用別人提供的空間和同情心。透過這項規則，練習者不只能學習如何適時鬆開情緒括約肌，另一方面也能練習適時收起情緒括約肌。一開始許多新手練習者會面臨到這種窘境，要定位出自己的情緒括約肌在哪裡就已經花了不少時間，更別說還要想辦法去鬆開它。等到好不容易鬆開它，正要開始準備全力釋放情緒負載的時候，時間就到了。

想要一探背包最深處的誘惑是非常強大的，不過就像之前提到，這個操作的目的不在於刻意快速挖出大量的情緒負載。其宗旨在於幫助我們發展一個成熟且能隨意志掌控的發洩管道，並成熟地處理過往情緒遺毒。透過固定的時間限制，把或許剛消化到一半的情緒包袱再重新塞回背包裡。在操作練習時，我們下意識的去訓練自己的情緒收放能力，直到下次再遇上有人提供合適的釋放空間時，便能隨時將這個小包袱從背包提出來。這種情緒模式的轉換練習對我們很重要，就如同為了情緒釋放特意建造的合適空間，對結果有相當大的幫助。

透過幾次練習之後，我們能逐漸學會去辨別對應多久的時間限制，適合我們打開哪一種尺寸的情緒包袱。你會直覺知道什麼樣的小包袱能在十分鐘之內被釋放完畢，透過這個方式能培養對過往情緒遺毒的互助信任感。透過這個練習也認知到，當我們需要同情心的幫助時，可以藉由主動詢問及互相幫忙獲得。另一方面，自己本身也擁有充沛的同情心能量，能隨時幫助別人。

當你擁有足夠的練習經驗之後，體內已經建立特定的情緒釋放規律，甚至不再需要刻意限制釋放時間。我們能和練習者協議好一個大約的練習時間長度，自己估算需要多少時間。在開始前將想要解開的情緒包袱從背包預先召喚出來，接下來就能放心讓這個釋放流程，按照規律的步調自然運作到結束。要達到能自由預測練習時間的程度，當然需要多次練習。但這種自己預測時間的好處，就是可以讓釋放程序完全走完流程，不會再被切割到下一次。當然這麼練習的前提條件是練習者必須要有相當敏感的時間觀念，知道自己該選擇哪個情緒包袱才能符合時間。

更重要的是，練習者要對內心的情緒花園迷宮有一定的熟悉程度，能確信自己不會在找尋包袱的過程中走丟。說這麼多的意思，就是這種高危險表演無經驗者請勿貿然嘗試。

3 特別的祕密

祕密來自於信任。祕密的意思是指我有一件相當隱私的事情，這件事情我永遠不會告訴任何人。這裡的特別祕密原則就是任何練習者與我們一起練習情緒負載釋放時所釋放出的事件，都不該向其他人提起。不僅如此，在練習完畢之後，我們也不應該和同伴再提起練習中所發生的事情。這份互相信任的祕密能提供給所有練習者一份安全感，讓大家能在練習情緒負載釋放時，更放心地說出內心想說的話。如此一來我們才能夠一心無罣礙地表達任何內心浮現的感覺。不需要顧慮別的同伴會對我們的行為有什麼評價，或是別的參與者會對這些行為和話語做出什麼評論。

這條規定對於整個情緒負載釋放的練習相當重要。我們忙著找尋情緒的導火線，沿著這條線逐步找到正確的情緒包袱。在這條摸索的路上，會和許多自己當初遺留下的同情心重新連接。就是這份同情心給我們戴上有色的眼鏡，讓我們對當時情緒事件中特定的人，或是特定情況產生特別的看法——特別到理性的靜下心來看，會對他們產生大相徑庭的看法。當時所產生的看法隨著時間流逝，可能現在看起來會覺得非常不成熟、武斷、偏激、報復性，以及有失公平。

舉例來說，母親因為自己的小孩無意觸發她某一個情緒負載，然後這位母親在練習情緒負載釋放時，可能會一併回想起自己當下對小孩的厭惡感，與想傷害小孩的感覺，但其實這個針對小孩的附加看法，完全是來自於這位母親童年的創傷。如果此類的情緒訊息之後也能得到適當的情感支持空間，意思是指一個像現在這種練習所建立起的安全空間，能夠好好地釋放，那麼這位母親就會很快改變看法，她所背負與此相對應的情緒負載也會被釋放乾淨。但是如果今天有個多事的人，在大家練習完後走向那位母親，告訴這位母親她剛剛在練習中罵自己的小孩根本是怪獸，這種行為只會將這位母親又推回原點，把她重新送回剛剛好不容易才釋放完的情緒深淵。

當然有一些相當特殊的情況，在某些情況下，可能你認為有必要破例一次，這時候可以先請求對方的同意。例如詢問：「我想跟你談一下關於你剛剛在釋放情緒負載時說的話。你願意嗎？」只有在對方准許的前提之下，我們才能再次提起。除了上述的情況之外，我們都應該保護這個安全釋放空間所擁有的祕密——就算你感到在這種情況下為他人保密是非常困難的。

特別是在一開始練習時，那股想要對釋放者說出自己想法的強烈欲望會擠壓著我們。我們受制於生理機制太多，根據生理機制，如果專心聽別人說話，就是為了要回答問題，這個生理機制在練習的開頭一定火力全開。直到我們真的瞭解，有意識的情緒負載釋放是如何發揮作用之後——雖然可能要經過一段為期不短的時間、外加持之以恆的練習才會逐漸掌握，他人的回答通常只會給當事人帶來反效果，阻止當事人摸索出最適合的答案。

乍看之下要去習慣這份特別的祕密似乎很困難，尤其當練習同伴是相當熟稔的朋友時。和這位朋友平時也互相交換許多想法和心事，那麼在練習之後，要怎麼分清楚哪些是在她練習時說過的，哪些不是呢？幸好在實務操作和實驗結果中已經證明這種操心是多餘的。我們在情緒負載釋放的情境下，所傳達出的訊息和我們在平日生活中所做出的溝通，有著相當大的品質差距。這個巨大的差距足以讓我們的大腦在一瞬間就辨別出兩者的不同，自動做出篩選。當然所有情況的前提條件都是：我們的情緒負載釋放練習是在一個清楚規定框架的空間下進行，有明確制訂的開頭，以及清楚的結尾。

4 一個不受打擾的空間

到目前為止，我們已經仔細將情緒負載的釋放，用實務練習的角度瞭解清楚，慢慢的在腦海裡對這個練習的基本流程也有了清晰的輪廓。兩人一組，或者是多人一組，花一點時間給對方，十分鐘、半小時或者更長的時間也可以，大家共同的目的就是情緒遺毒釋放的時候，提供彼此互助與支持。首先，先協調好一開始的角色，一個人扮演支持空間的提供者，他必須專心傾聽，並給予真誠的同情心，另一位則全心全意將注意力放在自己的內心，並且開始去摸索自己的情緒背包。到目前為止，都操作得相當順利，至少在理論上很順利。不過實務上看起來如何？當練習同伴正往自己的情感負載包袱裡挖掘的時候，我該怎麼提供我的同情心？難道不需要受過專門訓練的心理諮商師或是治療師，才能分辨到底何時該做出什麼反應？

這些問題的相似度很高，足以看出我們對自己與生俱來的基本求生能力有多麼生疏。在練習給予同情心時，最重要的兩個元素就是我們傾聽的能力以及專注力，和其所外顯出來的態度，這就是我們提供的同情心。或許一開始這個看法聽起來可能很不舒服。一個人能贈與另一個人最大的禮物，就是一個寧靜的空間，讓另一個人在這個空間能自在地感受到自己，並處理其內心。這裡的寧靜不是那種緊繃壓迫的死寂，而是一種令人放鬆的寧靜感，這份寧靜溫和的氣氛，能提供另一個人寬廣的自由空間，又不至於空曠到讓他孤單。

我們平時習以為常的反應模式——給予建議、安撫、振奮鼓勵或是憐憫，這些反應很可惜都是無效的。這些我們習慣的反應模式，只會打斷同伴正試圖練習情緒負載釋放時，想盡力完成的自我內心分析與程序整理。換句話說，當我們在情緒負載釋放練習時，是扮演傾聽者的角色，應該放棄自己想說話的衝動。我們「唯一」應該做的就是傾聽。完完全全透過專注力以及其所彰顯出來的態度，來傳達同情心。

多數人在第一次嘗試時或許還很不習慣，想要在談話中急切的盼望對方回應。在平時的對話模式，我們會期待這些反應是完全正常的，而且也有為什麼會這麼期待的道理。

練習 |11|

有意識的情緒負載釋放的簡明步驟

1. 為這個練習安排一個不受到干擾的空間，並請兩人挪出二十分鐘的時間。如果想將時間限制拉長為一個小時也無妨。如果兩人已經對此練習相當熟稔，十分鐘的時間限制亦足夠走完釋放的流程。

2. 達成共識。雙方在這個練習環境下所傾訴的任何事情，都將祕密保存：不但不可將練習時陳述的任何事件告訴第三人，更不可在練習過後再次向對方提起。如有特殊需求需要再提起雙方練習分享的事件，在開口談論前務必先取得對方的同意。請尊重對方有拒絕的權利。

3. 兩人平分約定好的時間。假設約定好的時間限制是二十分鐘，則每人分得十分鐘。以此類推。

4. 分配角色。協議好雙方誰先扮演傾聽者的角色，另一方則扮演情緒負載釋放的角色。

5. 傾聽者應專心提供給另一人可以產生共鳴的支持空間。這個空間最佳的建構方式，就是透過專注的傾聽——不做評論、不點頭表示確定、也不要提出任何問題。一開始彼此可能覺得生疏，但透過這種支持方式，能讓釋放者專心在自己的感覺接收端上，而不是一味忙著回應你的提問，或是分心在想你聽了有什麼感覺，抑或分心去回想他自己說了些什麼。

6. 釋放者應專心在自己當下的感覺，試著讓內心敘述它都經歷了些什麼、你正在處理的感覺是什麼、令你憤怒的是什麼事情。給自己一點時間慢慢來。由於雙方約定了時間，你大可以放心將感受的程序暫時停止下來，讓自己下次再繼續更深入地傾聽並接收。這個過程中請跟隨著自己的內心感覺，即便它得追朔到很久以前。請不要再分心去思考、分析、提出假設，或者是論述自己觀點等這類行為上，專注在自己的感覺與情緒就好。

7. 情緒負載釋放完全是一個內心的問題。早晚大家會發現這是個可以熟能生巧的技能。釋放有許多形式：你可以哭泣、傻笑、顫抖、呻吟或是嘆息。一開始有些人可能會高聲大吼，不過遲早會放棄並選擇使用其他的釋放方式，畢竟人在憤怒之中是不可能和其他情緒達到和解的。只要我們提供情緒負載釋放一個合適的空間，跟隨自己的感覺，釋放的過程就會自然的發生。

8. 時間到，請互換角色。感謝雙方參與者的努力。

在練習有意識的情緒負載釋放時，須將全副心力都放在自己的內心。所以重點並不是傳遞給別人資訊，因此別人如何看待我們內心說的話就不重要。當練習同伴努力提供一個充滿同情心的支持環境，並全心傾聽、也不輕易地妄加評論時，這個空間中的我們完全只能依靠自己。感受到這種似乎被拋棄的憤怒時，請一定要堅持下去，因為初期這種不愉快，很快會進入同伴所提供的保護空間裡。在這裡會感受同伴給予的同情心，逐漸平靜下來，並開始著手分析自己的內心。這正是最適合釋放情緒負載的空間，我們能在這裡小心翼翼找尋內心的感覺軌跡，藉此摸索到過往情緒遺毒的確切位置。

最後，為了確保這個練習的空間對傾聽者也同樣受到保護，釋放者不應該在共同的空間中做出任何有關於傾聽者的情緒負載釋放。畢竟，這個練習的重點不是要告訴別人資訊，而是學習如何處理自己的內心。另外，在限制的練習條件下，無法為自己辨別或是做任何的評論，聽起來都是一件相當不公平的行為。情緒負載釋放的空間並不是為了這種目的而規劃的。本書第三部的章節裡，會提到必須這樣進行的對話模式。

選擇練習同伴

如果你正在考慮該選擇和誰一起做情緒負載釋放的練習，你可能會優先考慮身邊親密的朋友或家人。例如：另一半或是閨蜜。乍聽之下這種選擇挺有道理的：彼此已經認識、雙方有一定的信任、兩人經常碰面。條件這麼齊全，看來不一起練習情緒負載釋放有點說不過去。事實上，也有許多親密朋友和伴侶互相搭檔練習成功的案例。以我自己為例，我老公就是我練習情緒負載釋放最重要的伴侶之一，反之，我對他而言也是。我們之間的關係也因此具有一種別人無法達到的深度與親密度，以及一定程度的纖細敏感度，這樣的伴侶關係一直都是我所渴望擁有，卻又遍尋不著的。透過規律的釋放練習，我們習慣了不戴任何防備面具，也赤裸真誠地將自己創傷最深的地方，公開攤平在彼此眼前。

不過這份熟人之間的親密感，針對某些特別的伴侶而言，卻會妨礙情緒負載釋放的練習。例如：仍然處在互相指責，並且彼此激怒階段下的伴侶們，在還沒有學會為自己的情緒負載擔起責任之前，建議兩人不要做對方的練習同伴。在這種情況下，雙方在釋放空間中激起情緒化的連鎖反應風險太高，伴侶很有可能會失去理智，利用練習情緒負載釋放的空間，去強迫另一方不准回嘴，仔細聆聽自己所有的抱怨和意見，風險實在太大。這種惡性利用空間的行為，讓彼此深陷在情緒結界裡，想要藉此達到情緒癒合的機會只會越來越渺茫。

還有更糟糕的例子。假設你們的伴侶關係已經長期受到雙方恣意破壞，每次情緒負載被引爆時，就使勁地用各種武器來傷害對方。這個時候兩人若一起參與練習，結果可能會擦槍走火，讓伴侶將我們在這個空間裡所暴露出的敏感傷痛，在下次兩人爭吵爆發時，再度藉機拿來攻擊最脆弱的創傷處。總而言之，百害而無一利。

假設上述的情況都不是你和伴侶的相處模式，彼此不會觸發對方的情緒包袱，也都清楚自己的情緒包袱該由自己負責，那麼恭喜你們適合一起成為彼此的練習同伴。同樣的道理也適用在好朋友關係上。另外，如果兩人對於自己才是自己情緒負載該負責的人，這個認知只停留在腦海裡知道的階段，那還是不夠的。我們已經清楚說過，這個自己負責任的觀念，兩人必須都深刻地體認，即便是在兩人情緒負載被觸發的情況下，也能保持清楚的觀念。我不得不說，能達到這樣程度的人，目前真的很少見。

除了上述幾個顯而易見的同伴選擇之外，想要和固定的親密同伴一起練習情緒負載釋放，其實還有另一個選項：公開尋找一個全新的人來當作練習同伴。我們和這個同伴的唯一關係就是，兩人搭檔練習情緒負載釋放而已，除此之外別無其他關係。

雖然不可置信，但這個組合模式的確有幾個不容爭議的優點。首先，對方之於我們就像是一張完全空白的紙一樣，基於此點，他們的支持空間自然是相當中立的空間。在這個空間裡，有的時候甚至比在熟人所提供的空間裡，更容易讓我們敞開心胸。這時候，對方會如何看待我們變得不重要，我們更不可能會在練習時分心，刻意讓對方留下良好印象，或者是刻意塑造自己的形象——這種欲望，都會減低情緒負載釋放練習的效用。除此之外，相較於和熟人一起練習會引發的連鎖情緒反應，以及捲入兩人之間情緒的可能性，在和新的同伴練習時，這種風險就直接降為零了。

無論如何，不論是在我的研討會上結交的朋友，或者是透過我的線上研討課程認識而來，這些同伴都很有可能會在你往後幾十年的人生裡，成為你個人發展上重要的支持。這世界上甚至有些諮商聚會，例如美國共同諮商聚會，該聚會的基本規則就是，一起練習情緒負載釋放的同伴，必須在現實生活中沒有任何關係，兩人的關係只能單純是為了這個練習而存在。

與親密的伴侶共同練習釋放	
基礎	注意
1. 兩人已有一定的互信基礎	1. 不適用於會經常觸發我們情緒負載的伴侶
2. 伴侶關係更加深入與緊密	2. 潛在引發情緒連鎖反應的高風險
3. 兩人原本就會固定見面	

我對任何的教條都沒有什麼好感，不過這兩個規則我倒是獲益良多。這也是為什麼要在此將這兩個對比一前一後地書寫出來。不過最重要的規則，不論我們選擇的練習同伴是男朋友、女朋友，抑或是全然陌生的人。要能讓彼此感到相當程度的舒適、安全以及敞開內心，都需要付出我們的信任，以及一定程度的準備。在這個基本前提之下，我們仍有可能在處理自己的過往情緒遺毒時，偶爾跑錯了流程。這個情況也是在下一章節要討論的——新手常見的死胡同。這個章節討論的情況不只和實務練習息息相關，在日常生活中的情緒壓力狀況裡也經常遇到。這個死胡同的存在，便是導致許多人無法得到情緒癒合的最主要原因。

與陌生同伴共同練習釋放

基礎	注意
1. 兩人態度中立	1. 需要另外建立信任
2. 有時更容易敞開心胸	2. 必須額外再安排兩人碰面的時間，以及聯絡的方式
3. 捲入連鎖情緒反應和其他情緒的風險微乎其微	

第10章

小心，死胡同！

如果有人聲稱情緒包袱還沒有癒合，是因為我們還沒作好足夠的準備去面對自己的情緒遺毒，如此說的人大概是在欺騙自己。不過這種做法相當常見，也很自然。人類一直以來就是這麼做的，而且也會繼續這麼欺騙自己——即使在漫長的演化過程中，我們所面對的情緒負載種類已經不再相同。最重要的問題是：我們該如何避免它，好讓自己順利抵達情緒癒合的終點？

本章節將一一列舉死胡同。這些例子最終能讓大家瞭解，為何有些人即使花費龐大的精力與時間去處理自己的情緒背包，卻仍然無法達到情緒癒合的結果。

在這些案例裡我們能觀察到，情感癒合是如何被

處理情緒時 最常見的三個死胡同
1. 故事死胡同
2. 分析死胡同
3. 絕對權力訴求死胡同

阻止——這種情形也可能會在正常的情緒負載釋放練習的環境下發生。

其中最典型的三個死胡同案例，我將它們列舉在上一頁的表格裡，接下來的篇幅會逐一詳盡地分析。在每個案例的開頭，我都會舉一個故事來幫助大家瞭解。

1 故事死胡同：說出來比較健康

我們在遭遇嚴重事故之後，會一再反覆地述說。研究調查顯示，高達百分之八十到九十五的人們遭受情緒壓迫後，會再次敘述這個經驗——幾乎是等於全部的人，而且還是各式各樣、不同背景的人。這個動作顯然是正常且自然的，還能幫助我們處理複雜的情緒經驗。二〇〇四年三月，在馬德里爆發恐怖攻擊事件之後，進行的一項研究能證實這項假設。研究人員透過問卷調查讓參加的每一個人在攻擊事件後的一週、三週，以及八週，接受研究人員檢測，觀察透過敘述自己被恐怖攻擊的經驗，在情緒受創處理上帶來什麼效用。

在恐攻一週後立刻做的第一階段檢測，顯示出那些較常提起並敘說自己死裡逃生經驗的樣本，顯得有較高的災難創傷後症狀。這些人多數時間的思考集中在恐怖經驗上——看來似乎和我們追求的研究結果相反。幾週後，同一組人在檢測中卻顯示回歸社會的適應度較好，整體的情緒狀況也有高度的舒適感、自信心、群體歸屬感，以及對周遭的高度信任感。在自我檢測的項目中，這一群人更顯示強烈的創後成長——所謂創後成長是一種在災難過後，因為劫後餘生而引發的正向人格發展。

到目前為止都很容易理解。結果看來，似乎向別人敘述我們經歷過的傷痛事件，有很大的幫助。剛開始突然升高的壓力徵狀，以及隨後緊接而來的復原徵狀都顯示，這是我們在內心進行情緒負載釋放程序的原因。小心，根據實務操作經驗，這樣的復原過程只有我們不沉浸在說故事和自己的故事中才有機會發生。由於恐怖攻擊的災難才剛發生不久，會一直沉浸在故事裡或許還算自然，此時的情緒才剛被觸發沒多久，我們所有的情緒負載都攤在外面，還沒被塞到背包裡。但是在舊的情緒負載包袱中我們也會犯相同的錯誤，誤以為故事本身就是情緒包袱，將這兩者混淆的結果，就是讓我們看起來像是透過敘述故事，來消化處理我們的情緒事件，實際上這個情緒包袱根本沒有被處理到。在這種情況下，我們只是不自覺地在原地繞圈而已。

是故事不是情緒負載

敘述自身故事當然是釋放情緒負載的大好機會，前提條件是當下和自己的情緒負載已經連結的狀況。而這正是馬德里那份研究調查中受測人士所發生的現象：經歷的恐怖情緒事件被消化，產生的情緒負載被釋放。有時甚至在創傷復原後，這些經驗還會為受創者帶來額外的成長。不過同樣的，也可能會發生我們敘述自身經歷的故事，好幾次甚至是好幾百次都無所謂，但在敘述的當下卻沒有和自己的情緒負載連接上。我們在敘述情緒事件時可能有不同的反應，你可以很冷靜、很激動，不論反應如何，可能只是心理下意識的策略，好讓自己不和情緒負載連接起來而已。我們可能只是不停切換自己看待這個事件的觀點以及想法，或是不停更動某些事發時的小細節，但卻完全和故事本身的核心沒有連接。這種徵狀發生的原因，可能是我們對感受自己情緒的一種抗拒，以及未獲得處理這個情緒負載所需要的足夠同情心。

讓我們再回到游泳池的場景：當下我有兩種走錯路的可能。第一種就是敘述引爆者的故事。我可以不斷地告訴別人，在泳池那天發生什麼事情、那位女教練長得怎樣、她當時看到我在兒童池裡時表情有多誇張、誰當時也在泳池裡、還有其中哪個老人刻意別過頭去、誰和誰交頭接耳在竊竊私語……諸如此類。整個故事聽起來一點也不有趣，而且也沒有幫忙處理我的情緒負載。提供的唯一幫助就是協助我重新找回事件當下的情緒，也就是說，幫助我去感覺而已。

傾聽時所感受的悸動是一個很好的偵測指標，能幫助我們確定現在在訴說的練習同伴，是不是已經和他的情緒大腦層連結上。如果練習時，我感到無趣或是無法專心，可能的原因就是正在訴說的練習同伴走錯路，只停留在敘述故事層面的緣故。

第二個可能走錯的道路，就是那場讓游泳池事件事發有因的原始情緒事件——我那個失敗的舞蹈表演。我也可能在發現的當下，開始無止盡地追究所有故事裡的細節和差異，回憶起當下在場圍觀人的想法和觀點，繼續不停描述下去。不過，從情緒負載處理的觀點來看，即使這些故事說得再仔細，對我一點幫助也沒有。要重新找回那個情緒引爆點，其實只需要故事中一個微小的關鍵畫面。在那個時間點產生情緒上重要的轉變——我繼母毀滅性的判決。只要我能真的感受到那個畫面產生的情緒，整個故事就可以拋諸腦後。或者以游泳池事件為例：我只需要想起那位女教練大步朝我走來的那個時間點，其餘都不需要。

一旦我們只停留在說故事的層面，我們就會留在思考、文字，甚至是想像的範圍而已。儘管這可能讓我們回想起當下的情緒內容，但要回想起那個情緒，我們需要讓到一旁，好讓我們的內心去感覺，藉由感覺我們才能瞭解這些情緒內容。堅持停留在說故事的層面是我們潛意識下故意逃避，以及避免去接觸情緒內容的一種迂迴策略。接下來介紹第二條常見的死胡同，和這一點有極高的相似性。

2 分析死胡同：理解，所為何來？

發現自己反應過度激烈時，大部分的人都會想知道為何我們會有這樣的反應。當然我也曾經問過一樣的問題，就是我躲在泳池更衣室獨自一人啜泣的時候，原本的計畫是和兒子一起度過美好的游泳時光。不過，我們可別把理解情緒負載和處理情緒負載搞混了。

我們大可窮盡一生的時間來分析自己的內心，直到最後一刻都還有抽不完的蛛絲馬跡，和錯綜複雜的關聯性——但我衷心告訴你，這對於幫助自己處理消化情緒遺毒一點用處也沒有。透過分析把情緒遺毒想個透徹，或是想要藉此把情緒遺毒想出解答都是不可能的，更不可能透過分析情緒遺毒來擺脫它。思考在這個步驟上唯一能提供的，就是將我們導到正確入口，讓有療癒效用的感覺，以及隨之而來的情緒負載釋放能夠發生。

再舉一個例子，好讓這個道理更容易被理解：假設我們的父親和老闆有個惱人的共通點，這個共通點常常會讓你抓狂。有時只要一個眼神或是一句話，就能讓血壓飆到一百八。當體認到你的老闆和父親的相似度時，在這裡會有相當的益處，這個認知能讓我們和原始的情緒事件連接起來。例如：我可以在操作有意識的情緒負載釋放時，將情感大腦層刻意切換到因為父親而發生的情緒負載，然後就和我老闆的情緒負載再也沒關係了。需要注意的是，為了要達到情緒癒合的效果，我們不應該停留在理解、認知或者是分析的狀態，而是需要將這些誘因一個一個放下，才能順利地讓自己專注在內心的感覺。

游泳池的例子要表達的，就是透過內心感覺的連接讓我找到了原始塵封的記憶。正是沿著情緒導火線一路摸索，途中許多的舊情緒畫面一幕幕的在眼前浮現，它們看起來和泳池事件都很相似。這些過去歷歷在目的畫面對我的用處，就是讓我為現在想處理的情緒挪出一個更大的情緒空間，而不是讓我離開這個感覺的大腦層，然後大聲呼喊：「太好了！我終於懂了！」理解它在這個練習裡只能算是安慰獎，甚至只能算是情緒負載處理的副作用而已。如果我們因為開心於自己理解而分散專注力，從感覺的軌道上離開，此理解在這種情況下反而算是一個阻力。這個時候的我們大概就是把理解和處理搞混了。

不得不說我們的理智每次都讓我嘖嘖稱奇，它總能為情緒負載被觸發找出各種各樣可能的理由。我們的理智不但絕頂聰明，能對被觸發的原因做出精闢入理的分析，配合錯綜複雜的關聯性，近乎精美巧妙的寫成一本書給你看，連註腳和參考書目都一應俱全。但即便是聽起來很有說服力的見解，仍然可能會猜錯。原因在於理智是一個相當神奇又有創造力的機器，它自己會幫忙補充所有的可能性。如果這臺機器狀況良好，它甚至能把現實中發生的事情一併加入分析，讓人完全找不出破綻。

再回過頭來看我的例子：我的理智就算是作夢也不會想到這個情緒負載觸發是和小時候那場舞蹈表演有關係。它會從我的生平事蹟中隨便抓出一個相關的事情，把原因推為小時候，我常被當成情緒發洩垃圾桶的緣故。這個說法太有說服力，我都快被收買了！這原因看起來比那個天外飛來一筆的舞臺劇容易理解多了！不過很可惜沒猜對。因為這個答案不是從對的身體組織問來的。只有當我摸索到那條內心的情緒導火線，然後隨著它慢慢前進，那個情緒包袱裡的事件，才會對我逐漸展開，這時我們才會識破理智所做的錯誤判斷。每當我用此法找到情緒包袱都會非常驚訝，按照正常理智的分析方法找了幾百年，也不見得能找到觸發我的真實事件。

3 絕對權力訴求死胡同：認出連續劇以及放手

雖然一路上很難不掉進說故事或是分析的詭計裡，不過幸運的是，原路返回相對容易許多——只要反覆嘗試切換回感覺模式，以及努力不要使用大腦思考。最簡單的方法就是盡可能地專注在內心、專注在我們對內心訊息的接收。或許像前面章節提到的，透過當下的身體來接收訊息。

第三個死胡同也是俗稱的連續劇，看起來就比較複雜一點。光是靠著切回感覺模式是不夠的，因為就在我們深陷死胡同時，我們的絕對權力訴求也會來參一腳，增添許多困難。和連續劇情糾纏不清的人，通常會對周圍的人有相當情緒化的印象。往好處想，在死胡同裡的人也特別容易找到那條導火線，然後和自己的感覺連接起來。

這也沒什麼好驚訝的，畢竟這些人在半個小時之內所能感受的情緒量，大概比一般人平均一年能感受到的量都還要多。在第一部的最後一章曾提到，一般我們的下意識是如何找到機會，藉著演八點檔連續劇來達到釋放情緒負載的目的。不過這種方式顯然無法達到情緒癒合的效果。雖然藉由發洩怒氣能達到暫時性的舒緩效用，但是情緒負載的核心問題，以及這齣八點檔連續劇的核心原因還是沒有被解決。倘若連續劇演得太過火爆，反而還會造成情緒背包不減反增的後遺症，在原先就被觸動的情緒包袱上，又往上疊了一個新的包袱。

為什麼下意識的情緒負載釋放不能帶來情緒癒合？

看完第二部的討論後，或許你已經發現為什麼以連續劇型態表現的這類下意識情緒釋放，大多數不能帶來情緒癒合的效果。第一個原因，也是最重要的原因，就是這中間缺乏正確的同情心支持。情緒癒合不單單只是靠拯救者的憐憫就能產生，即便你的英雄已經準備好為你將整個世界都顛倒過來。只有當我內心準備好了，以及我的情緒也準備好了，情緒癒合才可能產生。我不需要主動去壓抑情緒，也不需要主動去治癒情緒。即便一方已經準備好提供同情心來支持，並且拒絕飾演分配給他的角色，也拒絕上臺演出八點檔連續劇，情緒癒合還是可能不會產生：因為扮演受害者的那位不願意進入對方提供的空間，並且去感受同情心。可能是因為這個空間是來自於那個在八點檔劇本裡被分配要飾演壞人的角色，或者是這位受害者，期待劇本裡寫的英雄應該來拯救他，而不是來同情他。

舉一個典型的例子讓大家更容易明白：有一位太太——姑且稱呼她為史蒂芬妮，突然發現她的先生愛上了別的女人。史蒂芬妮並不在意自己受傷的感覺以及波動的情緒，轉而憤怒的上演了一齣八點檔連續劇。這個戲劇裡的角色分配是：先生是壞人，史蒂芬妮則扮演受害者。不過先生識破了這個卡普曼戲劇三角的原理，所以拒絕演這齣連續劇。他既不做任何辯解，也沒有為自己所做的行為道歉，反而是安慰，並且給予史蒂芬妮許多的同情心。

這位先生理解現在的情況對於史蒂芬妮是多麼艱難與痛苦，他全心全意敞開自己的內心，想要盡可能陪伴在史蒂芬妮的身邊，好讓史蒂芬妮可以專注處理消化自己的情緒負載。先生心裡很清楚，只有建立在情緒負載釋放的基礎上，史蒂芬妮最終才能看清楚這段關係究竟對自己有什麼意義。只有當史蒂芬妮準備好了，願意從連續劇的舞臺走下來，並且放棄她劇本裡的角色分配，這時候史蒂芬妮才可能願意走進先生準備好的同情心空間。

這不意味著史蒂芬妮所有的痛苦、憤怒、羞恥以及害怕就會因此灰飛煙滅消失無蹤。事實恰好相反。若是太太不先放棄從連續劇的舞臺上走下來，就沒有機會去面對這一切的情緒。

假設史蒂芬妮還沒有準備好，那麼情況發展就是她會去尋找一個英雄來拯救她，這時候夫妻兩人的共同友人就是最受喜愛的候選人。史蒂芬妮最期待看到的反應就是：審判壞人的罪行！最好是能立即改正現在的情況。具體來說就是，先生應該要及時清醒，也就是立刻揮劍斬斷新戀情。如果這時英雄也拒絕演出劇本分配的角色，轉而提供史蒂芬妮無限的同情心，那這位英雄大概會加速自己在這齣戲裡的命運結局，也就是每位拒絕演出英雄劇本的拯救者都會面臨到的結局：立刻成為史蒂芬妮眼裡的壞人。剩下的故事情節想必大家都可以預料到。

不過整個事件並不一定要戲劇化的發展下去。每隻伸向受害者的手，都是史蒂芬妮走出卡普曼戲劇三角的大好機會，只要受害者史蒂芬妮願意並且準備好。情緒負載釋放練習所建構出來的空間，以及在練習時必須要有的同情心支持，提供給我們的正是同樣的機會。在釋放空間裡，我們得面對自己的內心連續劇。藉著這個機會，我們可以選擇迷失在自己內心的戲劇裡，但是也可以選擇擺脫這個戲劇三角、選擇放開情緒包袱，也可以選擇加重自己的包袱。究竟能不能成功的在練習裡達到情緒負載釋放，端看我們如何處理自己在內心戲劇裡的絕對權力訴求。它不只是主宰整個戲劇的核心元素，也是我們能否走下戲劇舞臺的重要原因。不過要瞭解如何走下內心戲劇的舞臺，我們需要先仔細觀察自己的絕對權力訴求到底是如何形成的？以及它究竟有什麼樣的功能？

情緒盾牌

進行到目前為止，我曾多次提到我們的身體能自動保護我們，免於承受太過激烈的情緒負荷。其中一次是為瞭解釋情緒括約肌的功用，另一次則是為瞭解釋情緒背包的功用，它將所有過量的情緒負載都仔細收藏起來，以備日後再使用。不過直到這個章節為止，身體是如何保護我們其中一個最重要的機關，我都刻意略過不提，這個重要的機關就是與我們內心情緒遺毒形成時，一起共同產生的絕對權力訴求。

在情緒負荷超載時，這個絕對權力訴求就像心理機制反應一樣跳出來，保護我們不被刺激的情緒經驗所害。它就像一面盾牌，隔開我們、情緒事件，以及心中產生的澎湃情緒。這個保護機制的運作技巧相當簡單：絕對權力訴求會告訴我們，剛剛發生的那一切實際上都不應該發生，藉此不讓我們去經歷這個情緒事件。我們就像是電影駭客任務裡的救世主尼歐，可以將前一刻發生的任何事件，都歸類到是電腦矩陣數據裡的失誤一樣。本來就不應該發生的程式失誤，也就不需要特意去修正，不需要採取任何措施。

這個機制的唯一問題點就是：認為它不應該發生的這個邏輯假設不正確。這個失誤沒有被矯正的原因，不過是因為我們堅持己見的認為這個失誤原本就不應該發生。這意味著有一天我們還是必須面對這個失誤，不管是在現實上或是情緒上。只要一天不面對這個失誤，我們就得背著這個情緒包袱，而且不論走到哪裡，都附帶這個試圖保護我們絕對權力訴求的重量，如果我們還沒準備好要放棄手上的絕對權力訴求，就沒辦法甩開與之相屬的情緒負載。反過來說也是一樣，如果我們已經準備好拋棄這個劇本裡的絕對權力訴求，就沒道理不能將這個連在一起的情緒包袱順手甩開。在實務練習上，這兩者是連貫的動作。

想知道前面史蒂芬妮與先生兩人感情危機的最後結局嗎？讓我們快轉這齣戲劇，繼續往下看。史蒂芬妮當時並沒有找到離開連續劇舞臺的階梯，直到最後一刻她都苦守著自己的絕對權力訴求，也就是男人不該劈腿愛上另一個女人。最後兩人的感情破裂，史蒂芬妮直到今日都沒有原諒她的前夫。為什麼要原諒他？不管怎麼看，他所做的一切都是不可饒恕的錯誤。這個離婚的情緒包袱至今仍然一動也不動的完整封存在她的情緒背包裡，想必毫髮無傷地躲在絕對權力訴求後面，安安穩穩地擺放著。

許多年過去了，史蒂芬妮再次陷入感情的危機。這次或許不是自己的老公劈腿愛上別人，而是史蒂芬妮多年的女性好友，在落寞單身多年之後，還是找到了自己的粉紅愛情雲朵。簡單來說，史蒂芬妮這次的反應相當不恰當，她完完全全失控了。不久後，她接觸有意識的情緒負載釋放練習，找到一個安全不受打擾的環境，好讓自己的情緒能有釋放的空間。史蒂芬妮將她現在的情緒當作進入情緒負載的一個入門磚，沿著這條導火線一路往上攀爬，來到了她很久以前的那齣感情大戲面前，那齣她的老公不應該劈腿愛上別的女人的戲碼。老調重彈，史蒂芬妮可以日日夜夜不厭其煩地敘述這齣戲劇的全篇故事，不斷確認、刻劃這個事件發生的過程，在自怨自艾中越陷越深，而情緒的痛苦卻一點也沒有得到紓解。

答案比你想的還簡單

如果繼續不停和自己的絕對權力訴求糾纏個沒完，那就是真的深陷在八點檔連續劇的岔路裡，偏離了有意識情緒負載釋放的道路。我們可以在這條岔路上花大把大把的時間，據理力爭地說為什麼會發生這種事、哪個人或是哪件事根本就不應該發生，以及要如何更改。與此同時，我們的內心也能接收相當大量的情緒和感覺，甚至能製造出這些情緒來。思考和感覺在心中就像旋轉木馬一樣不停地切換著，情緒負載的釋放在這種情況下是怎樣也不可能發生的。

要從這場累人又讓人暈眩的無限循環裡找到出路，只有詢問我們的絕對權力訴求本尊了，但這麼做的行為就跟捅馬蜂窩沒兩樣。之前的章節裡，我曾經將主動尋找導火線，比喻為回頭攔截人生一直在逃避的老虎。質疑我們的絕對權力訴求，跟前面自投羅網去攔老虎的建議差不多。我們全身上下都強力地反對著，我們的理智會加倍工作，列舉出有力的理由證明，為什麼這種訴求絕對不是自私自利的價值觀念，而至少應該是世界共通的規則。也許在絕對權力訴求這部分，你心裡和史蒂芬妮是一個鼻孔出氣，男人就是不應該劈腿愛上另一個女人。或許你現在心裡正對我生氣，怎麼能懷疑這個普世規則？如果我說中的話，那恭喜你，在處理情緒負載包袱的練習上，你正站在一個絕佳的起跑點上。

這些反應都是我們心理的防衛機制，正在用它的盾牌不讓我們受到過量的情緒負載威脅，這都是很正常的，它只是在做它的工作而已。我們的目的不是要暴力地揭開絕對權力訴求這個虛構事實的面具，這些訴求越強大，就代表著和它們所綁在一起的情緒負載越需要我們謹慎、溫柔安靜地接近它，小心逐步地告訴它，這個訴求不是世界通行。事實上則是與它完全相反，現實中的生活可能無法苟同這個訴求。在慢慢接近包袱的路上，我們才能逐步和這個情緒負載建立起連結，當絕對權力訴求的保護盾牌被移開之後，這個情緒事件的全貌才能清晰見人。

因應需求架起連接

想放開絕對權力訴求，只有感受到藏在背後的需求時，才有可能成功。當然在每個絕對權力訴求的背後，都藏著一個想要被傾聽的需求。在史蒂芬妮的案例中，可能是信賴感的需求、或是親密感以及歸屬感的需求。不過這一切的需求都在龐大的憤怒情緒下被壓了過去。這股龐大的情緒，現在又被絕對權力訴求這塊巨型盾牌收到背後保護起來，一絲不苟地收在她的情緒背包裡。

如果史蒂芬妮能和絕對權力訴求背後的自我需求連接起來，立刻就能感受到強烈的情緒負載釋放。多年累積的苦悶會像洪水找到出口一樣狂奔流出，被壓在這股情緒下的自我需求才能一併被解放，我們找尋許久的情緒括約肌死結終於可以鬆開了。這股情緒負載釋放在質與量上，都和八點檔連續劇那種情緒釋放戲碼不同，連續劇形式的情緒釋放不停碰撞身邊周圍的人、高潮起伏不斷，劇情一碼接過一碼。但真的能帶來療癒的情緒負載釋放則不同，真實的釋放很快就能抵達釋放結束的終點。即便一開始看起來不是這麼一回事，但事實上，我們的餘生不會一直都在哭泣中度過，因為人類根本不能哭超過五小時。

如果練習時真的能專注在當下，不斷讓自己和內心的感覺連接上，努力拋棄絕對權力訴求，盡可能和其背後所隱藏的自我需求連接上線，那麼大多數的情緒負載花費五到十分鐘的時間就能處理乾淨——當然是從認真的開始釋放來計算。所有的事情都有例外，有些人生的課題就是會不斷重新回到需要被釋放的空間裡，如果你有巨大克服不了的難關時，一定會遇上這種情形。一個健康的情緒負載釋放練習，當然也包含要先將情緒負載裝入適合處理消化的罐子裡，而不是一次就要處理滿坑滿谷的眼淚。分裝處理的好處就是，我們的人生裡一直保留著一個位子給這些情緒負載。

不過這不意味著放手絕對權力訴求是一件簡單的事。要學習放開一個絕對權力訴求，其痛苦的程度就如同死亡分離一樣。以史蒂芬妮為例，她長年下來的自我意識都和這個絕對權力的信念牢牢結合在一起，她的自我意識完全建築在絕對權力的信念上。去質疑這樣一個自己堅持了多年的信念，放棄它轉而去尋找自己內心的需求，需要相當大的勇氣。從情感大腦層的作用來看，史蒂芬妮能成功放開信念只有一個方法，她需要強大安穩的情感支持空間提供足夠的同情心，待在這個安全的空間，她才可以好好去感受，並釋放陳年的情緒遺毒。單純去理解或是用言語努力去闡釋這份執著於絕對權力訴求的信念，並不會帶來任何幫助，它必須要好好的被感覺。評斷是否成功，她的情緒大腦層是唯一能被完全信賴的指標。不論她在釋放時說出來的話語是否相同，不論她內心是否強硬、糾纏或是緊張、剛強或是柔弱、容易受傷、容易感動或是容易放鬆。其中一些是史蒂芬妮藏在心中許久的絕對權力訴求，剩餘的則是她真真切切的內心需求。

練習 12

從絕對權力訴求到內心需求

這個練習能幫助你將自己的狀態，從絕對權力訴求轉換到重視自己的內心需求。建議以站立姿勢練習。如果你認為合適也舒服的話，邀請你的同伴在一個具有情感支持功能的空間裡練習。

1. 篩選出一個你現在想要處理的絕對權力訴求。
2. 請將全身的重心集中在你的一條腿上。另一條腿仍停留在地板上，但不要施予任何力量，也不要承擔任何重量。現在正支撐著你全身重量的那條腿，就代表著你的絕對權力訴求，也代表著你頑固堅持的偏見，認為全世界應該要照著你想的運轉。
3. 大聲並重複喊出你的絕對權力訴求。在做這個動作時，仔細感受這個信念是如何根深蒂固、堅定不移地盤踞在你心裡。仔細感受並抓緊這個信念能提供給你的穩定感與安全感，給自己足夠的時間去感受它。
4. 現在將注意力轉移到你的另一條腿，這條腿代表著躲藏在絕對權力訴求背後的內心需求。你的內心需求是什麼？你還能感受到它嗎？在這裡不要嘗試動腦筋。因為如果你真的感受到內心需求，或者是許多需求時，你絕對會有強烈的情感反應。

5. 伴隨著你慢慢感受並瞭解到自己的內心需求時，逐漸將身體的重心與重量轉移到第二條腿上。試著在這個步驟上將感覺與內心需求的速度保持同步。

6. 自我衡量、誠實的評斷，能將多少的身體重量轉移到第二條腿上。仔細感受這個將重量從第一條腿轉移到第二條腿的過程，並且去感受內心所浮出的需求，將這些需求轉化成字句表達出來。

第二部花費了相當多的篇幅仔細描述情緒負載釋放的實務練習，連同前面的篇幅也一起潛入情緒背包深處。這些針對內心歷程的基礎知識都非常重要，有了這些知識背景我們才能將情緒負載釋放，讓情緒癒合和現實的生活連結起來。瞭解這些背景後，現在最重要的問題就是：這些練習和理解該如何在生活中真正發揮效用呢？接下來進入本書的第三部：情緒衛生。

|第三部|

情緒衛生

在每次成功為自己的情緒背包負起責任，從中學習如何讓情緒癒合之後，這一次次的成功經驗，將會不停強化你為情緒承擔責任的能力。

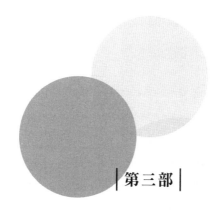

第11章

什麼是情緒衛生？

也不過是沒多久以前的事，那是個沒有規定每天起床後一定要刷牙、洗澡，每天要洗好幾次手的世界。儘管以前的人常常苦於嚴重的牙痛、無法控制的各種傳染病，當時的人們壓根兒沒想到只要自己隨手多做點什麼，就能完全控制住這些惱人疾病。

於是當某位醫生第一次嘗試透過實驗找出消毒和衛生習慣之間的因果關係，大家反而將他的實驗與動機視為瘋子的想法，並大肆嘲諷。當時其他醫生都認為這是幾近妄想的笑話，怎麼有這種人們肉眼看不見也摸不到，又無法證實的細微生物，會引起人類重大的疾病。這種勤洗手的習慣或是外科開刀工具必須消毒的流程，在當時都被懷疑為邪魔歪道的行為，像是試圖透過儀式虔誠地向惡靈膜拜一樣。

今天這些清潔習慣已然成為文化上理所當然的一部分，孩子們在幼稚園時也早就開始學習這些基本的衛生常識，但說到情緒衛生，卻完全是不同的情況。雖然說今日的我們早已不處在佛洛伊德的時代，在那個年代，他的心理疾病假說就遭遇到如同那位致力於衛生保健的先驅般譏笑嘲諷。大多數的人對「情緒衛生」這個名詞仍舊一知半解，更不用提大家如何在生活中實踐情緒衛生了。

就像是早期的人類一樣，社會與個人正承受著缺乏情緒衛生管理的苦果。這種後果表現在生活的各個方面，接下來的篇幅裡會不斷提到。身體上的某些疾病的發生，在現代醫學裡已經證明其成因完全是心理因素引起。另外，一般人比較難以察覺，但事實證明也同樣必須歸咎到心理因素的，就是四處擴散的傳染疾病。這些心理上的傳染疾病之所以如此肆無忌憚，就是因為我們的免疫系統已經被不良的衛生習慣侵蝕並削弱了。

不過這些都只是冰山一角。缺乏情緒衛生的後果在人際關係、伴侶關係，以及整體身心健康的影響更顯而易見。在人際關係上，我們的私人關係以及職場關係不僅深受其害，更備受威脅。情緒衛生的缺乏如何侵害身心，我想在此已經不需要再多加著墨。

衷心期盼有一天我們的社會能成為一個理所當然重視情緒衛生的社會，如同現今的社會重視身體衛生一般。為了達成這個夢想，首先必須對情緒衛生有清楚的理解：

什麼是情緒衛生？它如何運作？實際的行動有哪些？藉著習慣讓情緒衛生融入到日常生活中，就像每天刷牙洗臉、洗手，再自然不過的事。這一切的重心就是如何養成有意識的釋放情緒負載，這個技巧養成在第二部已有詳細解說。本書第三部，也就是最後一部分，在展望這一切對社會造成影響前，我們先仔細探究如何將這個技巧融合到日常生活中。

情緒衛生就跟身體衛生一樣，有著簡單的基本原則。相對於身體衛生主要是致力於避免任何病原體的擴散，而情緒衛生就是盡量阻止情緒連鎖反應的產生。透過不斷將情緒背包裡的情感小包袱一個一個撈出來消化處理，情緒免疫系統就得以完成阻止情緒連鎖反應的工作。

透過這種方式，一方面儲存在身體裡的經驗才得以展現它們真正的價值，如同在經歷病毒入侵後，成功康復的人體會變得更強壯一樣。另一方面我們對這個病毒從此免疫，它再也不能威脅健康，再也不會令人生痛苦萬分。

將情緒衛生落實到生活中，以下這四個基本原則是整個實務練習的重心。

情緒衛生的基本原則

1. 辨別情緒負載觸動
2. 為自己的情緒背包負起責任
3. 區分情緒負載引爆者與情緒負載釋放
4. 規律的情緒負載釋放練習

接下來將逐一解釋這四個基本原則，闡明每一項確切的意思，以及該如何將其運用在生活中。

1 辨別情緒負載觸動

為了能找到另一種處理情緒負載觸動的方式，以及釋放其所屬的情緒負載，首要的工作就是要能夠辨認，我們是什麼時候和情緒負載扯上關係的。光是第一個步驟，對許多人來說就困難重重。我怎會知道當我怒氣沖天的時候，心裡這股高漲的怒火應該分類到感覺還是情緒？還有我怎會知道在我哭到天崩地裂、痛苦萬分時，應該要把這視為健康的悲傷情緒釋放？還是歸類到過往的情緒遺毒在作祟？會有這些問題一點也不意外：因為到目前為止，這些對你而言都算是同一件事情。我們還不習慣將這些不一樣的反應區分開來，身體接收到不愉快的資訊，就一股腦兒全部丟到同一個背包裡，然後再把布蓋蓋起來，使盡全力地保持安全距離。從來就沒有人試圖牽起我們無助的手，告訴自己如何一一區分這麼多不同的資訊，更別說解釋給我們聽，為什麼這些身體接受到的資訊如此重要。

對初學者而言，這些簡單明瞭的基本規則，在一開始上手時最有幫助。我們將區分的基本原則條列如下：如果它已經變成是一個問題，那它就不是單純的感覺。按照感覺本身的特質來看，感覺基本上是個很有幫助、很實用又有建設性的東西。即便是所謂「負面的感覺」也是一樣，例如怒氣、悲傷，這個主題請容我在下一章深入介紹。單純的感覺是從發生的事件中所產生出來的，它的大小絕不會超過事件本身所需要的量。如果這個感覺大幅超過你能承載的容量，那就是你把它和情緒混在一起了，錯得更離譜的情況，是它根本完完全全就是你的情緒。

除了這個讓理智在情緒高漲時，能有所依循的基礎原則之外，在這個學習步驟中最重要的就是學會如何辨別情緒負載觸動的特徵。

你在下列情況通常都是什麼反應呢？被別人狠咬一口時、身上充滿了蝨子，覺得渾身不對勁時、一早起床撞到腳趾頭，諸事不順時、當別人踩到你的底線時，當下的你究竟是如何反應呢？還有當你內心情緒高漲不受控制時，看起來是什麼模樣？你會做出什麼行為？以及最重要的，當下感受如何？

剛開始做這個練習時，可能在事後才能分辨出自己的情緒負載是不是被觸動，或許需要幾分鐘、幾個小時，甚至一天過後才能分辨出來。這都是正常現象，請不要因此而感到沮喪。重要的是，你終於有能力辨認出它了，恭喜你！只要繼續練習，就會一次比一次更容易的提早察覺它，直到有一天你終於達到這個境界，能夠在情緒負載被觸動的當下，立刻就感覺到情緒負載正在被外力觸動。可能像是當頭棒喝般靈光乍現，也可能只是輕輕一抹地心領神會。或許一時半刻之間，還無法立刻改變你的反應。不過只要能在情緒負載觸動發生的那一刻，立刻感覺自己已深陷的情況，就已經算是成功邁出第一步。有了這個成功的第一步，我們才有機會試著用不同的方式來釋放以及消化它。

本書的練習二讓大家有機會在自己獨處的情況下反覆練習，回想自己情緒失控時的樣子並立即辨別出來。接下來的練習十三就是練習二的延伸，為了讓這個練習達到最佳效果，建議大家找同伴一起進行。

練習 |13|

被觸動的自我樣貌

透過刻意模擬自己在情緒負載被觸動之下的反應，能幫助我們在真正的情緒負載觸動情況下更快速地辨認出來。這麼一來，我們內心就能及時與自己的情緒保持安全距離。

這是個相當有趣的練習。進行這個練習時，請找一位同伴作為情緒負載觸動的目擊證人。如果此時身邊沒有適合的練習同伴，那麼可以在自己面前擺上一面鏡子（當然這需要一點勇氣），或是拿出手機，把練習過程錄下來。

1. 如同進行練習二時，挪出一點時間，盡力讓你的身體回想起任何情緒負載被觸動的時刻。現在，你感覺如何？
2. 允許你的身體再次按照內心情緒負載被觸動的狀態，擺出你認為最符合內心狀態應該有的姿勢。它可以僅僅是一個手勢，也可以是一個身體動作，都無關緊要。重要的是，這個姿勢是和你的內在感覺相吻合的。請給自己一點時間去摸索與揣摩。

3. 現在將手勢和姿勢轉換成行動。先從動作和說話開始，試著複製出你在情緒負載被觸動的情況下會說出的話和做出的行為，以誇張的方式表現出來。這個步驟，你大約需要花三到五分鐘的時間練習。

4. 請練習同伴在一旁靜靜地看著你，並且繼續提供有情感支持的空間，在這個空間中當作你的練習證人，練習完畢後與同伴互換角色。

進階練習：在最後一個步驟角色交換前，加入這個進階練習。在呈現完全情緒負載被觸動之下，會有的行為和言語後，請你的同伴模仿你。

一個良好的情緒負載處理習慣，除了包括我們該如何應對自己的情緒失控，也包括了學會辨認周遭朋友的情緒失控狀態。針對此點，我給周遭朋友的情緒失控狀態取了一個特別的名詞方便區分，就稱它為「低音音調」。因為它就像是那些恐怖背景的旋律，混合低音音調的旋律裡有著戲劇般的張力，低沉的聲響直接鑽進我們的五臟六腑，將我們的情緒負載小心翼翼、有如撒調味料般，一點一滴地摻入對話。在對話中，它就像是一股無形的壓力和重力，你能明顯感覺到它，也能感受到它不經意地纏繞在對話的聲調與字句裡，有時候甚至在和對方的一舉一動與眼神中都能察覺它。注意觀察這些徵狀和訊號，有助於我們應對與處理周遭朋友的情緒。這麼一來，就不會輕易將別人的評論當作是針對自己的人身攻擊，當然也就比較不容易和朋友之間上演八點檔連續劇，最後引發連鎖情緒反應的結局。

練習
|14|

辨認他人的情緒負載觸動

拿一張紙列出清單，寫下五個最常和你在一起的人。回想清單上每一個人的情緒狀況，重點式條列寫下你是否有注意到他/她的情緒負載如何被觸動。可以參考本書第二章裡描寫的「情緒負載觸動徵狀」。不要忘記，有些人情緒負載觸動時的特徵可能並不外顯。也要注意每個人都可以擁有多個不同種類的情緒負載觸動狀態，端看今天引爆的是哪個情緒負載包袱，決定了哪種觸動狀態。

2 為自己的情緒背包負起責任

一般來說，從理論進入到實踐的過程，實際操作起來要困難許多。這種說法套用在現在要理解的第二個實踐練習重心，可說是非常適合。理論聽起來輕鬆簡單，看起來也相當合理：當然啊！這是我的情緒背包，理所當然要為它負責，哪有什麼問題？但是當我們在情緒負載觸動的煉獄裡汗流浹背奮鬥時，多數人往往恨不得寧願死了還比較痛快一點，也不願意再負起這個痛苦的責任。許多人就像著了魔一樣，迫切將自己的責任推給別人，隨便一個人、就算是只有一次也好，就把這個責任全怪罪在那個引爆我們情緒的人頭上吧！

從正面的觀點來看，第二個實踐練習在操作一次過後，你將會發現為自己的包袱負起責任會一次比一次更容易。第一次練習時或許會感覺像在橫渡北極圈一樣，第二次練習大概就會像是挑戰走進冰凍的河川，然後徒步涉水穿越它。也就是說：你需要有一點自制力，雖然不太舒服，不過它和穿越北極圈相比已經輕鬆多了。直到有一天，或許快的連你都還沒反應過來之前，你已經覺得為自己的包袱擔起責任是一件天經地義、責無旁貸的事情，轉眼之間成為你現實生活中的一部分。

為了到達那一天，這中間有段不小的路途需要跋涉，讓我們逐步前進。在每次成功為自己的情緒背包負起責任，從中學習到如何讓情緒癒合之後，這一次次的成功經驗將會不停強化你為情緒承擔責任的能力。你將會發現，自己正踏在正確處理情緒的道路上。不是因為承認了這個情緒背包是你曾犯下的過錯，而是因為你學會了如何讓情緒背包裡的負載慢慢釋放。

用更簡單的方式重新將上面的觀念統整起來：我不知道你的人生裡究竟發生了什麼事。很有可能的情況，就是你和我一樣，曾經經歷過一些對你不太友善的人。也許你經歷過的事情還更加嚴重。我知道，我也不會刻意去美化這些經歷。可能甚至是發生了什麼非常嚴重的事情，這件事已經轉變成情緒負載，現在正藏在你的情緒背包裡，等著你來消化處理。如同本書開頭不斷強調的事情——為自己的情緒背包負起責任，並不代表這個包袱的存在，以及過去發生的事情都是你的過錯。我的繼母熱衷在我的傷口上灑鹽，這當然不是我的錯。我的父親在我八歲時到巴西自我放逐三個月，期間音訊全無，這當然也不是我的錯。

但是這些傷痕所留下的情緒包袱，全部都是我自己該承擔的責任。因為它們是我的包袱，是我個人未處理與消化的人生經驗。它們是上天送給我的專屬人生禮物，這些禮物等著我一個一個去打開。一想到這裡，它們和我的繼母與父親就再也沒有任何關聯了。我也不需要這兩位來幫我解開這些情緒背包，我的人生已經沒有需要再和他們講清楚說明白的。

當那段與包袱相關聯的人際關係還存在時，打開情緒背包的當下，的確可能會有想要再和相關的人解釋什麼的衝動。不過究竟想解釋的是什麼，只有在我們澈底消化完過往的情緒遺毒之後，才能真相大白。消化完畢後，體內能量又重新有足夠的空間可以舒展，這時候的我們才適合再踏入原本的關係裡，也才能心平氣和的告訴對方，當時自己需要的是什麼？是不是該原諒彼此，將過往的不愉快一筆勾消？

3 區分情緒負載引爆者與情緒負載釋放

這裡要特別強調，所謂區分引爆者和負載釋放，是指不要把情緒負載發洩在引爆者的身上。以我為例，我不應該將情緒包袱之一的繼母事件，發洩在那位無辜的有氧女教練身上，我不會厲聲告訴她我有不同的意見，我也不會去向她的主管加油添醋地大肆投訴一番。為了避免情緒連鎖反應的爆發，將兩者區別是很重要的。我能理解這樣的要求一開始很不符合大家的習慣。沒錯，大多數的人在情緒負載被觸動時，都堅持一定要和那位引爆他們情緒負載的人說個清楚才行。

但問題是這樣的：只要我們還在情緒負載被觸動的情況下，那麼唯一能解釋的就是我們的情緒背包。雖然大家在情緒負載被觸動的當下，深信原因絕對和那位引爆者有關係，一定要找他說清楚。但本書進行到此章節已經知道，這一切跟引爆者一點關係也沒有。就像前一章仔細確認過的，這都是自己的情緒背包引起的。即便是引爆者的行為模式是一種完全不能同意的行為好了，只有自己先安撫好肩上的情緒背包後，才有能力針對事實做出有建設性的思考與討論。

如今的我，能心平氣和地跟那位女教練說，就算她正在教課，但是不准小孩進入兒童泳池，就是一件不對的事情。而且我現在可以不帶任何情緒負載做出正常人該有的反應，當然這不代表那位女教練會突然同意我的意見。不過事件在這樣的發展之下，相對來說就比較不會引發我一連串的情緒反應了。這樣一來，我們才能真正有能力好好地討論當下所發生的事件，不被自己過去的情緒背包夾頭夾臉地痛扁一頓，這是一個很大的進步。反觀當時的我，當然沒辦法如此好好處理。

將這個原則應用在日常生活，我們應該盡可能地讓生活充滿能隨時提供情感支持與安慰的人，以便情緒負載被觸動時能輪流發揮支援。舉例來說，假設我們為自己找到看起來相當有潛力，也就是會不停引爆情緒按鈕的另一半時，在把這位伴侶納入情緒負載釋放圈子前，最好還是先找自己的知己來操作情緒負載釋放的練習比較保險。而當主管、同事或小孩將我們逼上爆發邊緣時，另一半則可以提供我們情感支持。

讀到這裡，你或許心裡已經開始納悶，這個神聖、有意識的情緒負載釋放練習，跟我們早就行之多年的女人抱怨有什麼分別？這個問題問得很好，畢竟至少全世界的女人幾千年來早就在做同樣的事情了，女人們最會與閨蜜抱怨男人。的確，這兩者行為存在著一定程度的共通點，因為這個動作其實也存在著某種程度上的情緒負載釋放。但是在共通形式下，兩者行為仍舊存在著許多差異。最重要的不同點在於，大多數的情況下女人與女人之間抱怨的時候，兩人只不過是在相互檢查彼此編寫的八點檔連續劇劇本而已。在抱怨的同時，我們更加確信自己的絕對權力訴求、更加深入於扮演受害人的角色、更深信不疑這個世界上的真理應該是如此這般，而非另一個模樣。透過這種行為模式，雖然我們得到某種程度上的慰藉與滿足，但實際上對於療癒自己的情緒遺毒一點助益也沒有。因此，雖然透過抱怨的行為，某種程度上讓我們感到鬆了一大口氣，但對於個人情緒的發展卻是一點進步也沒有。

第二個不同的地方，在於特別要求的祕密基本原則。之前已經詳盡地解釋過基本原則，這個祕密的基本原則就切斷了任何釋放過程中，辛香刺激內容再被轉手到虛榮的八點檔劇情市場上，也不會被加油添醋的四處傳送給不相關的人。

第三個不同處，則是在於傾訴者自我承擔起的情緒負載責任以及情緒。第四個當然就是正確情緒釋放下所能提供的安全基本架構，而非在連續劇劇情以及受害人戲劇腳本中經常出現的自怨自艾。如果你想要，或許可以將有意識的情緒負載釋放看作是成熟版的女人抱怨吧！將兩者相比，抱怨是一種規避衝突的策略手法，而有意識的情緒負載釋放則賦予我們能力，讓我們在關懷處理完自己的過往情緒遺毒之後，可以有能力和自己的衝突面對面解決。

4 規律的情緒負載釋放練習

到目前為止，我們著重在如何將情緒負載釋放當作一種策略，好讓情緒負載被引爆的時候能更圓融地處理它和消化它，達到真正情緒癒合的效果。之所以選擇以這種方式來鋪陳主題，就是為了在本章進行情緒釋放的實務練習時，所有讀者都能對這個主題有一定程度的共同認知。現在，我們都曾經歷過的情緒負載觸動經驗，提供遠古以來人類漸漸遺失的能力，那就是，找到情緒背包的入口。

可能有人會認為，應該要練習預防如何不要走到情緒負載釋放的這一步，比較有道理吧？畢竟預防勝於治療，針對這點，不妨拿大家天天都得刷牙的例子來比喻再適合不過了。

我的意思並不是說：「哦，晚上再來看我的牙齒髒不髒，如果今天晚上牙齒很髒的話，那我再刷牙吧！」我當然知道如果想要常保牙齒健康，那麼每天晚上我都必須要刷牙。同樣的，如果我想常保情緒健康的話，那就得規律的釋放自己的情緒負載。如果我今天吃了東西，我當然知道口中的酸鹼值會改變，然後牙菌斑就比較容易擴散。換成情緒負載這件事，那就代表著如果我今天頻繁地跟人群接觸互動，無疑的就是為自己製造很多緊繃的情緒能量。意思是你總是會在某個地方遇上幾個情緒引爆者，大多數的時候我們可以刻意忽略，不要去招惹他們，在實際操作時也應該要這麼做。因為外在世界實在有太多小事不斷試圖引起我們的注意力，因此同樣該忽略的，還有生活中所有瑣碎的刺激事項，凡是會讓你情緒一觸即發的東西都該盡量避免。

規律且有意識的釋放情緒負載，可以為人生及人際關係帶來很大的改變。這股巨大的改變讓我不得不承認，我實在是非常醉心於這樣的情緒處理方法，而且很幸運的，我發現有越來越多的群體和我有著同樣的熱情，這個規律練習的好處已經不僅止於擺脫疾病。與其說是習慣，不如說情緒負載釋放已經成為每日生活中固定返航回去的一個定點、一個空間，和更深層的自我對話，並且去感受今天究竟過得如何。藉此我發現，這些每天固定在我內心湧動的感覺，會隨著在釋放時的敘述，重新自我歸類並整理。那些原本看似毫無關係、隨著意識消逝的感覺，會因為釋放時花時間認真地去感受、敘述它們，而再次被注意。至於那些原本就相當困難且複雜的感覺，則藉由這個規律的機會被我消化並釋放乾淨——不論是情緒負載、絕對權力訴求，或是緊張的情緒。五分鐘過後，最多十分鐘吧！我內心的情緒就已整理乾淨。

而這還只是其中的一個好處。另一個同樣價值連城的好處，就是和自己進行深層的對話，我的內心在這段期間儼然化身成我身邊最親密的人。

到目前為止，最常跟我一起練習釋放情緒負載的人就是我的伴侶。這麼久以來，每每對於我們兩人能在瞬間產生相當深度的連結，以及彼此間突然同時提出一個話題，而那個話題就是剛剛讓我們內心覺得不舒服的事情，我們對這種默契感到驚訝不已。這些默契和行為不是因為我們久久才見一次面，或是雙方刻意隱瞞對方什麼事情，單純的只是因為熟練情緒負載釋放習慣，賦予我們這種能力，能自然將我們還沒明白過來的問題，自動搬上檯面來檢視。釋放情緒負載的練習，早就轉變成兩人維護與照顧這段感情關係最自然的方法。長年以來，藉著這個規律的練習與實踐，我們更進一步認識彼此，也學習去理解彼此，在過程中對於彼此的特性與界線產生更大的耐性，對彼此的強項與喜好也有更深的瞭解。

但我的另一半並非是唯一可以一起練習情緒釋放的同伴。我的朋友們也從情緒釋放練習實踐中獲益良多，友誼因此變得更堅固、更貼近，彼此變得更加互相信賴。能夠感受到生命中有這樣的朋友陪在我身邊，隨時打給他們就能直接說：「嘿！你可以給我五分鐘聽我說一件事嗎？」然後對方馬上就能明白我的意思、明白我現在需要什麼，這真是一種美好的感覺。更幸福的是，我深深知道朋友們也同樣完全依賴著我。

說了這麼多釋放情緒負載的好處後，當然也必須提到，這個方法對於處理情緒負載觸動時，會產生什麼樣的影響。

首先，每日或一週多次的反省和練習，的確能幫助我們提早認識自己的情緒負載觸動特徵。我們會變得更注意不要讓自己被觸動，也會更明白什麼人和事件會觸動自己，除此之外，透過練習也會增強我們和內在感覺的連結能力。

透過練習能建構情感支持空間，這個舉動能加強我們承載情緒負載的容量，即便在有情緒負載的情況下也不一定需要立刻將它發洩出來。經過訓練可以擴大內心的承載容量，就算內心的感情空間正在上演激烈的情緒大劇，或是正在承受大量的悲傷，我們也可以暫時先讓它們靜靜待在那個空間，不需要立刻處理它們。

第三個影響是我們將會經歷比較強烈的情緒負載觸動。情緒觸動在釋放之後反而變得更強烈的原因在於，透過練習達到擴張情緒空間容量後，這個空間就能承載更多的情緒負載觸動，隨之而來的結果就是我們能暫停觸動的情緒連鎖反應。也就是說，我們就有能力暫停更多那些應該要爆發出來的情感小包袱們。

舉例來說，假設我今天接到一個壞消息，這個壞消息擊中我心裡那個非理性的羞恥與畏懼小包袱。我發現我的情緒負載被觸動了，並開始對自己的這種非理性反應感

規律練習情緒負載釋放的影響
1. 對情緒負載觸動的特徵更加敏銳
2. 增強避免情緒負載觸動的能力
3. 加強情緒負載被觸動的力道
4. 解除情緒負載觸動的禁忌

到丟臉，接下來不到三秒鐘的時間，我心裡同一個地方接著冒出許許多多的情感小包袱，每個都蠢蠢欲動準備爆發：一個是憤怒與悲傷混合的情感小包袱，因為這不過是一個微不足道的小事罷了，立刻讓我內心的情感平衡，後面又接著一個微小的、假想的和平情感小包袱，告訴我自己這一切都會沒關係的，這沒什麼大不了的⋯⋯。過去的我總是如此的被一個又一個的情感小包袱追打著，現在透過規律的練習，我壓根兒就不會掉入第一個情緒負載觸動的陷阱裡。我會饒富趣味地打量第一個情緒負載觸動，先讓它在我的內心感情空間裡停泊一下，直到有適當的情緒釋放空間之後，我才會好好地消化與處理它。

最後一個影響是透過規律的預防練習，我們的內心不會再把情緒負載觸動以及情緒背包視為不可觸碰的禁忌區域。肩上存在著情緒背包的事實，以及我們隨時都背著這個炸彈到處亂走這件事，對於今後的我們來說，是再正常不過的事。這不再是什麼誇張連續劇，也不再是該感到丟臉羞愧的事情。就像每個人手上都帶著細菌，這沒有什麼好丟臉或可恥的，有細菌把它洗掉就好了，沒什麼大不了。透過練習，我們更認識到情緒負載不過就是生命中有能力應對與處理的一部分。除此之外，對於人際關係及自身人格發展而言，它更是生命中無可比擬的一筆財富。

伴侶長談

持續在伴侶關係中實際操作情緒衛生，我認為最美好的改變，就是兩人開始親密的促膝長談。在我和我的伴侶一起持續進行長達數月的情緒負載釋放後，這個形態就自然而然地在我倆的關係中產生。我們都從內心感到這股需求，想與對方交換所有深層及簡單的想法，這些想法大多數也都是圍繞著兩人關係的主題。當我們談起對這段關係的期許時，兩人的願望不約而同的就是，能一直單純地以這種方式對待彼此，也對待自己。為此，我們開始著手實驗，發展出一個相處的模式，這個模式我們稱呼它為「伴侶長談」。

今天這個模式已經成為我倆維護感情中不可或缺的一部分。端看各自的需求，有時候一個月只進行一次，多則一個月兩到三次。這個模式和釋放情緒負載的不同之處，就是在伴侶長談中我們專門談論彼此的情感關係。典型的開啟對話模式就是問：「你現在在這段關係裡感覺怎麼樣？你覺得什麼部分是很美好的？什麼則是很糟糕的呢？」進行一場良好又健康的伴侶長談，前提就是，要一個已經整理消化完畢的良好情緒感覺空間。進行這個模式時，雙方都需要具有相當敏銳的情感負載觸動觀察力，以及對自我情緒負載的責任感。

這個模式跟釋放情緒負載相當類似。首先，當其中一位伴侶在述說時，另一位就負責專心傾聽，盡力將情感支持的空間建立起來，好讓我在述說的時候，能在空間中感受到自己。這裡和釋放情緒負載不同的地方，就是我在陳述這段關係的感覺時，不只需要明顯描述出自己的感覺，更需要將我的伴侶表達的意見都認真聽進心裡，並仔細描述自己對此有何感受，然後在輪到我敘述時，將這一切反應明白地表達出來。也就是說，在這個模式下，我是准許對同伴在釋放時所說的話語，提出見解和表達意見的。更甚者，我還必須做出回應，說出我在聽完同伴的意見後有什麼感覺。

經過幾輪練習，我們還可以在這個模式上加入一個額外的規定，那就是這個練習模式，至少要進行兩輪以上才能停止。如果我先開始述說，那麼在同伴也說完之後，我可以有一次機會再次述說我的感覺，並且以傾聽同伴的感覺做為結束。每一節敘述時間可以設定在五到十五分鐘之間，也就是說，兩輪的整場練習時間，總共是在二十分鐘到一個小時內完成。

伴侶長談的目的如同上面所說，是為了維護雙方伴侶的關係。很多時候我和伴侶都是開始隨意談論一個主題，這個主題不一定是因為兩人有迫在眉睫要解決的問題。

隨著談話的進行，慢慢感受到在表面下所潛藏的波濤洶湧，可能會不經意地在將來的某一天，造成兩人在伴侶關係中漸漸的不對等。或是有些時候，我們自然會察覺到目前的關係相當良好，沒有不對勁的問題。特別在這種時候，我和伴侶就會利用這段特別的時間互相感謝對方，讓自己處在這個得來不易的關係裡。一旦發生棘手的問題時，如果有必要，我們也會再回頭檢查一下自己的情緒衛生程度。我們會去找各自的情感支持空間，先將各自的情緒負載刻意釋放乾淨，在伴侶長談時，一旦察覺自己的情緒負載被觸動了，也會立刻告知對方。

這份小心謹慎的態度，讓我倆在多年的伴侶關係中，能盡情談論所有可能導致親密關係分崩離析的話題。針對這點我有深刻的體會，過去我的親密關係就曾經一一被這些主題擊潰。一次又一次的，我們在練習中見證到造成困難的並不是這些主題本身，而是和這些主題捆綁在一起的情緒負載。換句話說，親密關係不會因為棘手的主題而失敗，但會因為拙劣的處理方式而失敗。情緒負載則是阻止學習處理的障礙，從另一面看，我們也能發現良好的情緒負載處理方式，能將親密關係中棘手的主題轉變為珍貴的禮物。在經歷過這些練習之後，彼此變得比以往更緊密、認識更深入，一起在這一連串的挑戰練習中，達到更深的人格發展與成長。

為了達到這一步，當然需要彼此已經對情緒衛生的實踐練習有相當經驗的累積。因此，我在這裡給初學者衷心的建議，先將棘手的感情問題排除在伴侶長談的練習框架外，先著重在加深自己的情緒負載釋放練習。等到情緒衛生習慣對於你及你的伴侶成為一個自然的習慣後，這個伴侶長談的需求，自然而然會在適當的時間浮現。如果操之過急，兩人就會將這個本來應該用來彼此澄清的空間，錯當成一個互相掀開彼此舊傷疤的地方。最糟糕的情況，就是不但沒有出現情緒療癒，反而出現再次觸動情緒負載的情況——這種危險的案例屢見不鮮，下一章節再針對此點深入解釋。

練習 15

伴侶長談

1. 至少挪出完整的半小時給自己，以及那位對你相當重要、目前與你在同一段關係裡的伴侶。這位和你一起進行伴侶長談的人，可以是你的另一半，也可以是你覺得很重要的朋友，或是家人、同事。如果時間允許，當然能進行一個小時的練習也無妨。

2. 讓你和同伴在一個不受干擾、兩人都覺得情緒狀態良好的情況下進行這個練習。參與長談的兩人都不應該在這場長談中挾帶任何的情緒負載。（至於這是個什麼樣的情況，以及你如何能發現自己帶著負載進入談話，我們將在下一個章節解釋。）

3. 一個人先開始敘述，另一個人負責傾聽，就像在練習十一裡面，正確的操作情緒負載練習。敘述者只需要專注在這個問題上：「我現在在這個伴侶關係中的感覺如何？」用五到十分鐘的時間來敘述自己的感覺。在這個步驟上，拿出手錶來計時，好讓雙方都知道有明確的時間限制。若雙方同意，也可以規定寬鬆的時間。兩種做法各有好處與壞處。從經驗上來看，最好的方式還是兩人選定一個規定時間的方式，然後從一而終地貫徹這個時間規定。我衷心建議最好能在敘述時間的最後一段，快速地在腦海裡整理一下自己的感覺並做出總結，究竟哪部分最讓你感到開心？哪部分讓你感到困難？你希望哪些事情能有所改變？哪些部分你不清楚？假如你對你的伴侶有一些問題，這也是個很合適的機會，不妨直接詢問對方。不過必須等到你的敘述時間結束之後，才能得到對方的回答。

4. 如果你注意到你突然失去想講話的念頭，或是你的敘述時間結束了，那麼就輪到另一位伴侶敘述。這時候，兩人交換角色，現在開始仔細傾聽。和練習釋放情緒負載不同的地方在於，你的伴侶在這個練習中，被允許能針對你剛剛所敘述的感覺和事情做出回應。

5. 現在你的同伴也敘述完畢了，你可以再次開始敘述，兩人再次交換角色，在你敘述完畢之後，你的練習同伴還有一次的機會再做敘述。

參與練習的同伴，可以用上述方式，繼續進行第三輪或是更多輪的練習。建議在練習之前，雙方先約定好一個固定的時間範圍，讓兩人達成共識。

第12章

癒合還是再次復發？

在本書我不斷提到，情緒負載的觸動是一個進行情緒癒合的大好機會。但是在大多數的情況下，人們都錯誤的處理它，導致每個人的情緒負載被觸動之後，只會讓自己的情緒背包越來越大。藉由本章內容，我再次整理這個重要的課題，從各個前面已詳盡解釋過的觀點，用深入淺出的方式，為大家統整如何成功處理情緒負載觸動，並轉化成情緒負載癒合，以及原本的情緒舊傷口，如何在感情系統中再次被重創。

融合還是分離

過往的情緒遺毒，也就是那些塞在情緒背包，被我們扛著到處亂晃的這些負載，說到底其實就是一些曾經經歷過的人生事件，只是我們還沒有辦法將它們融入到感情中，或是還沒有找到方法消化處理。基於這個原因，這些人生事件被分開來，絕對權力主張這些事件根本就不應該發生。絕對權力訴求就像一道牆，把過去發生的那些事件與感覺上的自我，硬生生的分開。正因為如此，一旦這道保護我們的牆受到質疑，我們的反應就會如此劇烈。

癒合或是消化，意味著融合這個人生事件。這個曾經在你我人生裡發生的困難事件，不會因此從人生履歷中消失不見，但是可以將它淬煉成一顆晶瑩的珍珠，懸掛在人生旅途所累積的經驗智慧項鍊上。在這條智慧項鍊上，除了懸掛著各種珠圓玉潤的珍珠們，當然也可以掛著其他我們比較不喜歡的人生事件。當我們將更多的人生事件和經驗與自我相互融合後，越來越多的珍珠逐漸形成一條具有個人特色的項鍊。華麗珠寶背後的情緒故事就如同把這些珍珠串連起來的細絲，而其中的每條針線，我們都瞭然於心。

消化它還是打包它？

一段情緒負載已經被消化處理，抑或只是被打包收藏起來，從自身的感覺中能分辨出來。身為當事人的你，再次想起或再次談起那件事時，心裡的感覺就會誠實的反應出這件事目前在你心裡被處理的狀態。不論你的處理方式是情緒與感覺真空，也就是之前所說的麻痺處理，或是仍舊能感覺到情緒負載的存在，這些都是情緒背包尚未被消化完畢的徵狀。同樣的徵狀像是：有些人會努力表現出看起來過於矯情的亢奮狀態，或是勇氣十足的模樣等。不論是以上提到的哪一種狀態，這些都是內在感覺空間阻塞或是被遮擋著，讓動力不能自由流通的徵狀。

然而這股內在感情空間能自由流通的感覺，正是一個成功消化情緒負載的身體應該有的感覺。一個成功消化完情緒負載的人，其身體狀態應該是這樣的：當這個人回想當時發生的事件時，他的內在感覺空間應該要可以繼續順暢靈活地流通。籠罩其內在感覺空間的是一種和平祥靜的氣氛，經常也會伴隨著一股淡淡的憂傷。然而這個狀況下的憂傷並不是情緒的表現，而是另一種基於當下情境所產生出來的感覺。這究竟是什麼意思？以及我們該如何操作才能達到這個目標？正是本章節要討論的主題。

融合與改變

讓情緒事件融合到身體裡，追根究柢就是將事件轉變型態的一個過程，這個過程會讓我們改變。被另外打包的情緒經驗，會以未被消化的型態在情緒背包裡緊張地等待著，這個小包袱需要在等待消化的隊伍中，排上漫長的時間等待處理。在情感小包袱發生的當下，它必定已大大衝擊了人生觀和世界觀。其衝擊力道之大，以至於我們當時拒絕接受它，拒絕將之融入內心。現在，一旦我們決定有意識的去處理這個情感小包袱，或是刻意將它提領出來消化，那麼處理和消化的過程，仍然會改變至今已經成形的人生觀和世界觀，甚至是個人特質。只有這個轉變的過程擴大到全身，才能將這個人生經驗融入內心。

這樣的一個蛻變過程是一種實地體會的過程，並不能透過理智上的閱讀來達到同樣效果。然而，運用大腦認知我們將踏上這樣的旅程，也能幫助身體做好準備面對這個變化。透過這樣一個程序所達到的演變和改進之處，多數的時候是存在超理性的地方。也就是說，這些地方透過理性，也只能有條件限制的達到改善——這些究竟是什麼意思，就是下一章節要進行的主題。總之，核心主題不變，就是為了要更精進人生的處世之道。

推開或是擁抱

在過去幾年的經驗中，我從另外兩位同伴身上，觀察到在情緒負載觸動時的基本兩種感覺律動。當情緒負載被觸動的時候，最終會選擇哪一種感覺律動，取決於當下我們想要踏上情緒癒合的道路，或是選擇再次觸動情緒負載的道路。第一種感覺律動，就是當內心試圖要將這個被觸動的情緒、被呼喚出來的包袱，以及身體接受到的這股令人不快的訊息，從心中往外推出去時會有的感覺律動。我想要甩開它，不想和這股感覺有任何關聯。第二種感覺律動則是試圖將所有上述的不快主動接受、往自己身上攬過來的時候。有了這個基本認知，在往後的生活中，能有效幫助我們踏上這條新的改善之路。這個簡單的劃分讓我們清楚知道，整個看似相當複雜的情緒癒合過程，能夠在彈指之間就決定是否要啟動：我要擁抱，還是要推開它？

由於情緒負載被觸動時，往往連帶觸動的感覺，都是負面又讓人不愉快的感覺。第一類反應，也就是想要推開這股情緒的感覺律動，會自然而然發生。沒有人想要接收這些痛苦、混合的情緒廢料，以及所有參雜在一起的種種情緒，更別說是去感受它們了！任何一個人在第一時間的反應，都會想要把這個情緒負載的過錯推給別人，或者利用暴飲暴食、藥物麻痺、滑手機以及其他不當處理方法，從身體接收感覺的根本上革除、擺脫這股不愉快的感覺。

至於第二種內心的感覺律動——轉身面對與擁抱它，想當然爾，需要用理智刻意並下意識地訓練。這種感覺律動基本上不會自動產生，大多數的人通常都要在使用第一種感覺律動，並且多次的失敗跌跤之後，才會心甘情願地回過頭來選擇第二種感覺律動。在一次又一次企圖擺脫的過程中，人們不得不承認這個情緒負載的小東西實在非常黏人，怎樣也甩不掉它。我們努力想把它往情緒背包裡塞，還會發現這個小包袱有著不容忽視的堅強個性，越是想把它塞進背包藏起來，它越要鬧得你全身上下不舒服。當大多數的人發現，所有在第一部提過的情緒負載處理方法——轉移注意力、麻痺處理或宣洩處理等，最後八九不離十同樣都會落到隔日宿醉的下場，還有其他遠遠不是借酒澆愁就能解決的下場。更不要說那些隨之而來的成癮行為以及拖延逃避行為，正一樣樣的爬上我們的身體，試圖麻醉感覺系統。

相反的，第二種感覺律動會在它真正開始實施的路上，展現它的迷人魅力。只有在我們開始主動擁抱不快的感受時，蛻變、癒合以及化解才可能逐一產生。隨著這一連串過程的展開，正面的感受也會一項項地迎面而來。在擁抱不快感受的過程中，需要有足夠的勇氣以及堅強的意志力，才能走完全程。

除此之外，當然還要有完全的心理準備去接受和感知所有的不快、不舒服的情緒。因為我們正在努力轉身主動去擁抱與靠近它，讓這股不愉快的感覺能夠進入內心。一開始身體會密集地感受到這些不愉快的資訊，然而一旦有意識的情緒負載釋放也開始啟動時，身體和內心會很快地感受到良好的循環作用。那些被接收到的不愉快資訊會逐一被釋放和處理，取而代之的身體將會慢慢感受到滿足與愛，以及同情心。這樣的一個經驗過程，會將我們導向一個正向循環及正向加強的道路。身體會學到第二種內心的感覺律動，是值得投資並值回票價的。透過這樣的正面循環，身體一次比一次更習慣選擇第二種感覺律動，一旦身體每次都理所當然地選擇第二種律動，而非第一種律動時，後者也就失去它原先的吸引力了。

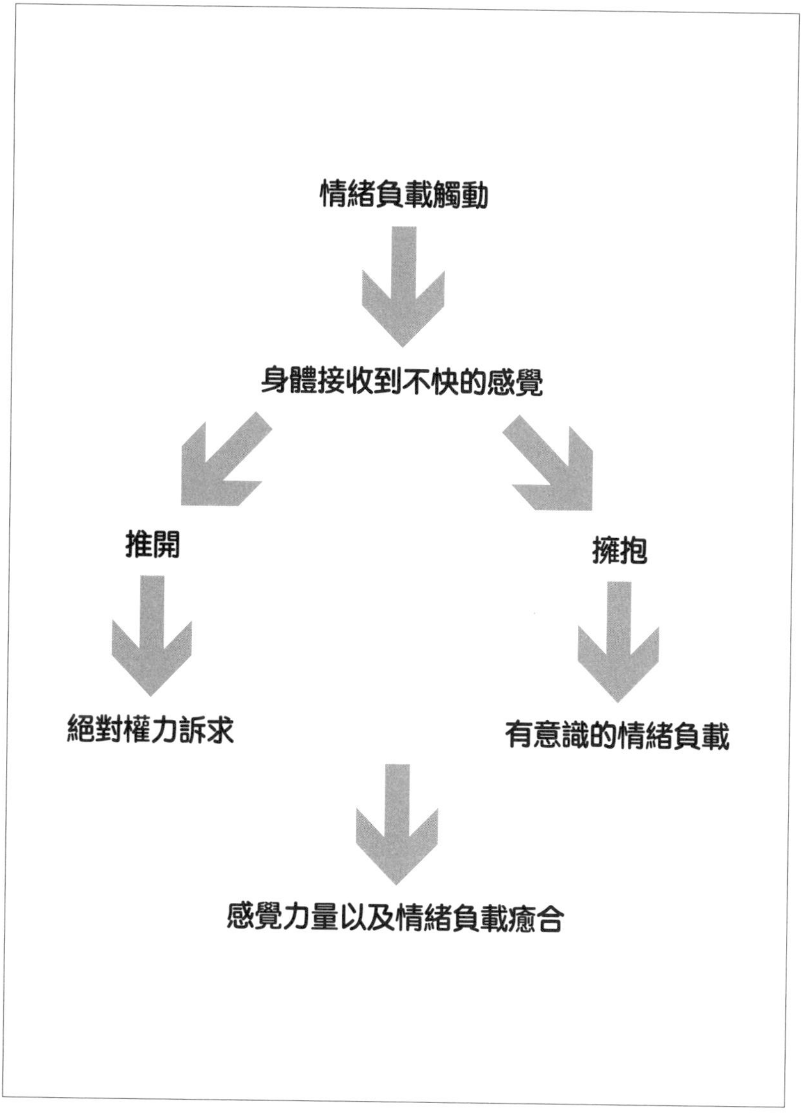
情緒負載觸動
身體接收到不快的感覺
推開
擁抱
絕對權力訴求
有意識的情緒負載
感覺力量以及情緒負載癒合

上述是一幅標示有兩條道路的地圖，這張地圖將本書第一部和第二部的內容連結成一個流程圖。在所有的實際練習操作中，所有的內心律動都會匯流在一起。接下來將分別討論這兩條感覺律動道路的不同，並且帶入一個之前擱在一旁不碰觸，但其實相當重要的觀點，那就是：感覺扮演的角色。在以下章節會看到，選擇用哪一種方式來處理過往的情緒遺毒，會決定我們最終是處在感覺陰影或感覺力量的那一面。

假設你才剛踏上情緒背包的研究之旅，那麼這個章節的開端對你而言，可能會一團混亂而摸不著頭緒。沒關係，這很正常。只要你繼續在這條研究的旅程走下去，總有一天，你會突然對這個章節心領神會。所以請做好心理準備，這個章節你可能要讀過好幾次，如果只看一遍是無法完全領會的，更遑論想要只讀一遍然後就想要立刻實際操作。本章節提供大家實用的資訊，當你在摸索情緒癒合的道路上，碰到那些決定性的十字路口而不知所措，需要一盞明燈指引方向時，這些資訊將有助於你找到正確的方向。

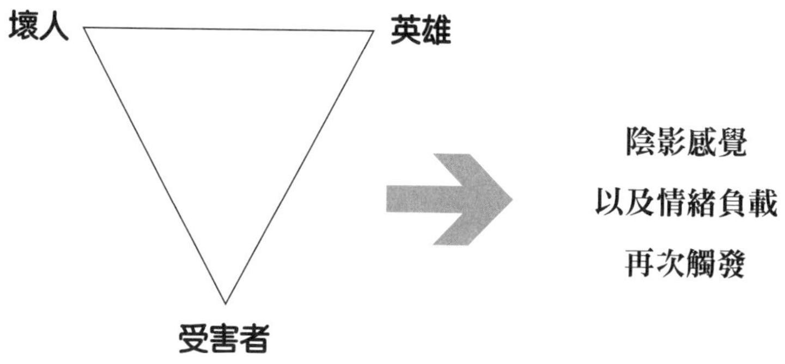

卡普曼戲劇三角

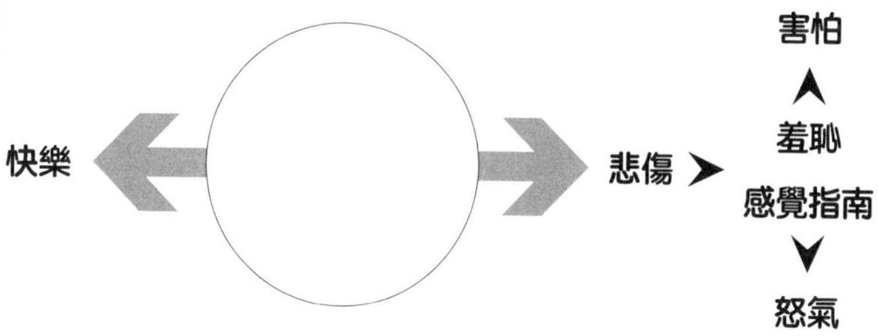

情緒負載觸動的兩條感覺律動道路

小提示：別急著嘗試用大腦來理解。先試試從感覺的層面來理解這兩條道路，這麼一來將能更輕鬆找到情緒負載的入口。

道路一：穿越絕對權力訴求進入戲劇三角

關於第一條藉由絕對權力訴求指引我們誤入卡普曼戲劇三角的道路，在第十章裡你已經清楚瞭解它的意思。因為不想感受到不舒服的資訊，所以要不試著把這股感覺往別人身上推，要不就是試著將這股感覺甩掉。從心裡拒絕去體會到這股感覺是正常的反應，我們會用盡各種方法忽略它，就像是急急忙忙把一個正在懷中哭鬧的小孩脫手給別人一樣。

源自這股情緒而來的戲劇、絕對權力訴求以及那個應該要有卻沒有的情緒責任義務感，三者聯手把你從這股不舒服的感受中解放出來。這三股力量一致認為它們需要對外在的世界動點手腳，好讓心裡舒坦一些。更甚者，這三股力量認為外面的世界根本就不該是現在這副模樣，它應該要跟戲劇劇本一樣！這三股力量會齊聲告訴我們，只要堅持得夠久，這個世界總有一天會改變的。不過很可惜的，這類孩子氣的願望從來沒有成真過。不但如此，我們還會因為這個與日俱增的失落，從內心再次感受到一股混雜的不快感。這時產生的不快感，就不只是本來試圖擺脫的那份不舒服。它已經是另一股全新的感覺，在這個漫長失望等待的過程中油然而生。既然這股感覺和情緒陰影相關，當然也不會是什麼建設性或正面的情緒了。

本書的開頭已經提到，人類擁有的所有情緒，即便是負面情緒，像憤怒、害怕、悲傷或羞恥，都是人格發展的潛在資源。我知道目前為止抱持這種想法的人並不多，畢竟大部分的人都視這些負面情緒為甩都甩不掉的負擔。而且我們幾乎每天都親身見證這些負面情緒如何阻礙我們邁向幸福，甚至是一個成功的人際關係。我認為大多數人不喜歡這些負面情緒，是因為多數的人只認識這些情緒在陰暗面的表現，卻不認識它們光明而有力量的那一面。所以才認為憤怒具有破壞力、害怕會令人裹足不前、悲傷總是令人感到萬念俱灰，羞恥則讓人自慚形穢。就連我們最喜愛的五感之一——快樂，在情緒的陰暗面裡都失去了它本來該有的光明面，只以幻象的形式出現在腦海裡，在幻象裡的我們，看起來就像是扭曲的拓印畫像一樣顯得虛幻又不真實。

感覺的陰暗面

以下圖表是特別繪製的模型，用來表示人類的五個基礎感覺，我稱它為感覺指南。這個部分雖然有點超出本書談論的框架，然而我還是想要稍微提一下這個概念，讓大家有初步的瞭解，幫助我們更輕鬆地理解情緒。詳細的論述以及介紹請參閱我的另一本著作《感覺與情緒使用說明書》（暫譯）。

以上的圖表顯示出五種人們基礎感覺的陰暗面樣貌。如同已經多次提過，每當心裡秉持著無謂的絕對權力訴求時，很快地就會發現自

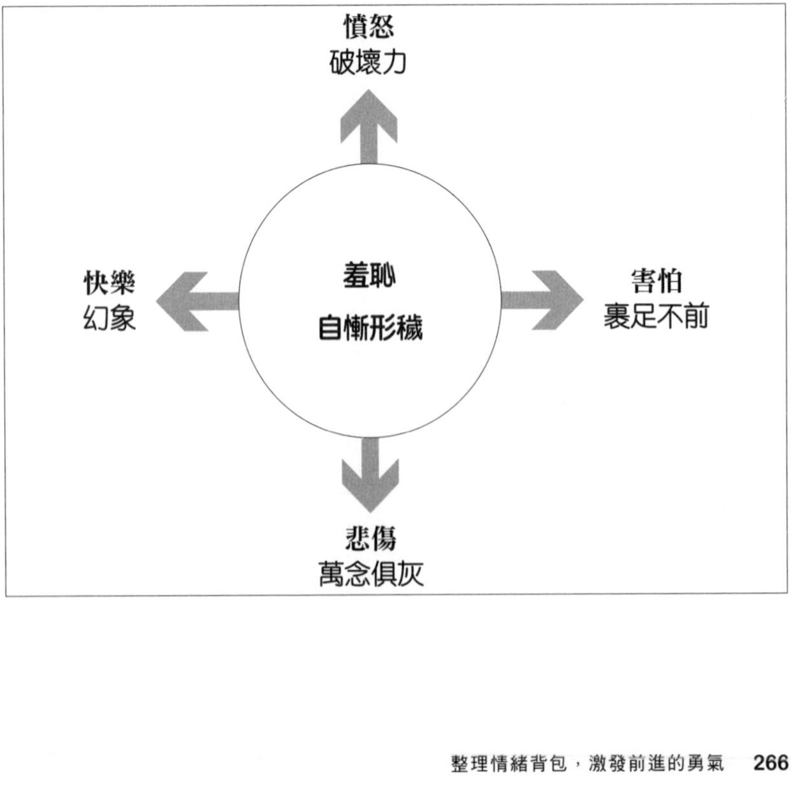

己又落入陰暗面指南的象限裡。有時這種情況可以追溯回某個自身強烈的情緒負載經驗裡，有時則無從查起。如果這股絕對權力訴求是在被過度挑戰的情況下產生，很可能也就和背上的某個情感小包袱有著很大的關聯。

除了因為在恐慌區遇到措手不及的挑戰，內心防衛機制自動呼喚出的絕對權力訴求之外，還有其他許多不同的絕對權力訴求，這些是從父母、社會、同學甚至是工作上的同事所接收來的。這種絕對權力訴求觀念雖然和自身的情緒負載包袱完全無關，但並不代表這類的訴求就不會讓我們落入情緒陰暗面的情況。以下就是讓我們學會如何從經驗層面上區分兩者的練習。

練習 16

分辨有／無帶著情緒負載的絕對權力訴求

1. 列出一張表，寫下五個你發覺自己所具有的絕對權力訴求。
2. 按照每一個列出的絕對權力訴求來模擬自己有這個訴求時的情緒，檢視這個訴求是否和哪一個內心的情緒負載有關聯。假設找到了連結，這個負載的尺寸有多大？如果你喜歡用數字來表示大小，以零到十為這個負載打分數。
3. 選一個沒有和情緒負載相關的絕對權力訴求，模擬自己若想著這個訴求時的情緒，這時嘗試放開這個訴求。你可以試著澈底的擺脫這個訴求，或是像前面練習十二所學到的一樣，透過感應自己的內心需求來放手此絕對權力訴求。
4. 選擇一個相對之下帶有較高量情緒負載的絕對權力訴求，試著模擬自己在有這個訴求時的情緒。用目前你所熟知的練習，試著擺脫這個絕對權力訴求。
5. 現在仔細回想一下，兩者有什麼不同？

進階練習：你可以在練習的第一步驟與第二步驟時，試著使用幾個你所感同身受的人類共有的絕對權力訴求來練習。如此一來，有無帶著情緒負載的差異將能輕易被察覺出來。

感覺的陰暗面是否帶有強烈的情緒負載，此點可以從感覺的力量是否特意針對某個特定的主題來分辨。重新回到史蒂芬妮的例子。當史蒂芬妮的親密朋友認識一個新男友時，史蒂芬妮的情緒負載包袱完全地被引爆了。首先，一開始史蒂芬妮選擇推開這股不愉快的感覺，接著史蒂芬妮的絕對權力訴求原本應該是要築起一道牆來保護她的，但現在卻反過來激怒了史蒂芬妮，許多不同感覺的陰暗面自此開始形成。可能剛開始跑出來的是類似像小孩子發脾氣一樣的感覺陰暗面，像是這麼一來好朋友就再也沒時間陪史蒂芬妮，她將這股陰暗面的感覺用難聽的辱罵或是憤怒的咆哮表現出來。或是史蒂芬妮會退縮害怕，開始陷入不健康的悲傷情緒裡，往後拒絕再與這位好朋友見面，甚至乾脆放棄自己的生命。也有可能史蒂芬妮將迷失在其他另外兩個感覺的陰暗面裡。當然，也可能這些感覺的陰暗面都不停地在史蒂芬妮接下來的人生裡交錯出現。

不論出現的是哪一種感覺的陰暗面，它們的共通點就是這些感覺的力量都是特意針對一個現實已經發生的主題。不管是孩子氣的怒氣與謾罵，或是令人窒息的爛成一團泥，每一個感覺陰暗面都拒絕接受當下事實的存在，也不打算準備與之接觸。「男人根本不應該劈腿愛上另一個女人！」、「我的好朋友不應該突然交了男朋友然後再也沒時間陪我！」、「反正最後那個男人也只會讓她心碎而已。」、「哪天她一定會哭哭啼啼的站在我家門前，期盼著我打開大門重新接納她。不過她別做夢了，我是不會安慰她的！」感覺的陰暗面將如此繼續拒絕接受現實。

感覺陰暗面 v.s 情緒

感覺陰暗面和情緒不同的地方，就在於它與感覺力量是在同一個時間點產生出來的，接下來會深入解釋什麼是感覺力量。用史蒂芬妮的例子來看，就在她當下想到自己的好朋友不應該拋下她，讓她獨自陷入這種困難的處境，心中這個針對自己好朋友的攻擊欲望同時油然而生。如果史蒂芬妮這時所堅持的絕對權力訴求又和情緒互相結合，這兩者混合在一起就會變成一股強而有力的毀滅性力量。正因為如此，史蒂芬妮的那位好朋友，大概不只會遭受到「妳怎麼能拋下我」的莫名情緒反應，連帶著史蒂芬妮的整份情緒負載（包含離婚及其他在史蒂芬妮的情緒背包裡，還沒有整理好的情緒經驗），都會一股腦兒地發洩在這位好朋友身上。

具體來看，史蒂芬妮的情緒負載在被引爆的當下就像之前描述，瞬間朝著各種感覺陰暗面的方向四處炸開，有些朝著破壞力極強的憤恨怒罵（憤怒的陰暗面）飛奔而去，有些則變成哭泣訴怨的受害人戲劇（悲傷的陰暗面），癱瘓麻痺的自暴自棄感（害怕的陰暗面）、折磨內心自尊的自我譴責感（羞恥的陰暗面），以及最後，令人筋疲力盡的故作歡愉感（快樂的陰暗面）。雖然這些感覺的陰暗面，透過和史蒂芬妮的情緒負載結合而發揮無比的威力，但其實這些陰暗面的感覺，在當下被觸動時就一起產生。從這裡大家可以猜到，史蒂芬妮可以在好友另結戀情的事件過後，好幾天或好幾週的耗費精力在自己的陰暗面，但是實際上她的情緒背包，卻不會因此有所消減。

背包為何會越來越重？

如果史蒂芬妮的故事按照這樣的情況繼續發展，這些她新產生的感覺陰暗面就會為她的情緒背包再裹上一層負載。這種情況就像是蛋糕師傅在做年輪蛋糕一樣，只不過現在一層又一層鋪捲上去的不是蛋糕，而是史蒂芬妮一個又一個超出負荷範圍的情緒負載經驗。這麼說好了，第一層的年輪可能是在史蒂芬妮的小時候，或許是在幼稚園裡，她的好朋友也因為交了一個新朋友後就不再理史蒂芬妮：這時候，第一層情緒負載包袱產生了，假設這是史蒂芬妮五歲的時候吧！接下來長大的日子裡，史蒂芬妮遇見了人生中第一個心動的男孩，然而這男孩總是動不動對別的女孩示好：這就是情緒負載包袱的第二層，大約估計是史蒂芬妮十七歲好了。當然，不要忘記史蒂芬妮和老公的離婚事件，恰好老公和她離婚又是因為愛上了另一個女人：再往上蓋上厚重的一層包袱，我們就說這是三十五歲時發生的吧！

其實過去的每一個事件都是一次轉機，也可以說是一個挑戰，這些事件讓史蒂芬妮有機會澈底瞭解自己過去經歷的每一個故事。然而每次當史蒂芬妮毫不猶疑地選擇了道路一的時候，一層年輪就產生出來，再把這個情緒負載小包袱裹上厚厚的一層。一旦史蒂芬妮開始選擇了道路二，去擁抱並且主動關懷這些不舒服的感覺時，這些層層堆疊的年輪，就是史蒂芬妮必須一一抽絲剝繭、逐一消化和處理的負載。

道路二：透過接收資訊進入感覺指南

踏上了道路二，也就等於選擇了擁抱情緒負載，勇敢承擔起情緒負載的責任。選擇這條道路的我們，才可能成功操作情緒負載釋放。身體裡儲存的生命能量，這股已經堵塞並停滯許久、讓生活過得如此辛苦的能量，在這個時刻終於能夠被釋放。我們終將能鬆手放開一直緊抓在心裡的絕對權力訴求，讓壓抑在訴求之下的內心需求浮上檯面。這個時候，整體的正面感覺都向我們展示著光明的入口。憤怒、害怕、悲傷、快樂和羞恥都會展現其積極正向的力量來支持我們。

主動擁抱一個感覺，是指親切去面對和處理這個感覺。就像是去模擬當你的孩子哭鬧時，你會如何加倍憐愛並關注他的需求。當我轉頭關注他的時候，會發現他現在需要的是什麼？這就不像是選擇道路一的情況，我不會試著去擺脫，也不是試著命令他閉嘴安靜。主動擁抱這個感受，並不代表整個人要陷在這個不愉快的感受裡，如果我的孩子哭鬧不停，而我放任自己完全沉浸在被小孩的哭鬧引起的怒氣裡，這對事情一點幫助也沒有。

主動擁抱不愉快的意思，是指主動去感受這個被觸動的情緒負載，透過自己去接收這份情緒，在內心裡挪出足夠的空間讓這份波濤洶湧的情緒能盡情在其中自由流動，如果此時適時有同伴提供足夠的同情心，那麼有意識的情緒負載釋放就會自然發生。在這個過程中，可能會因為自己內心某些緊抓不放的絕對權力訴求而停滯不前。這時，與其讓心中的情緒旋轉木馬又開始轉個不停，然後讓自己陷入親手打造的情緒漩渦裡，同時又產生額外的陰暗面感覺，我們不如將自己的注意力集中在發掘內心這些絕對權力訴求背後的種種真實需求。也就是說，絕對權力訴求就像是攀爬內心導火線時，一路上所抓到的繩結，等著探索的過程中一個一個親手去把它們解開，只有如此，你才能將每個大大小小的情緒負載與相關的情緒包袱一個個釋放。

成功達到釋放情緒負載後，新的人生經驗之門將會敞開。內在感覺空間已經重新整理過，釋放出更多的自由空間。但這時情緒背包還沒有完全清空，比較合適的說法是：剛剛處理消化完的情緒負載，現在已經與內心融合，變成人生的一部分。在這個過程之後，我才有能力再去面對這個經驗裡的人與事，並與他們聯繫，而不會再激起任何瘋狂的情緒，或再參雜任何放不下的絕對權力訴求。只有在這個健康的心靈情況下，我們才有能力去判斷，究竟是否還有必要與過去這段經驗的人事物再度聯繫。

感覺的力量

現在內心清空出的感覺空間變得明亮且力量十足。這時候，每種感覺都從陰暗面裡逃脫出來，不再混濁不明，所有的感覺轉變成一股正向力量，並且目標一致，想讓這個情緒的情況明朗起來。內心的各種感覺現在不再是麻煩的製造者，反而變成解決麻煩的強效策略，就算是棘手的感覺，例如憤怒、悲傷、害怕或羞恥，現在都重新恢復了它們的力量。

就連史蒂芬妮在經過消化和處理情緒負載之後，也重新拿回這個正面的情緒指南掌控權。如果史蒂芬妮的內心感覺到哪一個需求浮現出來，她就能運用上面針對不同感覺的正面闡釋，將符合的感覺力量從內心呼喚出來。或許現在史蒂芬妮的心裡，有一部分是真心為她的好朋友感到珍惜與快樂，因為好朋友現在過得相當愉快，也終於找到幸福。透過感覺到「**美好**」，這股「**快樂**」的情緒在史蒂芬妮的心中

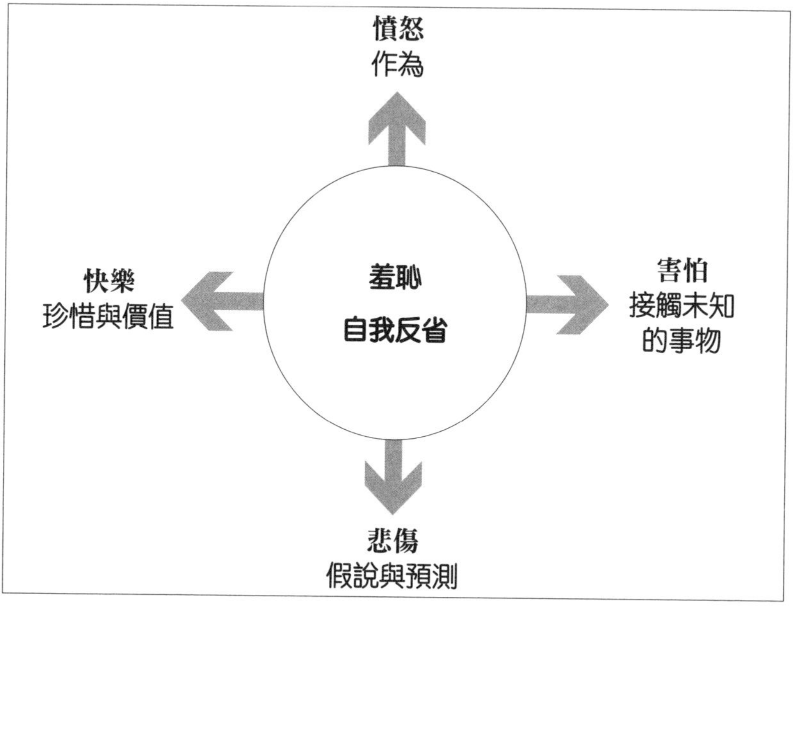

油然而生，幫助她去「**珍惜**」好朋友得來不易的幸福「**價值**」。史蒂芬妮會感到開心並想要慶祝，更甚者，會想要獨自徜徉在這片喜悅中。

除此之外，史蒂芬妮的心裡可能有會有一部分感到悲傷，因為看到好朋友幸福圓滿的人生，她也會開始憧憬自己是否能有一段這樣完美的感情。快樂的感覺這時就發揮光明面的效用，讓史蒂芬妮瞭解自己的真實需求是什麼。而另一股因為感到「**可惜**」而產生的感覺力量「**悲傷**」，則幫助史蒂芬妮去「**接受**」她目前真實的狀況以及感覺，即便她內心憧憬的和現實不一樣。這才是感覺力量的真正功能。

最後還有一點，不管史蒂芬妮再怎麼為她的好朋友感到開心也無法改變，那就是這位好朋友往後大概沒什麼時間能夠陪史蒂芬妮了。當理解到「**錯誤**」這件事時，史蒂芬妮的心中會產生「**憤怒**」的感覺力量。不過不同於處在感覺陰暗面時的憤怒，畢竟陰暗面的憤怒感，總是認為世界應該要是另外一個樣子，然後這股陰暗面的憤怒感會跟著人們一起進入人際關係中。現在這股正向的憤怒感則有不同力量，正向的憤怒感承認現實世界與自己憧憬的不一樣，接著把這股憤怒的力量發揮在專注於自己的真正需求上。

另一點和憤怒陰暗面不同的是，正向憤怒感帶來的感覺力量通常有一定程度的強勁力道，這股力量不會過量到讓人覺得無處發洩，而是恰到好處的讓你一鼓作氣完成某些改變。在史蒂芬妮的案例裡，正面的憤怒感覺力量，只會剛好足夠驅動史蒂芬妮打電話給她的好朋友，告訴她「交了男朋友就沒時間陪朋友」是不對的。不會過多也不會過少，這就是正向的感覺力量。

這股力量足夠讓史蒂芬妮採取適當的「**作為**」。而這股憤怒的感覺力量可以讓史蒂芬妮的好朋友自行決定，最後她該如何取決好朋友和男朋友的平衡。好朋友有可能是立刻覺醒，接著回答史蒂芬妮：「妳知道嗎？妳說的沒錯。這個戀愛的漩渦真的把我弄得暈頭轉向，我都沒有注意到，我們有好幾個禮拜沒有見面了，我真的對妳很抱歉。」或者，這位好朋友也可能會這樣回答史蒂芬妮：「我懂妳的感覺，但是這段時間裡的每一分一秒，我都只想和我最愛的人待在一起。」假設史蒂芬妮還處在憤怒陰暗面的情況，這兩段和好朋友可能的對話就沒有機會發生，因為憤怒的陰暗面早在好朋友做出任何可能的回答之前，就已經將好朋友判死刑了。

現在重新掌握正面情緒指南的史蒂芬妮，在聽到好朋友上面可能的回答之後，史蒂芬妮會發覺她在這個情況裡，需要另一個感覺力量的幫助。憤怒已經幫忙史蒂芬妮，讓她變得主動互動起來，所以憤怒已經完成了它的任務。悲傷也幫助了史蒂芬妮，讓她接受現實與憧憬不同，而快樂也已經發揮了讓史蒂芬妮懂得珍惜的功能。現在的史蒂芬妮必須要面臨的只有一個感覺，這個她既無法接受，也不能改變的感覺。

如果好朋友在這時候離開史蒂芬妮，那麼史蒂芬妮的生活裡將會留下一個巨大無比的空缺，這個空缺是不論她如何將這份情緒負載融入自己的人生中，也無法改變的事實。那就是——史蒂芬妮現在落得孤獨一人，這個她一直以來都在努力避免陷入的窘境。她的人生也從來沒有面臨過這種情境，感覺起來如此未知、陌生又危險。在她過去的人生中，長期使用伴侶及朋友關係來填補及壓抑的所有需求，如今突然像是人生破了一個無底洞一樣，無邊無際地蔓延開來。

史蒂芬妮開始感覺到「**害怕**」，這個情況對她而言相當「**糟糕**」。這股害怕會賦予史蒂芬妮一股新的感覺力量，鼓勵她**勇於接觸和擁抱未知的事物**。史蒂芬妮之後的人生故事，我們不再能準確推測。或許史蒂芬妮現在已經發現一人獨處的魅力，並且樂在其中，又或許史蒂芬妮有了新的交友圈和新的人際關係。無論如何，害怕這股感覺力量，將她推出了舒適圈，她因此成長並且更加專注在自己所處的新環境。

練習 |17|

揮別責備

絕對權力訴求在人際關係裡，特別是情侶關係，經常以責備的形式出現。這其實是個很好的機會，可以藉此和自己的情緒負載包袱建立連結。

1. 挑選一段自己的人際關係，這段人際關係是目前你覺得有些緊張和衝突的。可以選擇你和自身的相處模式，當作練習的人際關係。
2. 你通常如何責備在這段關係裡的另一位同伴或是你自己？請寫下三到五項你覺得特別充滿情緒負載的方式。
3. 在步驟二中你列出來的所有方式裡，選出一項情緒負載最嚴重、最明顯的責備方式。現在給自己一點時間，試著和當時做出這個責備時，心裡所感受到的痛苦連結起來，感覺這個痛苦與不快。
4. 讓情緒說話。注意不要重複當時的責備語句，而是試著讓躲藏在這些責備後面的情緒自己表達出來。如果突然發覺自己又陷入當時責備語句的錯誤軌道裡，不用過於責備自己，只要親切地告訴自己，應該回到讓感覺說話的正軌。

也許史蒂芬妮最後會發現，是時候好好拿面鏡子檢視自己的人生。畢竟她的一生到目前為止，總是無時無刻和伴侶綁在一起。也許她總是錯把另一半當作真愛，將對方的時間完全占為己有，因此無形中讓對方覺得喘不過氣。在幼稚園時代的好朋友就已經被這股過分親暱的關係，壓迫到轉而投向新朋友的懷抱了。最後一步，**自我檢視並檢討**的步驟，固然會讓史蒂芬妮覺得「**羞愧**」，但是這時候的正面羞恥感，會在史蒂芬妮的心中點燃一股積極的力量，賦予史蒂芬妮正面良好的**自我反省**。和造成自我毀滅的陰暗面羞恥感不同，這股正面的羞恥感不會完全否定史蒂芬妮的人生，反而提供她一個角度更高的位置來綜觀整個人生，並且檢視自己：如果不喜歡自己現在的樣貌，那麼會比較喜歡哪樣的自己？

現在請大家稍微放鬆一下，紓解讀完這個故事的沉重心情。史蒂芬妮不過是我為了舉例所杜撰出來的故事，這樣的故事聽起來似乎不太實際。但是不切實際的地方，並不是因為在現實中我們不可能將憤怒、悲傷、害怕以及羞恥感轉換成正面力量。關於這點，越來越多正踏在情緒負載釋放旅途上的練習者以及自己，倒是天天都在體驗，所以這不只是相當實際，甚至是相當稀鬆平常的。

我之所以會說這個故事聽起來不太實際，那是因為如果要把這個巨大的人生課題、這種大型情緒背包，外圍包覆的所有年輪層全部一口氣打開，那史蒂芬妮大概得是神力女超人的等級才有可能辦到。另外一個不切實際的地方，就算史蒂芬妮神奇的成功一次打開全部的年輪層好了，她也不可能在同一時間能夠擁有健全訓練好的五種感覺指南，而且還有能力隨時隨地使用它們。一般來說，大多數的人在自己的感覺指南中總會有一些缺陷，例如有些感覺總是扭曲並且不太擅長發揮，或是有幾個感覺相互混淆等等。

當然我們也可以專注在單一的生命課題上，然後不斷嘗試去消化它和處理它，試圖把年輪層全部剝開，直到這個情緒背包不再擋路。不過這是一個相當漫長的過程，我們需要持續不斷地練習才能達到這個目的。事實上，假設持續規律的將情緒背包透過有意識的情緒負載釋放，最終也能大幅地減少這個生命中心課題的重量。這就好比是一個警示器一樣的作用，之前的練習介紹過，透過手機應用程式設定鬧鈴來提醒我們，讓我們逐漸地養成習慣。為了讓這個神奇的心靈改造能夠真正的廣為大眾使用，接下來要借助一個衝浪練習的小技巧來幫助大家快速學會並上手。

第13章 日常中的衝浪練習

生活中的試煉是成長試金石。許多學生參加我的講座課程時，能完美地操作情緒負載釋放，對前幾章的理論也有相當透澈的瞭解。然而當他們將整套練習轉移到生活中實踐時，卻常常感到挫敗。同時，也有另外一群的學生及讀者們喜不自勝地寫信告訴我，他們將情緒負載釋放練習轉移到日常生活後，獲得了莫大的成功與改進。

對於一部分的學生和讀者而言，這些練習自然而然地轉變成生活中一部分，對他們的伴侶關係產生長遠的改變。本章將介紹幾個具體實用的小技巧，讓各位在練習時能減輕負擔，幫助大家輕鬆地將練習技巧轉移到日常生活中。

日常生活中的練習小技巧
1. 學習如何暫時擱置情緒
2. 約定好暗號
3. 列一張擱置清單
4. 架設緊急紅色通話
5. 預先計畫

1 學習如何暫時擱置情緒

雖然釋放情緒負載是個很棒的主意，不過現實中大多數的情況下，我們沒有太多正確使用它的機會。這時候，學習如何暫時擱置情緒就是一個很重要的技巧。也就是說，我們必須先認清自己情緒負載被觸動的特徵，在內心有意識的將這個被觸動的包袱擺到一旁。我所想像的畫面是這樣的：將這個情緒負載小包袱先夾在腋下放著，而不是將它收進背包裡。當然這樣看起來，夾在腋下並沒有放在背包來得舒服，不過夾在腋下的好處，就是這樣比較不會將它遺忘在背包裡了。

至於如何將情緒放到一旁，以下有四個步驟可以引導。這四個步驟發生的前後時間相當緊湊，快得就像是一鼓作氣的連貫動作，我們來試驗一下。

第一個步驟就是先承認自己的情緒負載被觸動了。以我自己為例，說出這句：「剛剛我的情緒負載被觸動了。」就能達到很大的功效。有時候我甚至會放心地對激怒我的人說出這句話，不過大多數的時候，我只會在內心對自己說。

第二個步驟，就是在內心先停頓一會兒。這時候如果能暫時從情緒負載滿點的情況下先暫時抽身——當然這點視情況而定，看當下是因為誰而情緒負載觸動，以及當下是不是允許抽身。這時候藉口說要去洗手間，就是個很值得嘗試的開脫方法了。其實只需要暫時將內心稍微抽離當下的情緒狀況，就足夠讓自己的情緒負載觸動停下來。我們會因為重新專注在自己的內心狀態而轉移注意力，大部分的人都能因此重新找回平衡。

第三個步驟，就是將剛剛稍微緩和下來的小包袱移到一個整理好的內心空間裡。當你感受到身體所接收的資訊時，這個足夠的內心空間就會自動出現。對我而言，說出這句：「我可以感覺到身體接受到的資訊。」通常能幫上很多忙。在這裡特別提出一個問題：為什麼我們在情緒負載觸動的情況下所做出的反應，通常都非常難看？那是因為我們的身體有一部分正在努力抵抗，並試圖告訴自己他們什麼也感覺不到。和實際操作釋放情緒負載不同的地方在於，不需要特別將情感小包袱打開來看，我們只需要靜靜地接受這個情感小包袱原本的形狀與大

將情緒放到一旁

1. 承認情緒負載被觸動
2. 在內心暫停一會兒並將自己抽離當下情況
3. 提供情感小包袱一點內心空間
4. 有意識的將小包袱擺到一旁

小就可以了。

如果在這個過程中，你感到相當不愉快，或許可以先自我審查一下，究竟是身體內的哪一部分感受到什麼痛苦？這份不快感有多大？你會用什麼顏色、形狀和質地來形容它？精準地詢問自己關於這個情感小包袱的特性，能幫助我們從情緒負載小包袱的淺層外表來瞭解它。做這些動作和判定的目的，是在幫助我們逐漸認同這個情緒負載小包袱的身分，就不會產生想要一把推開它或是否定它的感覺了。

第四個也是最後一個步驟，就是在內心將小包袱擺到一旁。如同字面的理解一樣，我們只是把它擺到一旁而已，它並沒有「消失」，也沒有再度被推回情緒背包的底層。對這個情緒負載執行釋放前，我們刻意保持一部分的注意力、提供這個包袱一個足夠的內心空間，將它暫時存放起來。這樣一來，這個小包袱不但不會占據我們有限的內心總體空間，還得到一個喘息的機會。暫時先忽略這個小包袱，繼續進行正常的生活。

雖然在尚未處理之前，我們必須保留一部分的注意力以及情緒處理能力，用以保護這個情緒負載，不過至少接下來，你還是能維持日常生活的正常運作，而這份被觸動的情緒負載也不是真正消失不見。總比之後想處理還得花力氣去找出來，這一點努力是很值得的。

如果將情緒負載暫時地擱置，對你而言實在太困難了，那麼你可以執行注意力集中練習，例如正念減壓練習[註1]，或許能幫助你增強這項能力。目前為止這項練習帶來的效果經過幾十萬人的親身體驗，許多研究也相繼指出，正念減壓練習這一類的規律冥想，能有效改變大腦的運作，尤其是在杏仁核（請參閱本書第二章）方面有非常顯著的影響。冥想為大腦運作時所帶來的改變，不只限於冥想的當下而已。研究證實長時間規律練習的人，即便是在練習外的時間，大腦運作也有明顯不同。另外再提醒大家，暫時擱置並不等於療癒。大多數的人容易忽略此點，請容我在後面的章節再來針對此點做更詳細的描述。如果擱置對你沒有太大的問題，反而是與情緒及感覺建立連結對你而言比較困難，那麼這個練習對你而言就不太適用了。

2 約定好暗號

如果你現在所處的伴侶關係或是其他重要關係裡，總是不斷出現高度的情緒負載，和關係中的其他人約定一個暗號是相當有意義的，喊出這個暗號就表示你現在情

註1　原文：MBSR（Mindfulness-Based Stress Reduction）

緒負載高漲，幾近引爆邊緣。這麼一來就能簡單扼要地告知對方：「嘿，這已經超出我的界線！」每次當我遇到對方情緒快要失控時，我總是驚訝於對方怎麼會想不起來那個約定好的暗號？明明就那麼簡單的一個詞！所以當你和你的伴侶選擇暗號時，一定要選一個你們兩個平時完全不會用到的詞彙——例如「草莓果醬」或是「蕾絲裙」。當然如果雙方願意，用有趣的卡通人物當作暗號也無妨。總之這個暗號必須能讓你們在情緒負載被觸動的狀態下，稍微地冷靜下來。

記住只有在你感到情緒負載似乎被觸動時，才使用這個暗號來告知對方。一開始，比起察覺自己的情緒負載是否觸動，可能比較容易察覺到對方是不是被觸動。不過約定暗號和使用暗號的最大困難，通常是發生在當你發現對方情緒負載已經被觸動，而你因此感到相當生氣，於是也一起被觸動了。當然，另一半情緒負載被觸動，可能會令你相當困擾及生氣，不過這並不代表對方的觸動一定要變成一個大問題。我倒是有幾個不錯的策略能提供參考。

約定暗號是用來告訴對方，你察覺到自己的情緒負載被觸動了。我想大家應該能理解，如果透過喊出暗號來告知對方，你覺得對方的情緒負載被觸動所以應該要暫停，這是一個多麼不恰當，而且可能會得到反效果的行為。頂多只能說，你覺得你們兩個人的情緒負載都被觸動了，這樣可能還不至於引起對方的勃然大怒。

假如你發現自己的情緒負載似乎被觸動，那麼對你而言就比較容易承擔起責任，並且開始去尋找這個情緒負載的真實狀況。這個情況下的你，可能是先將這個情感小包袱找地方暫時擱置，也有可能是找一個同伴，提供你一個有同情心支持的空間，讓你馬上進行有意識的情緒負載釋放。不論是哪一個選擇，你的伴侶將能清楚知道該如何與被觸動的你相處。除此之外，這個喊停的行為，也等於是在邀請你的另一半審視自己，看看內心情緒是否仍然平衡。這個行為能大大減輕對方的壓力，讓這句和好的句子：「你知道嗎？我想是我太激動了！」更容易脫口而出。

3 列一張擱置清單

擱置清單的靈感，來自我身邊一位致力於處理自己情緒背包的女性好友。有一天，她斬釘截鐵告訴我，她認為每天在我們身上發生的情感負載觸動時刻，常常就在急於處理忙碌的工作中被遺忘了，等我們好不容易擠出一點時間，將它邀請到一個適合釋放的空間時，早就失去與這份情緒負載的連結，此時我們已很難再進入當下那個觸動的時刻。

擱置清單的好處在於，能將這個問題排除掉。所謂的擱置清單就是**當情緒負載被觸動的當下，以手寫重點式記錄的一張簡單卡片**，方便你稍晚找到一個適合情緒負載釋放的空間時，能隨時將這張卡片拿出來提醒自己。有了這張清單的幫忙，我們將輕鬆喚回那個原先情緒負載觸動的時刻，也就更容易再次找到進入情緒負載的導火線。

4 架設緊急紅色電話

如果你是那種每天都要跟自己的情緒負載觸動周旋數次的人，麻煩幫你自己及周遭的人一個忙——為自己架設一臺緊急紅色電話。緊急紅色電話的意思，就是列出你在情緒負載觸動時，可以打電話傾訴的三個人，當然，這三個人在他們情緒負載觸動時，也能打電話給你傾訴。

為什麼需要三個人？唯有這樣，在緊急時刻才能確保你能立刻聯繫到一個有空聽你傾訴的人。當這三個人其中一人真的沒空，或是不適合接聽你的情緒電話時，他才能真誠地回應你，現在的他剛好不適合。因為他知道就算一個人拒絕了你，你的緊急通話清單上還有另外兩個人可以聯繫。

現在，假如你真的打了緊急電話給清單上的任何一個人，務必直接說清楚來意，告訴他你現在需要一個情感支持的空間，進行有意識的情緒負載釋放，以及大約會花多少時間。清楚表明你的需求，有助於讓對方評估他是不是有充足的時間和精力，支持你這場緊急的情緒負載釋放。

通常我撥打此類緊急情緒通話時，我要求對方給的時間都很短，大約五到十分鐘左右。當然，如果剛好觸動的是一個尺寸特別大的情緒背包時，還是有例外。當你從對方那裡得到足夠的情感支持空間，做完自己的緊急情緒釋放後，別忘了主動詢問並提供對方，一個同樣時間長度的情緒釋放空間，這樣的做法對雙方都有好處。假若對方剛好當下沒有任何情緒釋放的需求，那麼就把這次的帳先記起來，這麼一來，當下次對方有釋放情緒負載的需求時，也比較不會不好意思打緊急電話來麻煩你。

緊急紅色電話的措施，對於大多數時間都必須跟小孩一起渡過的人來說尤其重要，而且通常是獨自長時間面對小孩的人，這個措施更是重要。這是因為孩子們還無法自由收放自己的情緒，他們會將自己的情緒全然發洩在照顧者的身上。小孩子這樣的行為其實是相當正常的，對孩子的成長而言，這也是照顧者扮演著關鍵角色的原因。

如果這位照顧者當下的情緒負載被觸動，孩子們的情緒也剛好正在發洩，那麼這位照顧者很可能會基於情緒無法克制的情況，放任孩子繼續宣洩情緒。這時候通常就會產生不良的連鎖反應，兩者互相影響下，兩邊的情緒會越演越烈。孩子若是無法受到被情緒穩定的照顧者關照，日後容易發展成情緒化的兒童。孩子越情緒化，就越容易觸動照顧者的情緒負載極限，並將照顧者推到恐慌圈上。這樣交替影響直到某一個臨界值，照顧者會變得既不能安撫自己，也無法再安撫孩子，此時勢必需要第三者的同情與支持。

與孩子過度緊密相處，常常會觸動最深層的情緒負載。目前為止我所聽過的事件裡，雖然有許多父母都說他們非常想和孩子有更多時間相處，但在現實生活中卻又不自主地避免和小孩太過緊密接觸。其實這些父母並不是要迴避自己的小孩，他們所迴避的是，小孩們呼喚出自己內心最深層的情緒背包。緊急紅色電話這個方法能取代情緒釋放，有助於突顯我們對情緒負載釋放的需求。如此一來，我們不用再迴避與孩子相處，也能以放鬆的心情盡情享受和小孩相處的時光。

5 預先計畫

除了為生活中積累的大小情緒負載，刻意安排釋放空間，安排一個專門的情緒釋放空間給突發的特殊情緒負載事件，也是相當有意義的一個小技巧。所謂的「特殊情緒負載事件」是指事前就能預知、並容易觸動大量情緒負載的事件。舉例來說：跟前男友見面，而你知道你的心裡仍對這位前男友還存有相當多的情緒糾結；或是跟某個總是惹怒你的主管、同事，或是顧客見面；也可能是跟你的父母見面——在那種闔家團圓、歡樂的節慶下，這種全家相聚的時刻，通常就是情緒被觸動或極限被挑戰的時刻。喔！別忘了有些美好感人的時刻，也能讓人情緒負載完全崩潰。一般來說，婚禮就是個容易讓人大哭的場合——這可不是因為現在的離婚率飆高大家才這樣激動。

總而言之，不論我的情緒負載是因為什麼事件被觸動，我都能在事前就先將自己的情緒負載處理好。例如，我會在赴約前就先將情緒負載釋放乾淨，讓內心情感呈現清爽整齊的狀態後再去赴約。不然我也會在赴約前，先為自己可能即將被觸動的巨大情緒負載，預約好一個足夠的情感支持空間，好讓我在赴約後能即時進行釋放。這個準備行為能讓我在事件發生的當下，輕鬆使用擱置清單重點記下我的情緒負載觸動，在事件過後迅速的處理情緒負載包袱，避免在事後還得繼續拖著這個被觸動的包袱到處亂走。

如果能做好這樣的準備，預先知道自己的情緒負載等一下會立即被處理與安撫，就能讓自己隨時處在一個愉悅美好的狀態。這種形式的釋放及準備，我認為是最美好的自我情緒照料方式，能幫助我們在面對高壓狀況時，輕鬆面對自己的情緒，化解緊張狀態。因為在當下，我們心裡已經清楚知道，自己不是孤單一個人面對這些情況。

日常溝通方式的改變

以上五種實用小技巧，可以幫助我們養成良好的情緒衛生習慣。除此之外，我觀察到能管理情緒衛生的人，他們在生活中的溝通方式也有顯著的改變。第一項改變也是最重要的改變，那就是傾聽能力。因為在操作情緒負載釋放時，就已經在練習專注、不預先做批判、全心全意的傾聽，但並不是指我們無時無刻都像在操作情緒釋放那樣專心傾聽。這種深度傾聽的行為在平日的應對進退中，其實反而不恰當，如果你真的這麼做，大概只會造成別人的困擾而已。不過在特定情況下，釋放情緒負載時所使用的這種深度傾聽，相當受用是無庸置疑的。這些特定情況不外乎像是一些群眾情緒和感情特別外顯的時刻，這些情感波動的時刻，通常正是人們掏心掏肺的時刻，因為傾聽在此時就相當重要。

除了傾聽能力有明顯改變外，經過長時間的情緒負載釋放練習，練習者的表達能力也會改變。規律練習讓我們能在發表演說及平日談話時輕鬆投入情緒，並和感情搭起連結。這要歸功於頻繁的練習結果，讓我們在說話時，更準確察覺到自己的情緒負載是否已經被觸動。

現在，每當我在說話時，會不時停頓半秒鐘，快速連結自己的內在情緒，檢查一下自己是不是有什麼負載被觸動了。當然啦，會這樣做一定是在跟另一個人對話，才會有檢查的必要，或是當被觸動的包袱不至於大到立刻激怒我的時候。如果在對話當下，感覺到似乎有個包袱已經被觸動了，而且大到會影響正在進行的談話，那麼我會在這個包袱真正被觸動前，先將它擱置到一旁，或是立刻撥打緊急紅色電話，要求使用一個情感支持的釋放空間。

時常和我一起練習釋放情緒負載的同伴們，能體會這種快速的場景轉換。有時當我們聊天聊到一半時，其中一個就會突然說：「我覺得，這個主題讓人有點不舒服，我需要一個幾分鐘的情感支持空間，可以嗎？」如果有人自願提供這個空間，我的朋友就可以順利進行情緒負載釋放，建立起來的情感支持空間使用完畢會自動關閉，然後大家就能帶著乾乾淨淨的內心空間，回到剛剛的主題繼續交談。雖然這種情況不常發生，不過對於和自己的情感建立連結而言，是不可多得的機會。透過這樣的行為，我們就能在日常生活中繼續保持良好的情緒衛生習慣。

給進階練習者的情緒負載釋放

在全書的脈絡裡，我一再強調情緒負載引爆者和情緒負載釋放的人要區分開來，換句話說，千萬不要找那位惹怒你的人釋放情緒負載，此點對實際操作練習的第一階段尤其重要。如果你現在已經實行情緒負載釋放練習一到兩年時間的話，你可以忽略這條規定。這個階段的我們，在和引爆自己情緒負載的引爆者一起練習時，能同時學習到為自己的情緒負載負起完全的責任。從另一方面來看，和被我們激怒的人一起練習時，我們可以學習為對方建立一個情感支持的空間，觀察自己是如何把原本屬於自己的負載，完全傾倒在對方身上，並且試著與對方保持在感同身受的狀態。

為什麼這個方法只適合長期持續練習一段時間的人呢？原因很簡單：因為這個練習引發情緒連鎖反應的風險實在太高了。只有當兩人都對釋放情緒負載沒有絲毫誤解，也清楚認知引爆者其實和這份情緒負載一點關係也沒有，這樣的練習才可能順利進行。即便到了進階練習，還是要再次強調，這和智力理解程序是沒有關聯的。我們必須至少親身實踐數百次，才能真正毫不懷疑地體驗到，一個情感支持空間是如何將另一人的情緒負載整理乾淨，而且這中間還不需要交換隻字片語。唯有經過這樣的體會，我們才有能力在那位被我們觸動的同伴面前坐下來。即便面對面的同伴正處在強力的觸動狀態，我們還是能明白一個事實：我們和這個情緒負載沒有什麼需要解釋的地方，這個提供的情感支持空間完全只是為了讓對方釋放情緒負載，只是為了讓對方能處理自己的情緒背包。

如果引爆者和情緒負載釋放者對此都有清楚的認知，那麼即便這兩個人一起練習釋放情緒負載，也不會發生情緒連鎖反應的情況。還是強調一下，如果太早貿然進行這個進階練習，兩人為此段親密關係蒙上陰影的風險是很高的。我真誠建議如果不確定自己是否已經達到進階者的階段，最好還是和比較中立的同伴再練習一段時間。如果雙方一起練習時，任何一方覺得自己被觸動了，代表這一步對你們兩位確實是操之過急。這種情況下，我建議兩人至少先分開練習三個月，之後再考慮是否能再次一起操作。

其他適合釋放的空間

用了本書過半的篇幅來說服各位進行有意識的情緒負載釋放、提供情感支持空間的同伴等這些重要的觀念後，接下來要告訴大家幾個例外情況。那就是我們不需要他人的幫助，也能得到合適的情緒釋放空間。在特定的條件允許下，我們可以學習到如何不借助他人，就連接上一個足夠且適合的情緒負載釋放空間。

之所以謹慎的將此點留到現在才說，是因為我發現絕大多數的人都傾向於相信自己有能力找到這個空間。但最後真正能找到空間的人，就比例而言實在相當稀少。當然，會有這麼多人盲目地相信自己有這個能力，和坊間為數眾多的理論脫不了關係。

這些書籍一再承諾我們自己擁有什麼能力，不過結果證明這些理論只是空談而已。許多人在這裡犯了錯誤，就自以為是在進行真正的情緒負載療癒，事實上不過是在嘗試另一個處理情緒背包的新方法而已。至於所謂真正的情緒負載療癒，則一如往常被忽略掉了。這裡提供一個簡易方法，幫助大家分辨是不是真的進行了情緒負載釋放：不管是哪一種，只要在其聲稱的療癒方法中，完全不涉及自身感覺的產出，那這個方法八九不離十就只是個虛有其表的方法而已。不過並不代表這些方法一點價值也沒有，它們還是有一定的用處。坊間介紹的方法大多在教導大眾如何有效約束自己的情緒，再怎麼說，這些方法也只是停留在情緒管理的討論階段，和我們想達到的療癒效果完全不同。

這裡跟大家進一步介紹另外三種額外的方法。透過這三種方法，有助於連結上容量更大的情感支持空間，而且不需要藉助他人的幫忙。它們分別是：音樂、大自然以及冥想。當然，這張額外方法清單或許並不完整，讀者可以再自行添加。

音樂

大家有過失戀經驗嗎？當時的你是不是也曾窩在床上一整夜，聽著一首又一首的流行情歌，哭得痛徹心腑呢？如果是的話，那麼你一定能理解音樂的魔力，它能將你的情緒括約肌打開，大量釋放情緒。假如你從未失戀過，那也不要緊。失戀雖然是青春美好的回憶，但它畢竟是一件累人又耗費心神的事。更何況，本書進行到這裡為止，大家都已經能理解到釋放情緒負載和聽著情歌大哭完全是兩回事。

我想說的是，音樂是一個能將我們和情感支持空間連結起來的工具，讓情緒處理作業量能獲得一個暫時性的產能擴充。藉由音樂來抒發情緒，是人類歷史中早就存在的一種方法，也是最美好的方法。要達到用音樂來操作有意識的情緒負載釋放，唯一要注意的，就是要挑選出具有靈魂內在的音樂。當歌手在現場表演的時候，全心全意將自己的情感和樂曲連結在一起，那麼這種音樂就可以發揮功用，為我們和更大的情感支持空間搭建一座橋梁。

練習 |18|

讓音樂成為釋放情緒負載的空間

1. 挑選一首你喜歡的樂曲，開始播放。選擇一臺高音質的音響，讓播放的樂曲音量大聲占滿整個空間，避免因為品質不佳而聽起來刺耳不舒服。
2. 閉上雙眼，站著聆聽音樂，試著去感覺自己的身體，放鬆全身。
3. 試著融入音樂中。用力去感受整個空間，感受音樂是如何觸動你的身心。音樂和你所建立出的連結在哪裡呢？
4. 聆聽音樂的同時，深深吸一口氣並緩慢吐出。透過這個方式放鬆自己，讓音樂貫穿全身。如果能達到這個程度，透過音樂深層放鬆，你一定能感受到一定程度的情緒負載釋放。
5. 如果已經感受到你和音樂建立起情感連結，音樂正牽動你的全身，這時候，就如之前的練習，開始找尋心中這份情緒負載的導火線，沿著導火線尋找情緒負載的真正所在地。
6. 如果你願意，隨著音樂擺動身體也無妨。不過要注意，隨著音樂自然擺動，應該要能隨著導火線更深入自己的情緒負載，而不是將注意力轉移。

用音樂紓解情緒負載的方法經常被錯用，反而製造出情緒陰暗面。這類製造出來的情緒陰暗面像是：流行單曲通常擅長製造快樂幻象、重金屬或龐克音樂則擅長製造破壞力十足的憤怒、動人的抒情歌曲則擅長引發能讓人萬念俱灰的悲傷感，讓人哭到痛徹心腑等等，音樂被濫用來製造情緒陰暗面的例子多到不勝枚舉。這種濫用音樂、然後戲劇性地陷入各種情緒陰暗漩渦的結果，經常被大眾搞混，以為這就是一種療癒。要知道這種混淆的高速漩渦雖然可以讓我們產生各種情緒，卻對情緒負載沒有任何效果，反而讓大腦神經元陷入刻板的模式，將情緒陰暗面的各種負面效果召喚出來，而且此過程還特別令人勞心勞神。

想透過音樂來達到情緒負載釋放唯一能成功的途徑，就是要完全進入音樂，並且信賴音樂的靈魂，將自己與演奏者的情感連接起來。如此一來，音樂所提供的額外釋放空間才可能成為外接的情緒處理容量，轉化成情感支持空間，讓我們在音樂中釋放情緒負載。想試試看嗎？請參照練習十八的步驟。建議大家在嘗試前，先有幾次實際操作釋放情緒負載的經驗會比較好。不過根據我的經驗，雖然藉由音樂來達到情緒負載釋放聽起來是那麼的美妙，只要把身心靈和音樂連結在一起，盡情沉浸在音樂中就好，但實際上並不能完全取代和同伴進行的情緒負載釋放。因為儘管已經精心挑選適合的音樂，也已經全心全意投入，這種情緒釋放的品質還是比不上和真實的人一起進行。畢竟音樂不等於人，它不能給你人類的同情心。所以我認為音樂只是一個不錯的補充選項，但遠遠不能取代你的練習同伴。當然，你也可以將兩者結合在一起。我自己就曾經歷過一次這樣強烈的情緒負載釋放方式，那時我的同伴不僅在一旁提供我足夠的情感支持空間，同時還播放與心靈連結的音樂，按照練習十八所描述的步驟，在同伴及美好音樂的陪同下，一起撫平了我的情緒負載。那次的情緒釋放練習是一次相當美好的回憶，負載釋放完畢之後，我感覺到自己的內心比平常更為寧靜、舒緩。

大自然

另一個能和情緒釋放空間連結的方法，就是大自然。不過即便是萬物來源的大自然，它依然不能當作同伴的替代品，因為大自然也不能提供你人類的同情心。透過大自然所達到的情緒負載釋放，有它的獨特之處。以我自身的經驗來看，這種方式的情緒負載釋放不致產生波濤洶湧。話雖如此，能和大自然產生情感的連結並透過它來修復自己，也是一種相當美好的方式。接下來的練習十九將一步步引導你進行釋放。

練習 |19|

在大自然中達到有意識的情緒負載釋放

1. 走進大自然，找一個最能讓你放鬆的地方，避開人群聚集的熱門地點。
2. 如果天氣和地點允許，建議大家做這個練習時，一開始先趴臥在地上，沒錯，肚子朝下。最好不要使用任何地墊，這樣你才能和大自然的地表直接接觸。當然，最重要的是你也覺得這麼做並無大礙，如果直接和地面接觸令你感到不舒服，那麼就使用地墊吧！
3. 現在參考練習十八的步驟，加入音樂。閉眼靜心來感受並放鬆你的身體。
4. 試著去感覺身體和大自然交會融合的地方。大自然在你身體的哪些地方有相互連結的感覺呢？
5. 深深吸一口氣，就像要將整個大自然都吸入自己身體。讓這股大自然的芬芳澈底充滿你的身體，直到覺得有點頭暈。達到此點時，全身持續保持放鬆的狀態，現在的你，應該已經感到一點輕微的情緒負載釋放在身上漸漸發生。
6. 如果能感覺到大自然已經和身體建立起連結，你會感受到大自然在你的四周無條件地接納、支持著你，這時候可以開始操作你已經相當熟稔的情緒負載釋放步驟，摸索這個情緒負載的內在導火線，直到找到情緒負載正確的位置。

冥想與有意識的釋放情緒負載

有些人認為冥想是達到情緒和諧或內在和平之類的狀態，不知道你是不是也這麼想。近年來那些打坐冥想的佛陀雕像，的確在全球各地成為內在和平的流行指標。專注力練習和冥想在今日的行銷市場上也已經被歸類成同類型的商品，這樣一來其實大家會有這種聯想也是情有可原。不過很可惜，其實這種聯想基本上完全誤會了冥想能達到的效果。以下將從此點直接切入，讓大家真正瞭解冥想究竟對情緒掌控發揮了哪些功能，以及哪些功效是誇大不實的。

什麼是冥想？

幾世紀以來只存在於檀香繚繞的朦朧裡，永遠梵音迴響不止的冥想，感謝這幾十年來美國頂尖大學研究機構的推廣與鑽研，逐漸獲得大眾嚴謹看待。如今，千年古老的冥想儀式變成了一項學術行為，被科學家們仔細拿著放大鏡探究其神祕的功效。冥想打坐擺脫了特殊文化及少數宗教儀式的限制，成為人類世界裡西半球科學家們以及普羅大眾的最愛。不只如此，不用點檀香也能達到相同療效。

如今冥想儀式中最廣為討論的一個分支，就是正念減壓練習。正念減壓練習法起源於卡巴金[註2]博士，他於一九七九年在麻省大學醫學院開創正念[註3]中心。卡巴金博士是開啟正念減壓療法課程的先驅，正念減壓的原文縮寫為 MBSR，全文是指用心感覺讓壓力減少的意思，簡稱專注力練習。不論是正念減壓練習或專注力練習，都是強調練習者應該學習如何專注於當下，並練習培養不帶任何評判的觀察意識。在正念減壓的練習過程中，主要內容就是學習如何不帶任何偏見與雜念，從一個宏觀的角度觀察。透過這樣的練習，我們的內在能生成一個較大的內心空間，處理周圍的所有事情及自身情緒，這也是為什麼在這裡特別提及冥想的原因。冥想練習能幫助增強處理情緒背包的能力，醫學研究已經證實，正念減壓練習對許多疾病有正面的改善作用，像是壓力、成癮行為、憂鬱以及其他的心理疾病。

冥想最常被提出討論的部分，是關於不同方式的冥想所帶來的不同功效。像是正念減壓以培養不帶任何評斷的觀察為目標，其中最明顯也最廣為被研究證實的效用，

註2　英文原名 Jon Kabat-Zinn。

註3　原文 Mindfulness, 中文譯文與相關學說翻譯不一，亦稱正念減壓、靜觀療法。

就是明顯減低大腦杏仁核對暴力圖片的反應。在這樣的練習裡，你能擴大內心處理空間，最大的功用，就是讓練習者盡可能的與自己的情緒保持安全距離。

假如透過練習正念減壓加強主宰情緒的能力，並且透過這項能力讓自己在情緒負載被觸動的情況下，仍舊把持住主宰能力，那麼正念減壓練習可以視為我們達到情緒療癒一個相當重要的步驟。要達到情緒療癒的目標，需要有能力刻意將注意力轉移到感覺上。如果企圖迴避這個步驟，之前被暫時打包擱置一旁的情緒負載通常會不耐久候，並且用更激烈、更大聲的音量反撲，試圖跨過我們努力維持的內心安全距離。為了避免這種反噬的情況發生，好好練習專注力，讓我們能更專心的感受當下。除了冥想外，值得一提的還有另一個和冥想類似的練習，這個練習在專業領域裡擁有一個相當美麗的縮寫 LKM。

同情心可以學習

LKM 叫做慈心禪[註4]練習，字面上可理解為「愛的—善意—冥想」。許多人將這

註4　原文全名為 Loving Kindness Meditation

種冥想方式直接翻譯為慈心修行或慈心禪。慈心禪的來源就像冥想一樣，是一個擁有悠久歷史的練習。不過慈心禪的練習重點和冥想不同，它著重在練習給予無盡關愛的同情心。接下來的練習二十就是訓練慈心禪的步驟，如果你想進一步瞭解同情心這個主題，我誠心推薦各位到 www.compassion-training.org 這個網站閱讀免付費的電子書籍，該書由唐尼亞・辛爾編輯而成。唐尼亞・辛爾為德國馬克斯・普朗克研究所[註5]位於萊比錫的，認知及神經科學分院之社會及神經科學部部長。這本書的內容收集各界關於同情心研究專家的學術討論，橫跨不同領域的研究者。除了有大量的學術資料和知識外，該書最寶貴的地方是它詳細紀錄了許多精闢的操作練習與建議、以及許多具體的練習方式，甚至還涵蓋了許多完整的訓練計畫。

註5　馬克斯・普朗克研究所，德文：Max-Planck-Institut，臺灣簡稱為馬普所（MPI），為馬克斯・普朗克學會（德文：Max-Planck-Gesellschaft）旗下的研究機構之一，該會迄今共有三十二位研究員獲得諾貝爾獎，為德國的一流科學研究機構。該協會以著名德國量子論創建者物理學家馬克斯・普朗克命名。

練習 |20|

同情心練習

這份練習節錄自前文提及的學術研究文獻，該研究側重於分析慈心禪對練習者在大腦活動所產生的影響：

1. 閉上雙眼，並試著回想一段生命中你曾經誠心祈願對方一切安好的時刻。
2. 隨著記憶試著重現當下心裡所產生的感覺，將這股感覺當作同情心感覺的標準。在腦海中記下幾句簡單祝福的句子，只要是祝福別人一切順利的句子就可以，在心中反覆念誦。例如：「願萬物皆幸福，願萬物皆健康，願萬物皆安好。」
3. 給自己足夠的時間讓身體感受這些字句的意涵，然後感受這股感覺在身體裡漸漸發揮作用。

進階練習版本：你也可以將上述的練習改成對特定人的祝福，在腦中想著他或是她，在心中祝願他或是她一切安好。

有趣的是，慈心禪練習並不像正念減壓，會降低大腦杏仁核對暴力性圖像的反應。相反的，慈心禪練習會大幅提高杏仁核對這種圖像的反應。這種效用會發生在當我們剛好不是在進行冥想的狀況下。難道，慈心禪的練習會讓我們比以往更容易感到壓力、感到不愉快嗎？當然不是，畢竟透過慈心禪和冥想訓練的是同情心，並不是同理心。杏仁核的高度反應，在這裡能幫助我們將練習時所激發起的洶湧情緒緩和下來。實際練習時，我和我的同伴都能感受到其作用。慈心禪所帶來的同情心不僅會讓我們在練習時得到無限的幸福感，同時也會激發內心無私貢獻的大愛精神，這一點在各個學術研究中都是無須爭辯的事實。

回到情緒負載釋放練習。這個練習不僅有慈心禪的功用，也包含了冥想的作用：當我們扮演傾聽者的角色時，同時也在練習專注力其中一項能力——感受周遭事物但不預先做任何評斷的能力；另一方面也透過搭建情感支持的空間，練習慈心禪中所注重的——無盡關愛的同情心。這麼一來不只是和我們一起練習的同伴受益良多，自己也獲益匪淺。因為透過這兩項練習，大幅提高處理情緒的能力。

舉例來說，透過正念減壓練習，來提升內在的情緒空間，因此有更大的內在空間支持前面所述的其他釋放空間，獨自處理體積更為龐大的情緒背包。在特定條件下，我們能自己搭建情感支持空間，來尋找情緒負載在內心的導火線。要注意的是，這個提升內在情緒空間的效果只能在長期不間斷的練習後才會出現。畢竟一個完整的正念減壓練習課程至少費時八週，每天練習四十五分鐘，每週至少練習六天才能完成。

第二點該注意的，是和練習同伴一起進行情緒負載釋放的效果，會比獨自操作更加顯著。雖然我已經有長期的情緒負載釋放經驗，但有時當我嘗試獨自一人處理某些情緒包袱時，花上好幾個小時仍無法確切接近這些情緒包袱真正所在的源頭；然而當我有同伴提供的情感支持空間時，同伴所傳來的同情心卻可以讓我不到五分鐘就立刻做完情緒負載釋放。也就是說，我完全可以理解，你覺得做情緒釋放練習總是需要別人的協助是一件很不方便的事情。但是獨自一人操作並試著找尋情緒負載的確切位置，卻可能讓你花上更多時間、更困難、更耗費精力，到頭來反而更不方便。

另外，我們最終透過情緒負載釋放練習而獲得的能力，不只幫助自己處理情緒，更能幫助其他數不清的、尚未接觸情緒療癒的人。特別當有些人在生活中為某件情緒事件整天煩惱不停，又完全沒有意識到這些擾人的情緒都來自自己的情緒背包，也不知道可以透過情緒負載釋放來療癒它們的人。我知道在你一路讀到本書快結束時，心裡一定不只一次想過這個問題。所以，在接下來的章節讓我們將這個問題做個完整回答吧。

第14章

如果身邊的人失控了

到目前為止，本書都著重在討論如何和自己的情緒背包好好相處。我會將焦點放在這部分的主要原因，是因為自身的情感舊傷，往往比他人的情感舊傷更難以克服，雖然很多人不清楚這一點。我所主持過的講座及課程中，某些學生能快速理解情緒背包的概念，也能立刻辨認出所有情緒負載被觸動時的特徵。不過，他們能辨認或舉例的大多是身邊的人，很少有人能描述自己情緒負載被觸動時的樣貌。

也許在你閱讀整本書的過程中，已經不只一兩次停下來思考：「天啊！我老公（或是老婆）應該也要讀一下這本書才行！」或是：「要是我老闆能頓悟其實他脾氣那麼暴躁，都是因為情緒背包就好了！」我只能說，你並不孤單。我們能做的，僅僅是在他人也想要處理自己的情緒背包時，在一旁支持他們。想要督促其他人開始著手去整理情緒背包，或是說服其他人為自己的情緒背包負起責任——很可惜這不是我們能辦到的。儘管口沫橫飛的到處遊說，如果每個人都能為自己的情緒背包負起責任，這個世界會變得多麼美好，所以大家都應該開始這麼做……。這麼想的同時，不只是又在自己心裡增加了一個新的絕對權力訴求，這樣的絕對權力訴求，就和其他前面提及的訴求根本沒有什麼兩樣。假如對方不按照我們的意思做，我們就會譴責對方，這麼一來反而將對方當下明顯渴望需求的同情心，置之於千里之外。

對於這一點，保持中立看法是比較實際的，安然接受每個人都有各自的情緒背包，而情緒背包時不時會被觸動，是一件相當正常的事。而且在這個世界上大多數的人並不想為自己的情緒背包負責，這也是一件再正常不過的事。如此中立持平的觀點，就是多數學員迄今總結的心得。在面對許多不成熟的人事物及情緒負載觸動的情況時，這樣的中立觀點能賦予我如湖水般沉著寧靜的心境。超脫是非的觀點讓我在必要的時刻，能輕而易舉地抬起手臂，輕聲說出：「不好意思，我覺得我的情緒負載被觸動了。」這也讓我在面對周遭人們的情緒負載觸動情況時，更能用富有建設性及同情心的方式來處理。

在大家都有了上述通情達理、顧全周到的共同看法後，接下來要介紹幾個與他人情緒負載相處的基本原則。這幾個基本原則經過多次實驗後，證實了相當有幫助。

這幾項原則可以套用在各種不同的人際關係。它能被使用在親子關係，也能在你的親密伴侶度過倒楣透頂的一天後，派上一點用場。如果你的同事、公司裡的其他員工，甚至是你的主管開始失去理智的時候，這幾個原則也能發揮一些作用。萬一你最親密的好友抓狂似地出現在你家門口，只為了她剛和男朋友又大吵一架，這個原則也能提供你一些參考。

或許你覺得上面所列的原則看來有點熟悉，因為在本書的前面章節裡你已經仔細鑽研過了。這些原則再次出現在本章節裡，其差異之處在於，現在這些原則不再只限於使用在有釋放情緒負載的框架，你可以將這些原則適時應用在日常生活中，下面篇幅裡將賦予每一個原則全新的使用觀點。

處理身邊情緒負載被觸發的人
1. 提供情感支持的空間
2. 給予同情心
3. 保持距離
4. 讓對方專注在自己的需求上
5. 尊重並贊同對方的需求

1 提供情感支持的空間

如何建立並提供一個充滿同情心的情感支持空間，前面已經解釋得相當清楚。只要勤加練習如何去建立一個空間，就能越快達到熟能生巧的地步。這個能力在其他情況下也能帶來一些好處。例如，當我們正好處於別人的情緒負載觸動的劇本，這個人又恰好完全沒聽過情緒負載釋放這種東西時。我希望大家知道一件事：正處在情緒負載觸動當下的人，絕對沒有興趣聽你傳頌情緒負載釋放的技巧。不過話說回來，凡事都有例外，或許你也能碰到爆怒之下仍願意受教的人。

至少有一件事是我們能做的，那就是一旦發現對方的憤怒和情緒負載觸動有關係時，你可以在內心悄悄切換模式。只要提供一個充滿同情心的情感支持空間，用非言語的方式提供給對方，內心觀點自然就會開始改變。在這種情況下，因為對方已經被情緒負載觸動，而連帶我們也被對方的怒氣觸動，這種連環爆的機會會大幅降低。就算我們當下也被觸動情緒負載，好在我們已經處在一個情感支持的空間，便能即時將這個空間挪給自己使用，不需要立刻有所反應。換個方式來說，藉由自己正在提供的這個情感支持空間，把自己這份被觸動的情緒負載先擱置在裡面，稍後再處理。

從小孩的身上最常看到這種情況。小孩對這樣無聲無息所提供的情感支持空間，有相當直接的反應。最平凡的表現方式就是嚎啕大哭，或激動地控訴責罵。乍看之下這似乎不是我們所期待的最佳反應，不過已經是相當不錯的徵兆了。這個徵兆告訴我們，孩子在現在這樣的空間裡感到安全，他們可以盡情釋放自己所有的情緒。準確地說，就是孩子察覺到現在有容納他們情緒的空間了。只要這個情感支持空間繼續不斷充滿同情心，這個起初看起來很糟糕的反應，接下來會自然轉變成情緒負載釋放。

2 給予同情心

第二項原則也和情緒負載釋放練習相當神似，如果已經有了足夠的練習經驗，想必提供情感支持空間及給予同情心，這些對我們而言都易如反掌。不過正如大家所熟知的，正在釋放情緒負載的人，如果沒有準備要為自己的情緒負載擔起責任，那麼這樣的人在釋放情緒負載時，可能會讓我們感到相當不愉快。正因為如此，最好能在這時不斷提醒自己，要記得提供足夠的同情心給對方。這只是個存在內心裡的小改變而已，不需要訴諸任何文字表達。我們只需要親切和藹地關注對方並真心認可，對方在情緒負載被觸動的當下，觸動他的可能是人生中最巨大的一個情緒挑戰。

除了進行情緒負載釋放練習，在日常生活中，或許將同情心用言語表達出來，不啻為一個相當有意義的方法。當然，訴諸文字表達時，最好用心斟酌，最忌諱的就是說一些陳腔濫調的安慰字眼，或是聽起來言不由衷的話語。只有真真切切感受到些什麼，並且感到這些話語不吐不快時，才將這個感覺用文字的方式告訴對方。一般來說，許多耳熟能詳的安慰話語聽起來都有點強迫過頭，要不就是讓人覺得被打發而已。

另一個能表達同情心的方式，就是主動式聆聽。也就是重複對方說過的話，不論是逐字不漏，或是轉換成自己的話複述出來都可以。如果對方向你說：「全都在混水摸魚！沒有一個會議是準時開始的！」我們可以這麼回應：「你覺得同事們都很不專業，這讓你非常氣餒。」如果對方也贊同你的回應，那就達到給予同情心的目的了。

也許我們和對方在同一間公司工作，你覺得和其他公司相比，這間公司算是準時的。可能我們內心認為，當時的確還有其他比準時開會更重要的事。不過，這一切都不會影響主動式聆聽的效果。我們可以藉由主動式聆聽輕鬆進行換位思考，從對方的角度來看待他的情緒，並且同聲感嘆：「對啊，要是我遇到這種事也會覺得很氣餒，感覺好像我是全公司唯一一個準時開會的人。」不管現在對方的這個感覺是不是和事實相符，在情緒負載釋放的這個時刻並不重要，因為在一個人情緒負載被觸動時，他的感覺不是建立在理性和真實上，反而是建立在他所感受到的感覺上。

3 保持距離

正因情緒負載被觸動的人們，會一秒轉變成令人不舒服的同伴，因此這個步驟非常重要，我們必須要學會與他們保持距離，以策安全。你可以說：「我可以理解，你現在一定很生氣，但我真的不喜歡你用這樣的口氣和我說話。」透過主動告訴對方你尊重他的感覺，同時也向對方表達，該尊重彼此應有的適當距離。特別是和小孩相處時，學齡階段的小孩通常正在學習，如何適當表達自己的各種憤怒、痛苦、挫折及其他情緒負載。

另外，將自己與對方的觀點清楚分開，也是保持安全距離的重要方法之一。你可以這麼說：「我的印象是，最近公司大部分的人對準時這件事有了很大的改進。但是我聽說你有不一樣的看法。」以迂迴的方式表達自己不同的看法，同時表明對方的觀點也很重要，這和直接開門見山地詢問對方是完全不同的。簡單地開啟對話告訴對方他可以有不同觀點，不需要直接指出他的觀點是錯誤的，這點相當重要。就算對方願意從我們的出發點來看整個公司準時的情況，由於他的感覺已經受到情緒負載的牽引與扭曲，最終他也只會看到自己心裡想看的那個故事版本而已。如果在這種情況下，我們的目的是提供對方足夠的同情心，那麼我們能做的，就是尊重對方的故事。

4 讓對方專注在自己的需求上

人們在情緒負載被觸動的狀況下，絕對權力訴求這股災難性的力量，通常會占據整個腦袋，變成主導中心。因此，如何消除這股力量就變得相當重要。在多次的實驗中已經證明，嘗試和緊抱絕對權力訴求不放的人，是不可能被改變的。這時候要謹記：絕對權力訴求對對方而言是救命的盾牌，保護他們以免情緒亂成一團。如果你嘗試將這面盾牌搶走，那就像是從一個溺水的人手上搶走救生圈般的殘酷。這種行為絕對會招致對方滿滿的恨意。在這種情況下，在釋放情緒負載所學習到的技巧就能派上用場。我們能伸手幫助對方，將內在的最後一小步往前推進，面臨相同情況時，有個能讓我們得以被解救的小步驟：從絕對權力訴求轉換成需求。

實際操作方法如下：首先，不需要給對方的絕對權力訴求過多注意力。就讓他抱著救生圈吧！因為說實在的這個救生圈沒有太大意義，而且在幫忙的過程中，有沒有拿走救生圈其實也沒有差別。雙方比較感興趣的應該是在這個盾牌背後藏著哪些需求？回到前面例子：我們的同事相當生氣，覺得全公司的人都在混水摸魚。他所抱持的絕對權力訴求可能是：「所有的人都應該準時出現在會議上。」藏在這個盾牌背後的需求其實可能是：「我希望大家能更珍惜與重視我的時間。」或是：「如果會議開始的時間被延後了，希望有人可以通知我。」也可能是：「我希望會議可以準時開始。」

不過在對方盛怒的情緒中，通常很難分辨，究竟絕對權力訴求背後所隱藏的需求是哪一個？因為若一個人的情緒負載被觸動時，通常在他內心所有的需求會前仆後繼地一起湧現。除了這個原因外，其實很多人從來沒有認真想過如何去正視自己的需求，以及如何好好表達。在我的教學經驗中，想要幫助其他人瞭解自己，有許多方法可以嘗試。

第一種方法大家應該都猜到了：直接詢問。你可以這麼問：「那麼你覺得應該怎麼做比較好呢？」平心而論，大家對這個單純問題的反應時常讓我驚訝，這個基本的問題通常就能讓多數人開始正視自己的需求，不再發怒。不論是小孩或成人，在職場或私人領域中，單刀直入的提問都能發揮正面功效。這個提問還可以成功轉移對方的注意力，不再執著於他的絕對權力訴求，反而是專注在個人的需求上。

第二種方法執行起來不如第一種方法容易，但是效果一樣很好。我們可以在對話過程中試著感受與察覺對方的需求，用言語替他表達出來，並且將所察覺的需求以問句形式告訴對方，請他確認。換句話說，你可以這樣詢問：「你希望這個會議能準時開始——這樣對嗎？」這時候就算猜測沒有正中靶心，效果也相同。對方會將我們所提出的詢問和自己的內心狀態做比較，兩相比擬之際，就已經開始與自己的內在需求搭上連結了。除此之外，詢問語句中也夾帶了暗示性的意涵，隱約傳達給對方「會議一定要準時開始」並不是一個既定的法則，不過是他個人單純的願望而已。

5 尊重並贊同對方的需求

按照我的教學經驗來看，最後一個步驟通常是最困難的步驟，但同時也是至關重要的轉折點。絕大多數的人不管是下意識或明確的認知，基本上都認同一旦有需求，這個需求就必須被滿足。只要這個信念仍然存在，那個心中未被滿足與實現的需求就會形成壓力，無可避免。反過來看，這其實也是其中一個主要原因，導致我們不容易發掘自己的需求，傾聽別人的需求也同樣顯得特別困難，尤其是當兩人的需求不一致時。

這個部分最令我感到不可思議的地方，就是原來每個人都相當渴望自己的需求能被別人接受與尊重，這股渴望甚至比渴望需求被滿足更為強烈。每個人都有足夠的心智成熟度以及思考能力可以理解，至少是在沒有被情緒負載觸動的情況下。這個道理想必大家從幼稚園開始就已經有深刻的體悟。假設有一個需求，這個需求既沒有人願意聆聽，也沒有人給予足夠的尊重和支持，更別提能被實現，那麼這個需求到最後，通常就會轉變成情緒背包的一部分。

不過，到底什麼才叫做尊重一個人的需求呢？起碼要做的第一件事就是承認這個需求的存在，並且清楚地表達這個需求被聽到了。舉例來說，當我們說：「我聽到了，你說這件事對你很重要。」或是：「我聽到了，這是你心中最大的一個願望。」

當我們這麼做時，不僅透露讚美對方願望的訊息，同時也認同對方願望存在的正當性。可以先用一句簡單的話來達到這個作用。例如：「我完全可以理解。當然啦！要是大家都可以準時出席會議一定很棒。」藉由給予對方需求一定的尊重度，可以讓真實情況以及對方需求之間的差距變得更明顯。同時，這個行為不啻是將手指戳進他的傷口一樣，因為絕對權力訴求不計代價極力要掩蓋的，正是那個令人隱隱作痛的創傷。

藉著給予對方同情心以及提供情感支持的空間，我們就像是發出一個邀請訊號給對方，讓對方開始去感覺創傷帶來的痛楚，而被觸動的情緒負載也就能在這個過程中得到釋放。如果情況允許，我們還可以用其他句子進一步的將事實表達明白。例如你可以這麼說：「……不過事實就是，現在這個會議不是這種完美的出席情況。」或者你也可以選擇不要太過強求，見好就收。

這些基本原則如同一開始所提到，並非是藥廠研發的專利處方箋，不能給你藥到病除的保證。但是這些原則能幫助你，當身邊的人失控時，能將對方引導到一條新的情緒修復道路。假如我們能成功地操作，執行這些原則的當下就能激發身邊的人，讓他們對自己被觸動的情緒負載保持一個相對成熟、也比較緩和的處理態度。但是執行這些基本原則，就像是在人際關係裡許多的討論主題一樣，說比做簡單。不過我能告訴你的，就是這些原則絕對值得一試。

有一個相當重要的前提條件，那就是我們要先從自己在距離情緒負載爆發的門口前先恢復正常。因為當一個人情緒負載被觸動時，不論多麼極力想要隱藏自己的憤怒，其他人絕對能察覺到我們正在盛怒中。就像是家裡有個地方著火了，而我們極力吸著煙希望鄰居們不會聞到燃燒的煙味。就算是一個大家公認神經大條的人，也能在幾百公尺外就聞到空氣裡飄著情緒負載觸動的煙硝味。這種知道不對勁的直覺反應就像是體內內建了一個偵測雷達。

實際練習中，我們要做的就是，立刻為自己找一個可以操作情緒負載釋放的空間，或是將自己被觸動的情緒負載先找個合適的空間擱置起來。唯有這樣處理，我們才有能力按照上面的基本原則來引導身邊失控的人們。

第15章 感謝你，我的背包

這趟探索情緒背包的旅程即將接近尾聲。進行到本章節，相信大家都已經很清楚，情緒背包對我們的人生到底帶來了多少不必要的災難。同時也希望大家能瞭解，為自己培養一個正確處理情緒的習慣是一件相當值得投資的事。我目前尚未揭露的一個事實，就是這個人類背負在身上幾千年的情緒背包，是大自然贈予我們一件相當珍貴、得來不易的寶物。

書中我不斷用各種方式來暗示此觀點，不過我想再次確定大家在一路閱讀的過程中都接收到這項資訊。而本書最後，想和大家再詳細解釋一次重點。放在最末章節的原因，正是因為唯有真切瞭解情緒負載是值得我們給予注意力、尊敬及認同後，我們才可能帶著一股喜悅的心來看待情緒背包帶來的貢獻。只要心中仍存在對情緒負載的一絲絲偏見，只想盡快擺脫它，那麼這趟探索情緒背包的旅程只會充滿困難，當然也就不會有多大的成果。

從全新觀點看待討人厭的情緒事件

要瞭解這個令人不太舒服且不切實際的情緒負載，到底有什麼價值，我們必須要往後退幾步，才能看清它的全貌。例如，從一個叫綜觀的角度來俯瞰，能觀察到在人生旅途上，以及其他人的人生旅途中，到處布滿了許多挑戰，以及令人痛苦不堪的人生經驗。身在其中的我們，時常忘記這不過是相當普遍的人生現象罷了。我們不但忘記這點，接著還容易陷入自怨自艾中，覺得全世界就只有自己遭受這種不公平的待遇，其餘周遭的人都順遂無比。

如同全書重複強調，肩上背著的這個情緒背包，是一個儲存著所有人生遇到的困難事件集中地，這些事件都是我們還沒有準備好去消化的經驗，所以這個情緒背包不受大家喜歡一點也不讓人意外。但是換一個角度來看，唯有經歷過這些事件的洗鍊，才能鍛鍊出身為人類最珍貴的價值：愛的能力、聰明才智、同情心、謙卑反省、捨身奉獻、感恩的心、洞悉觀察、清明智慧，以及最重要的信任感。

如果今天我們只想將這個人生導師用盡辦法地往背包深處裡藏，然後只要它一探出頭來，就用最快的速度和各種策略用力把它塞回背包最深處，無疑是一次次故意錯過成長的機會。假如把人生的整趟旅程比喻為大學，這樣的做法就像你去聽了一門講課，卻從來不寫教授出的回家作業，也從來不參加每一個期末考試，沒得到任何學分一樣。

能力及意識狀態

如果你讀過我的其他著作，想必你會相當熟悉這兩項指標，即「感覺的進階演化」所需要的能力及意識狀態。長期的教學經驗裡，我看到每一個人身體裡都有相同的潛力能邁向進階演化這一步，但這股潛能並不會自動產生。要讓身體開始發展並達到指標，需要做相當多的功課來提升自己，這些功課就是情緒背包一直以來不停要求我們的挑戰。處理情緒背包的同時，等於放手讓自己過往痛苦的經驗，再次接觸內心，有時甚至幾乎將心神損耗殆盡，但是在這個痛苦的過程中，人生經驗卻能讓我們成功蛻變。假如在蛻變的過程中沒有旁人給予情感支持與同情心，這樣的壓力在大多數情況下，都會讓人感到過度壓迫，結果不僅沒有達到演化蛻變的目的，反而成為心中潛伏的夢魘。

我將這兩項重要的指標稱為「能力」及「意識狀態」，因為這兩項能力在邁向演化的過程中缺一不可。之所以稱為「能力」，是因為它並非是與生俱來的天賦，需要透過練習才能發展這項潛能。例如：愛人的能力是需要練習的，這和母愛或父愛這種天生植入在大腦中的舐犢之愛不同。這種愛的能力是天生的，每個人之間只會因為經驗多寡的程度而存在些微的差異而已。不過靠親情激發的愛終有一天會消逝，要無條件地和另一個人永久相處在一起，真正愛人的能力就相當重要了。即便是為人父母的我們，也需要適時地發展與培養自己愛人的能力，如此一來才能在小孩往後成長的每個階段，用開放及寬容的心陪伴他們長大。

「意識狀態」指的是，即便我們已經發展足夠的能力去愛人或信任別人，但身心並不處於最佳的狀態，隨時準備給予別人關愛。人生中有很多時候不在那樣理想的狀態下——像是當情緒負載被觸動，全身如火山爆發時。好在透過情緒負載釋放的練習，我們手上還握有一個實在的工具，能將我們從火山爆發的狀態再拉回到愛與信任、無私以及智慧的正常狀態。

有意識的情緒負載釋放及發展

許多參加課程的學員告訴我，練習釋放情緒負載帶來的豐富收穫比他們預期的還多。我想說的是這個豐富的回饋感不只限於聽講的學員而已，身為主講者的我其實也在這趟旅程上收穫頗豐。在課程中大家能體會到，所謂搭建一個空間，意味著在下意識的情況下，刻意保持自己絕對的專注力及關愛的態度。幾乎所有的學員都感到相當驚訝，驚訝自己居然有能力為他人做到此點，雖然不是永遠，至少是在有限時間內經過多次練習後做到此點。這意味著什麼呢？這表明了當我請求同伴為我搭建一個情感支持空間時，我不只是打算處理自己的情緒，然後從中獲得情緒經驗的回饋，同時我的同伴也受益於這個練習時刻，變得更專注。有些學員認為，從這個角度來看，可以說是提供給別人一個冥想的時間，一個練習保持在同情心意識狀態下的冥想練習。

當我們處在這樣一個充滿支持的空間，試著處理心裡的傷口，並且面對那些尚未消化完全的情緒事件時，這些情緒事件將會一點一滴慢慢轉化為我們的人生智慧。轉化的過程中，不需要費力去強求，也不需要刻意讓自己的情緒更添戲劇性。其實連想都不用想，這個過程就會自然發生。只要我們處在一個完全的情感支持空間，能感覺到自己的情緒，感覺到阻塞在心中的情感開始源源不絕地流動起來，情緒負載的釋放就會自然產生，就像是生氣時自然產生絕對權力訴求的情況。保持這樣的狀態不久之後，我們便能感到一股從心中由衷而發的和平感，這就是一個真正擁有人生智慧的人心中感受到的狀態：和平寧靜地對待世間萬物，就如它們該存在的樣貌存在，如它該運行的軌道一般，不強求改變身邊的任何事物。

搜尋資料時，讓我們最感到振奮的發現，就是生物學領域的表觀遺傳學派在近代的研究中也做出了同樣論述。在撰寫本書的不久前，我有幸和表觀遺傳學的研究者馬提斯・貝克在純粹跨領域交流時交換了彼此對此主題的看法。表觀遺傳學是一九八〇年代逐漸興起的一門學科，與孟德爾經典遺傳學不同的地方在於，它主要研究哪些因素會決定特定某些人類基因將會被表現出來。換句話說，表觀遺傳學研究的是哪些存在於體內的可能基因會真正影響我們。「這些影響我們的因素，一部分位於基因組合區域的染色體序列當中，但是另一部分卻分散在組織蛋白、細胞質及細胞膜中，最終這些因素會表現在人類的內心，包括思想、感覺及其人際關係的處理方式。」貝克在他的書中做出如此的解釋。這意味著，當我們嘗試改變自己內心的同時，同時也會改變我們的思考、感覺，以及對人際關係的處理方式，這些改變都會直接影響基因的表現。從這個觀點出發，完全打開了一連串心靈訓練的視野及價值，催化了心靈訓練的近代發展。

根據貝克的觀點，一個人所擁有的思考模式、感覺模式、人際關係方式及經歷心裡創傷後的影響因素，按照表觀遺傳學的理論，身上的這些表現基因能追溯回至少四代之前的祖先們。換句話說：情緒背包裡所收納的遠不止個人的情緒事件而已，還藏著整個家族四代以來的情緒事件。不管是祖父母、父母或是你的曾祖父母所未能處理及消化感覺的事件，都有可能在你的療程中，或是在進行情緒負載釋放的空間中，一股腦兒全部湧現出來。不過，情緒背包所藏匿的遠遠不只如此。它還包含了集體社會的情緒，這個集體社會的主題就沉睡在情緒背包的最底層。

集體社會的負載

許多探索情緒背包的學員們達到一定的練習程度後，通常會斬釘截鐵地確信情緒背包所表現的主題，遠遠不止於和自己的情緒事件有關聯。來看最經典的例子：許多女性一旦提到性虐待及性暴力行為的主題時，總是非常義憤填膺，雖然這些女性本身可能從未遭受其中一種的暴力事件。但是這個情緒卻在女性的心裡發揮長久的效應，其影響之深，就連在特定的情緒治療組合中，或是釋放情緒負載的練習中，她們都會不由自主地蹦出這些情緒。這種現象總是讓一般練習者感到困惑不解，特別是當練習者本身從未經歷過這些性傾向暴力事件時。練習者會錯以為這些情緒負載是來自於內心特定的排斥潛意識——當然有時候或許真的是這些情況。

長期練習的過程中，大多數的資深學員對此已經發展出細微的感覺，能在練習時分辨當下的情緒負載是不是和集體社會負載有關。集體社會負載的情緒內容就如同個人情緒負載，能隨時從情緒背包蹦出來表現在身上，對內心的傷害和個人情緒負載比較起來不遑多讓，同時我們卻又能清楚察覺，這次被觸動的情緒負載遠非自己所造成。以我自己的經驗來說，每當我有集體社會的情緒負載被觸動時，會在當下深切感受到自己與社會其他人是緊緊依靠的同一個群體。回到前面提過的女性主題：每當談論到性虐待和性暴力行為時，我總能感同身受，特別是那些曾經遭遇過性暴力，或現在仍然活在暴力陰影下的女性們。同時我的大腦也清楚告訴自己，我並沒有親身經歷過這種事件，即便我感受到那些女性們的痛楚是如此深刻。

對於這種現象我目前觀察到的，就是這種感受特別容易發生在對自己的內心情緒已經處理到相當程度，或是對情緒背包已經消化相當完全的人身上。正因為這些人已經將最常發生的情緒負載事件消化得差不多了，這種屬於深層的情緒負載才會開始表現出來。每當我在課堂上提到這個經驗時，學生們就會覺得失望透頂。

通常我會聽到類似這樣的對話：「所以根本不值得花這麼多力氣去整理自己的情緒背包啊！我們就算解除完自己的情緒負載，結果接下來還是有數不清的集體社會負載，甩也甩不掉！」我只能說，我太瞭解這個無奈的抗議了。對我自己而言，這種同情心來療癒過往情緒遺毒的能力，不僅受限於嘉惠自己，還是一件意義非凡的事。每當我能和集體社會負載一同感受時，我都覺得自己受益良多。在達到個人情緒療癒的過程中，除了獲得自己內心的和平與寧靜外，處理集體社會負載所感受到的那種與社會緊緊結合在一起的感覺，更讓我覺得收穫豐富。社會學家所稱的人類共通性，此時對我而言不再是虛無的學說，而是親身體驗的真實。

過程即是目的地

就像我一開始招供的，當初接觸情緒背包，其實只是想擺脫它而已。所以我要誠心告訴你，我真的打從心底可以理解你的看法。畢竟好長一段時間以來，我也一直認真的以為這樣一來終於可以解決所有問題。如今我的看法改變了，不只如此，我甚至可以驕傲地說，我在情緒背包中找到了所有解答。可以肯定的是每當我碰到問題時，絕對能在情緒背包中找到為此量身打造的教誨，從中激發出任何我所需要的神奇能力，而這股潛力早就深植在身體裡等待著被喚醒。透過激發潛能，我才能從問題中澈底得到解脫。這不是因為潛能讓我的問題一勞永逸地消失不見，而是因為這個能力讓我能面對問題，並且將它視作一個挑戰任務，戰勝它，並且從中成長。

曾經我是那麼積極地想要甩掉情緒背包，如今我衷心感謝這個情緒背包還繼續留在身邊。希望這個背包將會陪伴我整個人生旅程，有了它的陪伴，才能讓我在這條路上以自己的步調，慢慢挖掘屬於自己的人生智慧。同時這個背包也不停想盡辦法提醒我，要記得時時做功課，不然它會找到各種機會，設法用每個唾手可得的情境，讓我再度不期而遇的和這些功課重新連接上。如今，情緒負載觸動的那些時刻雖然仍舊讓我感到不舒服，但已不再讓我覺得驚恐，因為我知道如何有效地和它溝通與相處。每當我決定要請求朋友們支援，提供同情心時，就等於準備再次獲得美好的經驗，允許自己透過處理特殊困難的情緒狀況來獲得新的潛力，同時也更深入和自己、和周遭的好朋友們、和我的人生，建立起溝通管道。

基於這些理由，將情緒背包盡快甩開的這種想法，已不再具有任何吸引力。與之相比，和情緒背包和諧相處、小心翼翼打開一個又一個的情感小包袱，挖掘其中的珍貴體驗，對我而言更具意義。不只我自己覺得收穫豐富，身邊的人際關係也因此獲益匪淺。

情緒背包如何豐富我們的人際關係

本書進行到此，我不時將這個觀念穿插在不同的章節中，這裡再次提出來強調：曾經肩上的情緒背包及身邊人們所負載的情緒背包，全然是個過度沉重的壓力，如今這些背包卻豐富了我的人際關係。現在所有因為練習情緒負載釋放而建立的人際關係裡，各自的情緒背包，形成不同的品質關係，更正面地包容彼此的弱點，也更加緊密。我們有時會特意使用練習中的支持式傾聽，即便當下誰也沒有什麼特別的情緒負載需要處理，單純只是用這個方式讓自己及對方能更深入和彼此建立連結。我們也會互相調換角色，不需要特意事先安排，互換傾聽與敘說的位置。這種對話模式產生的連結，遠比日常對話來的有深度。

不但如此，其他人際關係也從這個改變裡獲得改善。以前的我總是必須對自己和對其他人假裝，好似我沒有被激怒、情緒負載沒有被觸動。那時我當然不是故意這樣欺騙自己和別人，我只是學到我應該這麼做。因為那時覺得自己有這麼大的情緒是很丟臉的，所以總是盡可能壓抑情緒，即便我其實心裡一點也不穩定。不然就是發生這種情況：我忙著開始解釋給別人聽，忙著去幫別人整理情緒負載，即便自己心裡被觸動的情緒負載還沒有處理好。現在我已經學到，首先必須先整理好自己的情緒，如此才有能力去關心別人的情緒負載，進而去幫助別人。

因為經常要處理自己的情緒背包，我開始變得非常有耐心，就連我必須幫別人處理他們的情緒背包時也一樣。我終於明白擁有情緒負載是一件多正常又人性的現象，我也越來越能理解對許多人而言，要處理消化這個負載有多麼的困難與痛苦！即便那些常常觸動我周遭人們的情緒負載引爆點，對我而言並不是那麼輕易能理解，但是透過自己長期和肩上這個不理性的情緒背包相處的經驗，我通常能更加寬容地看待別人的情緒背包。在我眼中的世間萬象，也變得更加實際。經由情緒背包和集體社會負載的連結，我更發現這種人與人之間的緊密結合感。

新的社會意識

如果你想透過那些處理情緒遺毒而得到人生智慧的人，將所習得的智慧講述出來，你八成會聽不懂他們在胡說些什麼。這讓我想起一位參加研習課程的女學生，當時她正在課堂上反思她如何處理自己的童年悲慘經歷。她年幼時曾不幸被一位近親性侵害，這個童年創傷總共耗盡了她多次的情緒負載釋放，才終於撫平她的情緒遺毒，獲得和平與寧靜。事後她針對這場經歷所得出的結論竟然只是：「我相當感謝所有曾經發生的一切，因為這些經歷塑造了今天的我。」

一般來說，這種結論實在讓人很難理解，有些人甚至會覺得相當詫異。怎麼會有女孩會感謝那個曾經性侵自己的人呢？難道這女孩只是試圖用冠冕堂皇的話來假裝自己的不在乎嗎？我相信不是這樣的！當然，的確有些人會選擇這樣做。但是在我的經驗裡，當處理完人生中其他悲慘經歷後，我的結論其實也和這女孩所說的差不多。

不論結論是不是由衷發自內心說出來，只有當自己接觸身邊有相同經驗的人，嘗試與他們建立情緒負載釋放的連結後，才能親身體會。千萬不可試圖將這個結論的句子隨意套用在別人的情緒經驗上，然後期待別人會因此了悟些什麼。更不應該將這個句子當成是傷痛必會復原的鐵證，然後忽視別人的痛楚，反手再給創傷人二次傷害。人生已經夠困難，而且處處充滿挑戰。假如真的想對身邊的人有所貢獻，唯一該做的就是支持並協助他們，去面對和處理情緒負載，而不是再次傷害他們。

大哭一場，當傷口得到足夠的空間，以及與之緊緊相連的絕對權力訴求被我們充滿愛憐的雙手放開後，這個句子才能毫無阻礙浮現在我們的心中。隨著這個結論，就會自然發生到另一個意識層面的心境轉換，在這個意識層面裡，我們能看見一團亂中有序的規則，發現混沌無意義中的意義，在驚慌失措中發現珍貴的寶藏。換句話說，我們終於能在這個意識層面中，看到黑暗中的一絲曙光。所以，這個意識層面或多少有一點非理性的成分存在，不是嗎？我認為非理性並不是最合適的描述，肯・偉伯對這個現象的解釋倒是很合適，他稱這個現象為「超理性」。「超理性」和「前理性」是不同的層面，用白話來解釋前理性，就是指與生俱來的「直覺」。

以超理性的觀點來看待人生及所存在的現實，是指以一個智慧的角度來看待這一切。它不否定現實中有一個層面是真實存在的，在那個層面之上發生了許多不對的事情，但是它接受這個層面就是如此真實的存在著。如同我在書中引用過克莉絲塔・施邦包爾的名言，她曾這麼形容：「你可以原諒一個人，但是仍然將這個人告到法庭。」這個明智的觀點無異是將怒氣、悲傷及欲望表現成如同小孩子在處理他們的情緒。然而這個看似幼稚的觀點，卻同時顯示出：總體來看，生命也是需要遵守某個程度上的合法性。這個合法性的規則似乎在整個情況中，和光譜兩端的對立點有相當的矛盾與衝突。

隨著時間逝去，如何才不會馬齒徒增

在霍桑的名著《海德格大夫的實驗》一書中納撒尼爾．霍桑[註1]描述一群老人如何在聚會中飲下神奇仙藥，重回少年時期的青春體態。唯有這劑神奇仙藥的研發者海德格大夫，不願意喝下這長生不老藥，選擇退居一旁，觀察記錄這群老朋友們的變化。果真，老人們的皺紋消失了、白頭髮消失了，那種鮮活又有活力的年輕人樣貌重返到他們身上。不僅如此，返回青春外貌的老人們，就連心態也跟著變年輕了。但是透過霍桑筆下之海德格大夫的的描述，卻完全不是愉快的景象。這群老朋友們開始互相咯吱大笑、在路上調戲女孩、嘻笑吆喝並四處幹著愚蠢的事情。海德格大夫給出結論：若是重返青春的軀體，就意味著也會失去經年累月所累積的智慧，那麼我寧可放棄這種機會。

雖然這個故事距今已有一百八十多年之久，但是今日看來一點也不顯得過時。整個社會的風氣依然是對青春那麼著迷。所有人用盡各種方法——不論有效或是根本沒

註1　納撒尼爾．霍桑（Nathaniel Hawthorne, 西元一八〇四年七月四日～一八六四年五月十九日），十九世紀美國小說家。《海德格大夫的實驗》為霍桑的著名短篇小說。

效的方法，盡力和年紀保持距離。我認為其中的原因，並不只是因為大家想要青春永駐，而是有更深層的原因。社會中缺少一個令大家心之嚮往、能夠優雅展現人生智慧的楷模。換句話說，許多人都隨著時間自然地變老，但卻沒有因為時間的增加而獲得同樣比例的智慧。在我看來，這種現象和情緒背包有絕對性的關聯。

每個年齡、每個人生階段，都有與其相符的美麗及尊嚴。情緒背包的存在，就像是一把關鍵的金鑰匙，能保證我們在時光流逝中，不會只有得到皺紋白髮，而是能隨之發展出人生智慧，這些人生智慧，將會賦予每個年紀該有的優雅。不過要能達到這個地步，首先我們要能擁抱自己的情緒背包，不要繼續忽視它，不要再將它視為人生的羈絆，心不甘情不願地拖著它四處衝撞。

情緒背包的存在不是要讓生命變得更困難，恰恰相反，**它的存在，是為了能讓我們更為堅強、睿智、更能充滿關愛、更勇敢及充滿感恩的來看待一切**。這才是情緒背包深藏在其中的禮物，而多年來我們卻只是讓它塵封在內心深處，還四處拖著它衝撞。

和情緒負載相處與消化，一開始看來是個絕對無法克服的巨大挑戰——想將它塞回背包深處，這是我們一直以來的習慣；想把它隱藏起來，是下意識反應；想把這個情緒背包甩開或怪罪給別人，雖然是暫時解方，但所耗費的力氣可能比你預期的還要多。不過當你開始邁開第一步，接下來的腳步就會輕鬆許多。因為當你開始學習去釋放，你的情緒背包就開始減輕重量，同時也是因為你將開始體會到勇敢面對，並擁抱內心真正的感覺，是一件多麼美好的事。

展望

其實個人與情緒背包相處的問題，只有當這個人也存在於群體社會中才顯得有意義。當一個人開始發展情緒背包處理能力時，也同時改變了自己的生存意義。如果個人人格發展的過程不是在一個集體的社會變遷環境下進行，這個完成自我人格發展的人，將可能失去融入社會的機會。

聽起來似乎很複雜，但其實在歷史中，包括本書裡，充滿了許多的經典例子，這些例子再再顯示，當一個人的人格發展超前於集體社會的發展時，由於整個社會尚未準備好接受這樣的人，他大概會被廣大的群體社會貼上「怪人」、「滋事分子」，在某些年代搞不好還會被貼上「精神病患」的標籤。在本書的最後，我想將焦點集中在如何和群體社會的情緒負載相處，以及群體社會的一員可能會面臨哪些發展步驟。

和情緒背包相處，處理及消化它並不是新的挑戰。然而現今生活在一個群體社會的空間，這個社會即提供新的挑戰，讓我們面對群體社會的情緒背包。相信在不久的將來，我們的後代子孫也會用同樣狐疑的眼光，看待今天的群體社會的情緒衛生，一如我們這一代的人看待中世紀人們的衛生習慣，對其無知並充滿震驚。我們的後代子孫大概不能理解，政治人物怎能為了自己選舉的私利與私慾，動手操弄人民的集體過往情緒遺毒；就像今天的我們也難以理解，中世紀的人怎麼會認為，公開吊死死刑犯或公開焚燒死刑犯，是一種可以達到淨化民眾罪惡心靈的正當手法。以前的人認為，體罰兒童是教育中不可或缺的一部分，現今仍有許多父母、教師及幼教工作者認為可以打罵小孩，用這種方式達到規律釋放情緒垃圾的目的，他們甚至認為責罵小孩是正常且必要的行為。

想像一下，假如社會對整個群體情緒衛生重視的程度，如同重視自身的衛生程度，那麼社會看起來會有多麼不同？教育體制及政治環境會有什麼改變？還有家庭及工作環境？我懷抱著無限希望，期待某一天能有所改變。現在請各位和我一起構思情緒負載釋放在未來的無限可能性，我並不是要構思一個烏托邦似的社會，我想強調的是現今社會中許多習以為常的事物，在中世紀人們的眼中，看起來是那麼烏托邦、那麼過於理想。另外值得大家注意的，許多發展演變在事後看來就像是跳躍式的快速演變。

所以我相信，不需要用到一世紀的時間，很快的我們就能看到新的情緒衛生習慣在社會中出現。

學校教育中的情緒衛生

現今的學校系統大約在工業革命後定型，之後大致就沒有再改變過了。工業革命時的學校制度有一個相當重要的功能：學生被授以技術，這些技術因時代變革所以無法從自己父母身上學到。當時多數學生的父母世代以務農維生，他們的下一代卻必須順應工業改革的潮流，立刻學會工業機械流程的技術，以及適應類似軍隊制度的生活。準時、永遠重複同一流程、正確聽從指令、不要有任何提問——這一切都是當時指標性的良好習慣，學校的功能就是負責訓練學生這些習慣。

今天我們處在同樣跳躍的時代裡。越來越多機械化流程可以被自動化機器取代，這些自動化機器甚至完成複雜的人類思考流程，比人類更快、更精準、更有效率。多數的情況下，還能得到比人類大腦思考更周全的結果。機械取代勞力工作後，現在這股風潮更朝著高度智力需求的工業來襲。不論是新聞記者評論、學校知識的傳遞及醫生開立的處方箋，今天越來越多人類所執行的職業，在不久的將來可能都會被機器人取代。試想，如果這些重要的專業領域都能因為自動化時代的來臨而被淘汰，那麼人類究竟還能有什麼作用？那些目前還不能被自動化的專業領域，即是大家最喜歡談論的軟性技能，身為一個人特有的能力，能感覺、能做夢、能感受到他人的感受，這些正是身為人類必須加強的地方，如果我們要教導自己的小孩面對未來的挑戰，這些絕對是他在未來所需具備的能力。

基於同樣的觀點，如今的學校制度也該開始考量將人本教育加入系統，將情緒能力的養成視為教育拼圖重要的一塊。孩子能在這裡學習到這樣的能力：正向處理自己的情緒負載。

想達到這個教養目標，當然先要有足夠資格的老師，教導小孩如何培養情緒處理的能力。因此在師資養成教育體系中，絕對需要有新的培訓系統，能在未來提供足夠的人本養成訓練。這個領域的老師並不一定要具有大量的學術知識，或是一定要有某個專業學術背景。反之，人本教育的老師必須要接受訓練，如何處理自己被觸動的情緒負載，以及如何讓學生們也能辨認情緒負載被觸動的特徵，當然最重要的，該如何有意識的去處理這種情況。

除此之外，學校還要有心理準備，去應對這麼多人同時一起學習處理情緒負載觸動時，每日會產生的衝突數量及情緒負載被觸動的數量。試想一下，大多數的孩童們在一大早抵達校門時，都已經處在特定的情緒負載被觸動的狀態下，學校裡必須提供他們一個大空間，好讓他們能和自己的情緒背包先建立起連結。我建議提供一個「移動的教室」，移動的教室這個概念廣泛地使用在華德福教育[註2]系統的初等教育中。它的概念是，在課程開始的一個半小時，學生們先盡情嬉鬧、遊戲，跳跳繩或是將課桌椅排列成跨越障礙競賽跑道，經過這樣的群體活動後，才開始早自習，早自習結束後，真正需要集中注意力的課程才會開始。

當然老師們也需要適當的獨處空間，好讓自己的情緒負載適時釋放，老師們才不會在緊密課程中拖著累積的情緒，被氣得臉紅脖子粗。時至今日，這個需求其實已經在許多辦公環境被提出，例如辦公室都有固定的休息時間，還有老師也有特定的休息時間。這些辦公趨勢都再再證明，學校這個場所的確容易衍生特定的情緒八點檔戲碼。擁有一個固定時間區塊，讓大家能進行情緒負載釋放，不啻為一個有效的解決方法。

註2　華德福教育（Waldorf education）是一種人性化的教育方法，以自然教育為主，是基於創立人智學的奧地利哲學家魯道夫．斯坦納(Rudolf Steiner)的一種教育哲學理念。

我認為這種獨處時間的安排，在學校課表中有一定的必要性。

提供給學生的情緒負載釋放空間，也可以用所謂的「訓練空間概念」來替代，目前在許多德國中小學校中都有設置。聆聽身為老師及學校心理健康保護員的斯爾克．伊森女士，以及她的同事史黛妃．可亨的演講時，我才注意到這項德國中小學的專案計畫。在策勒鎮[註3]的拉亨多夫（Lachendorf）中學，也就是斯爾克女士任職的地方，他們進行了一項問卷調查。調查結果顯示，同學在上課中所造成的教學干擾，已經大幅超出學生及老師能忍受的程度。為了遏止這種情況繼續惡化下去，學校配置了訓練空間。

當學生在課堂中不斷製造干擾時，就會被送到這個訓練空間去。這和大家所熟知的說教式訓練不同，這個訓練空間中會配置一位諮詢員，來和吵鬧的學生討論剛剛在教室發生的情況。在拉亨多夫中學的案例中，學校裡的所有老師輪流擔任這個訓練空間的諮詢員，而且所有老師甚至是無支薪的自願擔任這個工作。

訓練空間的目的不是為了要處罰學生，而是提供學生一個完善的支持空間，在這個空間裡，學生們可以為自己在課堂上所造成的干擾做解釋。伊森這樣形容她在擔任

註3　策勒鎮（Celle），德國下薩克森州的一個市鎮。

訓練空間諮詢員的情況：「學生們需要適當的空間和時間，也需要有人來聽他們說話。很多時候我們發現，其實問題根本和學生在學校的情況無關。大多數問題的源頭，都來自家庭。在訓練空間裡，不管是多大的問題，都可以放心拿出來談論，不管是什麼問題，我們都可以想辦法克服。」在學校設立訓練空間後，整體的課堂干擾發生頻率大幅下降了。對於這個事實，我一點也不感到意外。順帶一提，伊森所陳述的這項結果，和其餘有設置訓練空間的德國中學裡，進行的學生行為問卷結果相符。

家庭中的情緒衛生

社會型態轉變中相當重要的一項指標，就是家庭形態的轉變。在家庭中所學到的所有社交禮儀行為，對往後人生有長遠影響，連帶影響至深的，還有家庭對我們所造成的情緒創傷。當然，成為十全十美的父母不是這裡要傳達的意思，畢竟或多或少的挫折也是人生的一部分。正是因為有這些情緒創傷，現在才會這麼聚精會神的學習處理情緒負載。孩子也一樣，都有在家庭生活中面臨到，超過他們所能負荷的情緒挑戰時刻。但是不要緊，這是正常的，只要我們手中握有處理的知識和技巧，就能從容面對這些情況。

不過很不幸的，這個適當處理情緒挑戰的技巧，正是許多家庭環境裡所欠缺的。許多人家中就像安排好似的，每天規律發生著情緒負載觸動的連鎖反應：可能是小孩的情緒負載觸動了媽媽的情緒負載，不然就是反過來，媽媽的不穩定情緒觸動了小孩的情緒負載，而這中間的錯綜複雜，就會影響雙方直到彼此人生的盡頭。許多成年人情緒負載被觸動的案例都顯示出，全世界沒有其他人比自己的父母，更能百發百中地引爆他們的情緒負載。

要矯正這個過程，可以透過父母雙方互相提供情感支持空間，操作情緒負載釋放來糾正這個行為。當然，千萬不要等到兩人的情緒已經累積到洪水爆發的程度才來進行，這個練習最好由雙方規律且有預防性的一起執行。這樣的練習能幫助身為父母的我們，有效將自己日常的情緒負載暫時擱置在內心空間，如此一來，當我們處理小孩問題而被觸動情緒負載時，才不會同時被激怒到失去理智。

許多家長看似能有效地掌握這項技巧，卻仍經常把持不住，整個人就像不小心打開潘朵拉的盒子一樣，所有情緒負載傾洩而出，讓小孩認不出眼前的人竟然是自己的父母。這時候，家長突然對小孩變得冷漠無情，不再充滿關愛與同情，反而呈現不可靠近的模樣，試圖用這樣的高姿態，掩飾內心近乎幼稚的暴怒情緒。這樣的行為是沒有意義的，正確的解決方法，是為小孩提供一個情感支持的空間，給予足夠的關懷和同情心，讓他們能自主整理內心的情緒。

和大家分享一個令我印象相當深刻的例子，這都要感謝托馬斯·韓所做的研究。韓主要研究家長的情緒管控領域，他的研究專案名為「尖叫的寶貝」。在「情緒急救」的框架下，新手爸媽與他們的寶寶保持在相互連結的狀態。這個實驗中可以觀察到：「一旦雙親感覺到自己的感覺，並保持和自己的寶寶在互相連結的狀態，當嬰兒嚎啕大哭時，沒多久嬰兒就能自己安撫情緒，並且安靜下來。」

為孩子提供一個情感支持空間所能發揮的效用，不限制於嬰兒期的寶寶。願意體諒自己的小孩，不做任何片面評斷，給予全心傾聽的父母，後來都會發現，孩子即便到了青少年階段，對父母依然相當信賴並願意談心。在家庭情緒衛生這個範圍裡，不管是否已讓小孩理解到情緒負載釋放正在執行中，其一點也不會影響操作的結果。因為透過父母的實際練習，對孩子的溝通行為模式就會改變。小孩會直覺的知道自己是不是得到一個溫柔關懷的情感支持空間，得以釋放自己的情緒，即便孩子從來沒聽父母說過情緒負載這些東西也無所謂。這是因為孩子是獨立的個體，對感覺及情緒有相當程度的天生敏感度。特意規定要如何進行情緒負載釋放，對孩子而言，不免會覺得多此一舉。對此主題有興趣的讀者們，不妨翻閱我的另一本著作《父母親的小小感覺用戶》（暫譯），裡面有更多詳細的解釋。

工作場所中的情緒衛生

之前的時代（其實距今也不過是兩、三個世代而已），在當時的社會環境中，父母體罰小孩是正常的事；在職場中，高階主管將下屬當作是情緒發洩的對象也很常見。但是這個糟糕的風俗習慣至今尚未消失殆盡，不少的職場環境中仍能見到主管辱罵員工的場景。職場中仍有許多主管習慣將自己的員工責罵到如縮頭烏龜，藉此舒緩自己的情緒負載，但是我能確切地說，他們絕對會是整個職場體系中最快消聲匿跡的一類主管，因為這樣的管理行為在現今體系中，已不再符合社會禮儀的規範，而是被視為沒有高等修養的表現。

換言之，社會型態轉變的當下，我們必須適應這個新的挑戰，為自己發展處理情緒負載的新方法。目的當然不是去粉飾太平，假裝辦公室的每個人都一團和氣，而是要發展面對處理衝突的能力。按照當前所有挑戰分析出的結果，目前最需要深入探究的就是團隊合作能力。工作場合上必須結合知識及多樣技能的情況比以往更多了，職場中也越來越多需要集合眾人之力才能解決的挑戰。換句話說，是否擅於使用集體智慧的能力，對未來有著決定性的影響。能否培養這份能力，取決於自身的情緒衛生條件。如果團隊空間中，大家的情緒被阻塞而無法流通，那麼群體一起合作的程序根本就不可能開始，當然也不可能成功完成任務。

政治裡的情緒衛生

政治是擁有高度情緒含量的一種事務，舉凡任何一個你想得到的大型政權顛覆運動，絕對都和強烈的情緒有高度連結。這樣的政治活動，透過特定發言人形塑出的情緒輸出管道，能撼動既有存在的權力體系，影響力強大，並使其開始搖擺崩壞。這種政治運動能成功的其中一個因素，通常是因為掌權人物長期忽視廣大民眾的需求所造成。

這種操作手法沒有一定的孰是孰非。唯一會產生嚴重後果的狀況，僅在於當這樣的操弄手法將全部民眾的集體情緒負載，完全歸向於一個其實並非是主要的問題根源時。但是很不幸的，在現實的政治交鋒中，發生的操作通常都屬於這種情況。

政黨或政客針對問題所提供的簡易答案，雖然多數禁不起理性思考的檢驗，卻能讓多數民眾心中所積累的過往情緒遺毒，有一個顯而易見的箭靶，讓大眾能毫無顧慮地把情緒射向靶心發洩。這種政治操作手法的好處就是，政客可以輕鬆獲得民意，根本不需要去處理問題，結果就是，總會有人必須背負不公不義的冤情。不過加害者通常都不會察覺到這個缺點，一點也不認為有人會因為這種事實扭曲而受到委屈。因為從客觀角度來看民眾情緒，當廣大群眾所緊抓著的絕對權力訴求，被眾人及政客異口同聲的鼓吹、讚揚及認同時，這種舒暢的快感在情緒上簡直就是美妙得無以言喻，民眾寧願陶醉在享受這種宣洩負面情緒的假象，也不願痛苦地面對現實。

一個成熟的政治環境，會自動捨棄將民眾情緒及集體社會的絕對權力訴求當作是操弄的工具，也完全不需要使用這種手段來達到目的。因為成熟的政治環境其唯一的目的，就是盡力實現民眾的需求。當然，前提條件是社會中必須要有合適的政治運作系統，這個運作系統能讓各個黨派的政治人物不需要依靠意識形態，而且還能自動規避任何政黨刻意塑造的意識形態。在選舉領域裡已經可以觀察到，人民針對特定主題的贊同票及異議票已經不再完全和政黨傾向同軌同步，政黨傾向與選民的黏著度降低。在現今網路及電信發達的年代，讓我們有能力更精準的掌握民眾的需求，並將其加入政治決策的方針。不僅如此，拜網路無遠弗屆所賜，許多問題的解決甚至能透過這個方式讓民眾自行選出最適當的解決方案。

當作是一個參考方向，我推薦任何有興趣的人參考格拉茨大學研發的「系統性附和票」。這是格拉茨大學所研發出的一套投票系統，此系統能預防意識形態的舞弊，也能讓民眾發想出的解決方案呈現出來，更能將所有可能最佳的情況都涵蓋在系統中。如此一來現今政治生態中，大家使勁和其他政黨爭鬥的力氣都可以節省下來，把精力用來研究與發展對集體社會問題的真正解答。當然，不保證這個系統能滿足所有人的願望，但至少能讓我們更有自信大聲的說，在追求結果的過程，我們確實盡量將民眾的需求都考量進來了。藉由這套系統的投票運作理念，最終一定能讓操弄選民過往情緒遺毒的這項手法消失得無影無蹤。

附錄

對每個人而言，整理像情緒背包這樣一個人生核心的主題，無論如何都是一件很吃力的事情。因此在附錄章節裡，將提供大家一些小道具，希望這些小道具能在學習的過程幫上忙。你可以看到一份**簡易步驟指南**，以及一份**條列式清單**，標明書中每個相符合章節的練習。對許多新手練習者而言，直接拿著這張清單並按照練習十一的指示，開始逐一練習有意識的情緒負載，是相當方便的練習方式。

我也遇過其他明顯需要更多輔助工具的練習者，附錄中的簡易步驟指南就是專門為你們設計的。接下來，你還會看到一份**釋放完成檢查清單**，這個清單方便你在操作完一回合有意識的情緒釋放練習後，拿起這份清單逐一檢驗，並且自我審視是否有需要改進的地方。第三個輔助工具是**導火線確認指南**。這份指南裡，我將典型的情緒負載釋放過程壓縮成一份簡單的程序表。常見的問題被濃縮成四個精華問題，這四個問題能幫助你在操作情緒負載釋放時，將自己導引到正確方向。

以上這幾個工具只能視為是練習時的輔助工具，它們不能代替全書導引你找回感覺的旅途——希望全書進行到此，讀者們都已經明白。最後，本書再附上一張**偷瞄小抄**，你可以將這張小抄另外撕下來，掛在一個能天天看到的地方，或是夾在皮夾裡隨身攜帶也可以。這張偷瞄小抄上載明著五個基本的具體步驟，幫助你在情緒負載被觸動時能及時採取正確的處理方式，踏上新的情緒道路。

簡易步驟指南：複習有意識的情緒負載釋放

這份指南的設計是幫助你和練習同伴一起透過三個具體步驟走完整個過程，複習如何進行有意識的情緒負載釋放。練習者可將接下來的步驟分散在不同的日期練習，不需要一次執行完畢。每次練習只需花費十到二十分鐘就能結束，練習者也可以安排一個下午的時間，一次將所有的練習複習完畢，如此一來，兩人都能對整個練習步驟有深刻印象。

步驟一：練習建立情感支持空間

從練習九開始著手：建立空間。耐心地實際操作兩回合，和同伴熟悉建立空間的感覺。在每一回合練習之後，留給雙方幾分鐘的空檔，反省並整理剛剛練習的經驗。在這裡可能會遇到的問題：被情感支持著的對方，是否真的能感覺到我對他的支持？如果是，那是什麼感覺？他能全心信任自己正在被支持著嗎？被支持著的對方，他的感覺好不好？會不會覺得很耗費體力？他究竟能接收到什麼？

步驟二：你現在感覺如何？

重複操作練習九，並加入以下的額外練習參數。建立情感支持空間的這位同伴，先向你的練習同伴提出問題：「你現在感覺如何？」被支持的同伴則回答對方提出的問題，並且在回答時，試著讓內心感覺以及你的情緒來敘述（請參閱練習十：讓情緒說話）。如果在空間內，正在被支持的這位練習者長時間沉默不語，請再重複提問一次。如有需要，重複這個循環多次也無妨。在提問或重複提問時注意自己的行為和語氣，應保持小心謹慎、關懷的支持態度，切記不要強烈逼迫正在空間中被支持的練習者。被支持的練習者應盡量集中注意力在回答問題，不要試圖與提問者辯解或對話，即便被支持的練習者當下沒有說出任何答案，也繼續保持專心在問題上。每個練習同伴至少在自己的角色上維持五分鐘的時間，五分鐘之後再互換角色。如有需要，在進入步驟三前，可重複此步驟直到兩人熟悉為止。

步驟三：找到情緒導火線的入口

為了能順利連接接下來的練習，你必須要在這個步驟找到情緒導火線的入口。如果有必要，請再次複習第八章所描述的相關篇幅「內心的導火線」。選擇一個你印象深刻的情緒負載觸動事件，盡可能呼喚出那個被觸動時的記憶，抑或選擇一個你認為最困難的人生時刻、近日覺得相當情緒化的事件，或是任何一個身體所接收到不愉快的事件，用它們當作進入導火線入口的入門磚。假如現在真的沒有不好的感受或經驗，你也可以選擇一個象徵性事件或人物來當作替代練習（參考練習一：背包檢查第一關），選一個充滿強烈情緒負載責備的話語（參考練習十七：揮別責備），或是直接選擇一個你所具有的絕對權力訴求（請參考練習十六：分辨有／無帶著情緒負載的絕對權力訴求）。

現在使用練習十一中，有意識的情緒負載釋放的公式，嘗試以此方式為同伴搭建一個情感支持的空間。兩人輪流使用這個情感支持的空間，並以自己選擇的入門磚，試著去摸索情緒導火線的入口。在本步驟裡，每個人至少每次練習五到十分鐘，如果願意加長時間更好。

如果練習時，雙方都發現很難持續專注在感覺上，或是很難讓自己的感覺發聲，切勿煩躁，先返回到步驟二再練習一次，之後再重新進入到步驟三。如果練習時雙方發現無法達到維持情感支持空間及給予同情心，或是不清楚自己是否做對了，就回到步驟一重頭再練習。有意識的情緒負載釋放練習，就像我不斷提醒的，是一個相當內心化的轉變，這個轉變需要相當程度的練習。接下來的檢查清單能幫助大家在情緒負載釋放程序完畢後，自我檢視是否真正達成療癒的目的。

釋放完成檢查清單

以下的清單能幫助你檢視自己的情緒負載釋放練習，這份清單也能在一開始練習時提醒你，避免深陷任何可能的死胡同中。

1. 在情緒負載釋放練習後，我的整體感覺狀態有沒有明顯改變？如果有，敘述一下自己的改變。
2. 對於引爆點的事件或主題，我現在的情緒是否有所改變？如果有，敘述一下自己的改變。
3. 我是否成功地和自己的感覺保持連結，而且每次都能再次回到自己感覺層面的道路？還是我只是敘述了一個自己的情緒故事，跑進理性分析的歧路了呢？
4. 如果我的情緒波動非常激烈：我是否成功跳脫自己的情緒八點檔大戲，並且能允許自己將這齣戲劇背後所隱藏的情緒真正釋放出來？我是不是察覺到自己的絕對權力訴求，並且抽離出來公正地質疑它呢？我是不是感受到自己隱藏在絕對權力訴求背後的真正需求了？
5. 我對待自己是否如同之前一樣的呵護以及充滿關愛？

將這張清單當成是檢視練習成果的明鏡，隨時用鏡子照照自己，審視成果。務必要對自己保持關愛，即便有時迷失在死胡同裡，這也是正常學習過程的一部分。如果你能自主察覺走錯路，只要再回到正確的道路就好了。一旦練習有意識的情緒負載釋放的次數越來越頻繁，你就能在自己的內心花園迷宮中越來越駕輕就熟。

導火線確認指南

透過成功的情緒負載釋放程序，如今幾乎可以總結一套固定的模式，來執行情緒負載釋放。本書會將這個導火線指南以圖表方式呈現，讓大家一目瞭然。練習的過程中，務必要克制住那股想追根究柢的欲望，以及那不停躁動的情緒，試圖去挖掘出背後的運作結構和基本概念。

我要強調的是，每一次的情緒負載釋放都和內心埋藏的原始事件有關，因此發掘的過程不可能每次都相同。這也意味著每一次的釋放過程都是獨特的，每次的練習都有不一樣的節奏，因此我們要認真看待每次情緒負載釋放的機會。如果硬是強迫自己，控制每次的情緒負載程序都要和我所呈現的結構圖保持一致，一定會不由自主地陷入似是而非的結果中，這絕不是你真正應該得到的療癒結果。

務必要注意，不是每一次的情緒負載釋放都一定會出現下面結構圖的全部步驟。還有，每個人情緒負載釋放所遵循的順序，可能也和這張結構圖的順序不大相同。特別是當處理某些重大的人生問題時，甚至你可能需要花費幾年的時間，才能真正走完全部的釋放過程——這都是很正常的，不需要慌張。

制定並描繪出一個結構圖及基本概念圖的最大缺點：正因為你我的人生經驗完全不同，結構圖這種東西一定會因人而異、因經驗而異。但是我們卻會因為有一個結構圖的存在，開始認為這個結構圖比真實的情緒負載釋放更準確。導致在釋放完成後冒出這種想法：「按照結構圖的步驟，接下來應該要質疑我的絕對權力訴求不是嗎？」開始懷疑起自己的內心、質疑自己的感覺，當有這種想法開始時，結構圖對我們反而百害而無一利了。

理智與情感的交響曲

所有的警告和注意事項現在你都理解了，接下來開始解釋為什麼儘管有這麼多危險事項，我還是公布了這張結構圖——請參見P.363。這張圖能描繪出一個訊息：在圖上能看到當我們努力的讓情緒療癒發生時，理智層面（上層）和情感層面（下層）就運作得有多緊密。圖上波浪狀的曲線代表內心的導火線路徑，彎彎曲曲地迂迴在情緒層面和理智層面之間。

操作情緒負載釋放的理想情況裡，應該是無時無刻地在兩個層面同時保持著一定感覺，可是在實際情況裡，專注力其實是迂迴折返在兩者之間。當理智提出特定問題時，或是當事實認知進來參一腳，專注力就會跑到理智層面，解決完了才再回到感覺層面來，畢竟感覺層面才是情緒療癒真正需要的地方。

理智層面在整個過程中所拋出的問題，可謂千奇百怪，但這些豐富的問題都是為了讓我們不要在情緒漩渦中迷失。儘管如此，理智在整個過程中依舊不應該超越感覺，所有感覺不能達到的地方，理智也應該止步。你必須要清楚知道，在這個情緒負載釋放的過程中，感覺才是最重要的領航者。務必先把理智擱在一旁，讓出足夠的內在空間，使情緒能自由發揮它所感覺到的一切。

允許情緒說話

除了理智層面和感覺層面的交互作用外，在這裡特別說明一下這些彎折曲線律動的意義。所有向上爬升的曲線（每個注意力從感覺層面，再度偏向理智層面方向的彎道，圖象中的第四、八、十二及十六區段）可以看到我特意標注著「請讓情緒說話」（忘記的朋友們，請參見練習十。）

「讓情緒說話」盡可能讓未被理智過濾過的話語自然說出來就好。不論是什麼，你的練習同伴會仔細聆聽。如同本書第八章「內心的導火線」的描述，情緒所吐露出的話語能減緩內心情緒的緊繃感。如果我們能讓情緒純粹表達它的感覺，不要經由思考和理智重新修飾、包裝，不用多久，那份遺失的寧靜就會立刻回到身邊。

在這個過程後，你會感覺自己更能輕鬆地掌控注意力，讓自己專心在心靈層面上。這個高起波浪的功用，一方面是讓內心情緒高漲，另一方面是讓這波情緒浪潮被釋放。在區段十六的地方，你會看到另一個不一樣的標記「讓需求說話／尊重需求」，同樣是讓自己的需求聲浪高漲起來。即便是這次已經不再跟任何情緒有關係，而是讓埋藏在自己內心已久的需求浮現出來，兩者內心的波動仍是相似的：下沉察覺、允許深入、浮起高漲、表達出來。

向下沉

最後，觀察向上爬升的曲線後，我想對向下沉的曲線做點解釋（圖像中的第二、六、十、十四區段）。這裡是指將理智層面所激起的衝動帶入情緒層面中，要達到這個目的，一方面需要容許讓思考的衝動出現（例如腦中冒出來的問題：「我上次有同樣感覺的時候是何時？」），同時我們也必須放手、離開思考的層面，帶著這個問題再重新回到情緒的層面。

注意千萬不要讓理智和思考搶在情緒的前頭，在理智層面時回答這個問題。我知道這種誘惑很難抗拒，但這麼做的同時，就等於阻礙自己邁向情緒療癒的路。為了讓感覺順利成功為這個問題找到答案，務必要清空自己的腦袋，保持一個開放的空間讓情緒自由發揮。通常就會在情緒層面上發現令你吃驚的答案——假如你在這時有同樣的感覺，代表你已經成功帶著理性回到了情感層面。

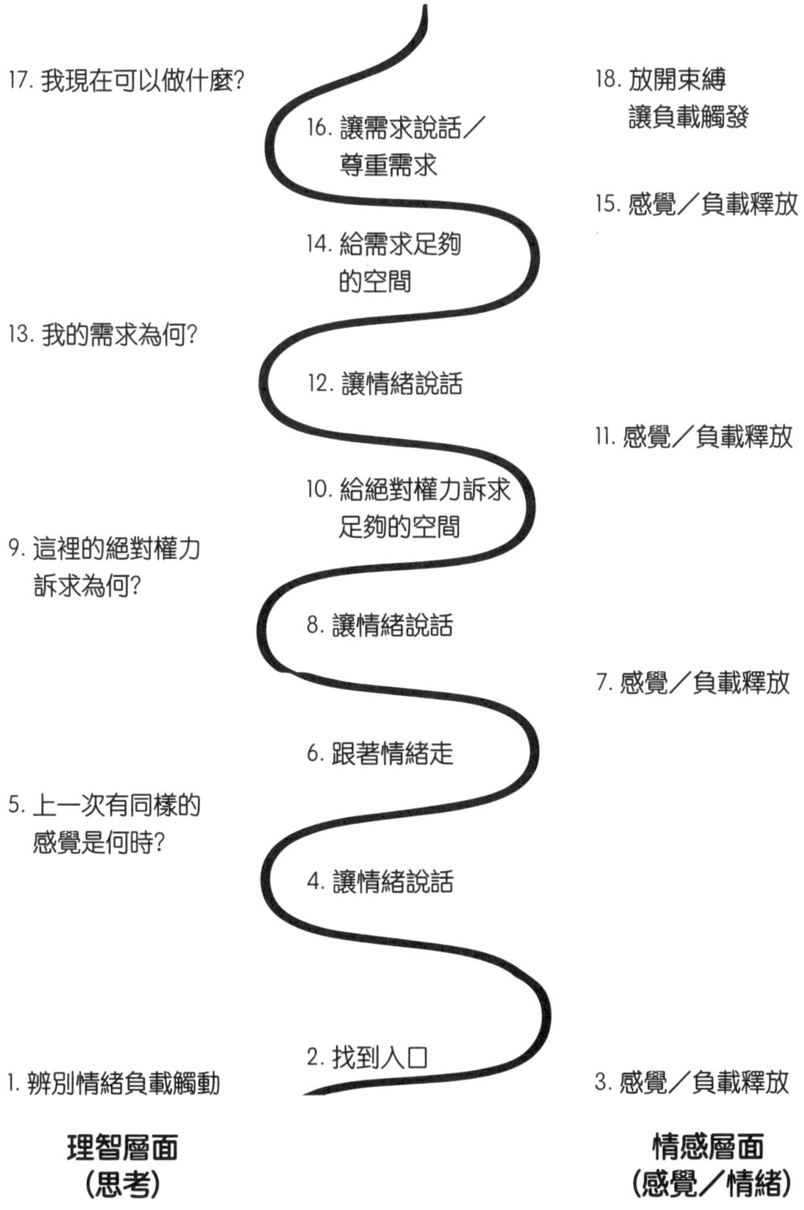
1. 辨別情緒負載觸動
2. 找到入口
3. 感覺／負載釋放
4. 讓情緒說話
5. 上一次有同樣的感覺是何時?
6. 跟著情緒走
7. 感覺／負載釋放
8. 讓情緒說話
9. 這裡的絕對權力訴求為何?
10. 給絕對權力訴求足夠的空間
11. 感覺／負載釋放
12. 讓情緒說話
13. 我的需求為何?
14. 給需求足夠的空間
15. 感覺／負載釋放
16. 讓需求說話／尊重需求
17. 我現在可以做什麼?
18. 放開束縛讓負載觸發
理智層面(思考)
情感層面(感覺／情緒)

致謝

衷心感謝我的先生克里斯・欽以及我的兒子們。你們每一位都是此書誕生過程中重要的導師、陪伴者，以及讓我自省改進的鏡子。謝謝你們在我身邊，而且就如你們的本性一樣做你們自己。

我親愛的好朋友柴菈・雅拉・葛萊貝，我要感謝你為本書內容帶來許多珍貴的點子，特別是練習十七及附錄裡的簡易步驟指南。還有謝謝你——不論我打了多少次電話吵你，你總是不厭其煩地傾聽。

感謝曼尼托寬及艾里卡・林登夫婦不遺餘力地大力推廣伴侶共同諮商療程，以及所有在我寫作過程中從你們身上得到的靈感，你們是最完美的一對夫妻。

感謝托馬斯・施麥策爾。你是這麼的相信你的直覺，並且不讓你的信念被各種雜訊動搖。沒有你的幫忙，本書就不會誕生。

感謝藍燈書屋出版社的艾仁・施貝爾、卡洛琳・可斯曼及帕斯卡・法蘭克對本書的推崇與愛戴，以及初次見面時，對我如此毫無保留的坦誠對待。

所有參加我的背包研討課的修課學生們，感謝你們在課堂上所有提出的疑問以及所有一起經歷的學習研討過程。我想特別感謝在這段期間裡，共同失去的一位朋友，卡蘭・卑麥爾。她在這段過程中對本書提供許多珍貴的協助，也激發我對夢境治療的靈感。我會永遠想念妳。

感謝克斯汀・哈可在焚風不止的炎熱酷暑中，陪伴我一起在蘭格奧格度過的許多天，我能完成整本書的寫作都要歸功於妳的支持。

感謝我的父母，他們對他們自己的情緒背包做出了無限的努力。我想將這本書特別致獻給我的母親，感謝她所做的一切——衷心願您在天上有美好的生活。

練習索引

整理情緒背包，激發前進的勇氣

Der emotionale Rucksack

國家圖書館出版品預行編目 (CIP) 資料

整理情緒背包，激發前進的勇氣：情緒智力管理專家教你卸下不健康的情感負載，重拾前進力量的傷痛癒合練習 / 薇薇安．狄特瑪 (Vivian Dittmar) 著；黃淑欣譯. -- 初版. -- 新北市：和平國際文化，2020.03　面；　公分
譯自：Der emotionale Rucksack

ISBN 978-986-371-084-4（平裝）
1. 情緒管理

176.52　108020436

作　　者　薇薇安‧狄特瑪（Vivian Dittmar）
譯　　者　黃淑欣
主　　編　陳鳳如
責任編輯　葉美伶
行銷企劃　江柏萱
校　　對　葉美伶、吳琇娟、林淑芬
封面設計　李涵硯
內文排版　李偉涵

法律顧問　建業法律事務所
張少騰律師
地址：臺北市 110 信義區信義路五段 7 號 62 樓（臺北 101 大樓）
電話：886-2-8101-1973
法律顧問　徐立信律師

監　　製　漢湘文化事業股份有限公司
出 版 者　和平國際文化有限公司
地址：新北市 235 中和區建一路 176 號 12 樓之 1
電話：886-2-2226-3070　傳真：886-2-2226-0198
總 經 銷　昶景國際文化有限公司
地址：新北市 236 土城區民族街 11 號 3 樓
電話：886-2-2269-6367　傳真：886-2-2269-0299
E-mail：service@168books.com.tw

初版一刷　2020 年 3 月
定　　價　依封底定價為準
香港總經銷　和平圖書有限公司
地址：香港柴灣嘉業街 12 號百樂門大廈 17 樓
電話：852-2804-6687　傳真：852-2804-6409